当代中国国家治理丛书

国家"211工程"重点建设项目资助
江苏高校优势学科建设工程资助项目
江苏省重点学科政治学一级学科资助项目
马克思主义生态文明理论与江苏生态文明实践协同创新中心资助项目
国家自然科学基金项目资助
国家社会科学基金项目资助
教育部人文与社会科学基金项目资助
江苏省"十二五"重点图书出版规划项目

丛书主编 赵晖

许箫迪 著

协同创新系统与政府职能转变

南京师范大学出版社

图书在版编目(CIP)数据

协同创新系统与政府职能转变 / 许箫迪著. —南京：南京师范大学出版社，2016.6
（当代中国国家治理丛书）
ISBN 978-7-5651-2523-2

Ⅰ.①协… Ⅱ.①许… Ⅲ.①国家行政机关－行政管理－研究－中国 Ⅳ.①D630.1

中国版本图书馆 CIP 数据核字（2016）第 011826 号

书　　名	协同创新系统与政府职能转变
作　　者	许箫迪
责任编辑	濮长飞
出版发行	南京师范大学出版社
地　　址	江苏省南京市宁海路 122 号（邮编：210097）
电　　话	（025）83598919（总编办）　83598412（营销部）　83598297（邮购部）
网　　址	http://www.njnup.com
电子信箱	nspzbb@163.com
照　　排	南京凯建图文制作有限公司
印　　刷	江苏凤凰通达印刷有限公司
开　　本	660 毫米×970 毫米　1/16
印　　张	14
字　　数	219 千
版　　次	2016 年 6 月第 1 版　2016 年 6 月第 1 次印刷
书　　号	ISBN 978-7-5651-2523-2
定　　价	45.00 元
出 版 人	彭志斌

南京师大版图书若有印装问题请与销售商调换
版权所有　　侵犯必究

总　序

　　新中国建立以来,经济、政治、文化、社会和生态等各方面均发生了巨大的变化。以改革开放为分水岭,新中国的发展分为两个阶段。改革开放以前,中国建立和实行一套计划经济体制以及与之相适应的政治体制、行政体制、文化体制和社会体制。实践证明,计划经济条件下以高度集中的政治体制为单一重心的国家治理方式经过30年的曲折发展,已然不能适应当代中国经济社会发展的需要。

　　改革开放以来,国家治理呈现出若干显著特征:(1)经济体制改革推动政治体制的适应性改革,政府管理由计划体制的管理逐渐转向市场经济体制的管理。(2)现代化条件下的国家治理方式经历了一个不断深化的过程,改革的重点由精简机构、党政分开到转变职能、政企分开,再到注重效率、责任行政、服务型政府的构建。(3)政府角色和管理方式逐步转型,从过去完全是管制型政府、全能型政府,转变为一个能够注重社会管理、注重服务质量的政府;由过去完全的社会资源的分配者逐步转变为资源的保护者、调控者和公共物品的提供者;行政行为由控制结果、权力主导转向过程管理、规则透明、服务主导。

　　国家治理方式改革虽然取得了一些实效,但是一些深层次的问题并未得到根本解决。当前的主要问题在于:(1)政府职能转变相对滞后的局面没有得到改变,政府在提供公共服务方面,和公众的需求相比,还存在着明显的差距,主要表现为对公共服务职能重视不够,公共服务投入不足,公共服务体制僵化,质量不高。(2)将国家治理成果完全量化,强调数字化的政绩,忽视社会全面、协调、可持续发展。在经济增长论英雄观念的长期主导下,公共服务理念并未引起一些地方领导的足够重视,招商引资、上项目、征地、筹措资金、经济规划等问题成为政府决策的主要议题,一些亟待解决的重大民生问题被忽视,形式主义、官僚主义、政绩工程等问题未能得到有效的遏制。(3)尚未建立公共服务型财政体制。目前中国的财政体制基本还是"建设财政"和"吃饭财政",其中用于经济建设的费用明显偏高,而用于社会服务的费用偏低。公共支出被过多地投入竞争性和盈利性领域,而涉及公共安全、公共卫生、教育事业、社会保障和基础设施方面的财政投入不足。(4)国家机构改革依然没有跳出"精简—膨胀—再精简—再膨胀"的循环,政府部门设置过多,部门之间职能交叉、权责不清、部门利益化比较突出等。

解决当前国家发展中存在的深层次问题的根本路径就是,在整个中国特色社会主义民主政治的框架下,依法治国,全面构建现代化的国家治理体系与提升现代化的国家治理能力。推动今日中国国家治理研究须坚持三条基本方法论。

1. 西方治理理论必须与中国本土化相结合

20世纪70年代以后,西方国家因为国家机构的庞杂僵化和效率低下等问题,将治理理论引入了政治学领域,其中突出表现为管理理论的更新。以奥斯本为代表的学者,主张在政府等公共部门广泛采用私营部门成功的管理方法和竞争机制,强调文官对社会公众的响应力和政治敏感性,倡导更加灵活、富有成效的管理。其后以登哈特为代表的一些学者,又提出了新公共服务理论,认为政府的职责是服务而非掌舵,追求公共利益是政府的最终价值。新公共服务理论将公民置于整个治理体系的中心,推崇公共服务精神,重视政府与社区、公民之间的对话沟通与合作共治,试图实现政治与行政、民主与效率在更高层次上的统一。这些理论不仅有力推动了西方国家公共行政的转型,也为推动当下中国公共行政转型提供了有力的理论支撑。

然而,西方国家治理理论,从一般理论设计到学科体系安排,都是以该国的国情与实践为背景和分析基础的,其理论设计和学科体系的安排必须解决两大问题:一是对该国现实的国家治理中的现象与问题进行理论解释,以解除人们认识上的困惑;二是对该国未来的国家治理活动进行理论指导,防止具体的治理实践活动误入歧途。可见,西方的国家治理理论实际上是该国国家治理活动中各种实践活动在理论层面的反映和诉求,其理论设计和学科体系安排与该国国情是紧密契合在一起的。加上不同国家的文化差异,导致国家治理理论中的基本概念的使用都被深深地打上了本国文化习惯的烙印。对于这种与某国国情相适应的公共行政理论,我们不能简单地照搬照抄过来,我们的正确态度只能是把其作为研究分析的素材和思路,结合我国的国情和我国的国家治理实践要求,进行必要的理论和理论体系的再创造。为此,我们要立足中国国情,坚持将西方国家治理理论与中国具体实践相结合,着力将西方先进的治理理论与中国传统文化相结合,科学、合理地批判、借鉴和吸收西方国家治理活动发展中所形成的基本理论,并以此来指导当前中国国家治理现代化的伟大实践,推进西方国家治理理论的中国化,为实现中国的国家治理现代化目标作出贡献。

2. 抓住政府理念转型建设这一关键议题

政府理念转型是贯穿当下中国国家治理的关键议题,是中国国家治理现代化的基本方向,是现代化国家治理方式的理论路径与现实目标。我国的政府理念属于传统型行政管制理念,政府是公民的管理者,公民处在政府政治权力的统一管制之下,并未将公民及其他社会组织视为对等的主体。同时,还认为政府职能无所不包。管制政府通常是所谓的"全能型政府",政府权力渗透到经济社会生活的方方面面,然而在提供公共产品和公共服务方面却缺乏物质保障。由于传统的管制行政模式缺乏调动公众积极性的有效手段,束缚了经济社会的健康发展,社会财富贫乏,公众的生活只能维持在较低的水平,民生陷入困境。市场化改革以来,由于政府在医疗、教育、就业、住房等问题上把一些本该由政府承担的职能推向市场,而市场的作用也不是万能的,因为市场机制在公共产品和公共服务供给上会失灵,于是种种民生问题凸显出来,教育、医疗、社会保障、住房等成为民众普遍且持续关心的问题,已到了非解决不可的地步。

要解决这些问题，根本的出路在于以全新的国家治理方式，推动实现政府职能的切实转变，并进行相应的机构改革，即从传统的国家管理转变为现代化的国家治理，打造真正的服务型政府。服务型政府就是要为社会服务，为公众服务，这不仅仅是对政府公共服务职能和社会管理职能的强调，也是对社会主义市场经济条件下政府管理本质、政府职能和管理方式的要求，包括政府如何服务于中国经济和社会的可持续发展，如何适应基本公共服务均等化要求，如何有效解决重大的民生问题等。

3. 促进社会治理与政府改革的有效互动

在国家治理现代化中，体制改革和社会治理都要经受考验，一切都要为适应内外的压力和挑战而进行积极的变革。当下中国正在经历一场伟大的现代化社会治理运动，即从农业的、乡村的、封闭的半封闭的传统型社会，向工业的、城镇的、开放的现代型社会转型。当代中国社会治理的实质就是如何完成经济、政治和思想文化等领域全面性的社会变革，由传统农业社会向现代工业社会、传统计划经济体制向社会主义市场经济体制、封闭型社会向开放型社会转变的社会变迁和社会发展，实现"中国式"的现代化。当下中国的社会治理对政府改革提出了紧迫的要求和严峻的挑战：公民对行政知情和参与的权利意识凸显，对于行政机构和行政者公正、关怀、善治与精细化服务的诉求和期待不断上升，而行政领域的信息透明度仍然不高，许多涉及群众切身利益、发展与福祉的问题未能得到足够的重视和解决；当代行政的系统性与交互性不断增强，而现实中"自上而下"的单向式行政模式难以满足新形势与复杂环境下社会治理科学性与精细化的需要；新兴领域不断涌现导致现有的行政监管盲区也不断扩大，而目前的行政资源、技术手段和制度保障严重不足，难以适应社会发展的需要；现实中不断涌现的众多公共问题和社会矛盾日益尖锐突出，亟待更优的行政管理和行政决策来解决和完善。在此背景下，中国宏观的国家治理理念与方式要尽快适应社会治理活动中变化的趋势，加快体制机制的改革，通过自身的改革积极回应社会治理的现实需求，强化政府的社会管理和公共服务，真正把政府自身的重心转移到医疗、教育、社会保障等民生领域中来,使公共行政成为实现社会转型目标的强大动力和重要保障,让中国的社会治理和社会发展从此进入到一个制度文明的新时代。

推动当代中国国家治理现代化是一项长期而艰巨的任务。遵循上述三条基本方法论,真正实现传统国家管理向现代国家治理转型,就必须在行政理念转型、政府形象塑造、政府绩效优化、公共政策创新、政府职能转变等方面下功夫。这几个方面构成了当前中国国家治理的核心课题。

转变治理理念是传统国家管理向现代国家治理变迁的前提。传统国家管理倾向于把效率视为政府行政管理的最终目的,从而常常使自己陷入单纯工具理性的泥淖。由于过分强调对效率和工具理性的追求,公共行政无力反省自身的根本价值,将其变为执行与管理的工具,以致它不但无力担负起捍卫民主政治价值的责任,也无法实现提升公民道德水准的使命。坚守民主、平等、自由、秩序、公共利益为核心的公共精神,推动公共行政以为最广大人民群众的根本利益服务为终极目标,是现代国家治理的价值体现,也是摒弃传统国家管理困境的必由之路。

国家治理中,政府是政策制定与决策的主导与核心。政府形象既是政府活动的产物,又是政府治国理政的前提和资源。如果政府在社会公众心目中的形象比较良好,这种形象就会转化为政府履行职能、提高公共服务能力的积极资源。反之,就可能会妨碍政府履行职能,甚至削弱政府的公信力和执行力。政府良好的形象需要政府的各级部门和政府中的公职人员通过自己的不懈努力来塑造。一个政府全心全意服务于公众,坚持依法行政,勇于担当责任,处处节约廉洁,有较高的执行力,它就具有树立良好形象的基础。因而,必须把各级人民政府的行政权力纳入法治化的轨道,建设法治政府;同时加强对行政权力的监督和制约,建设责任政府。

良好的政府形象要建立在公共服务的优质绩效上。在现代国家治理理念下,需要探索的是科学、合理的政府绩效优化管理,即政府绩效管理必须立足于优化政府公职人员的服务行为和质量,必须优化政府部门行为和服务的质量，必须优化政府整体行为和公共服务质量，制定绩效战略，明确各个层面的绩效目标，来达到优化政府绩效的目的。

公共政策是保证国家治理现代化进程的重要基础条件。公共政策的制定和实施是服务型政府的一项经常性工作。顺应体制转轨的需要，作为治国理政重要手段的公共政策必须创新，而且政府优良的形象和良好的绩效也要依赖于公共政策创新。公共政策创新的任务就是要致力于消解政策冲突、政策风险、政策负排斥、政策执行偏差、政策终结受阻、政策供给滞后等公共行政转型的难题。

政府职能转变是国家治理现代化的关键环节，其成败直接关系到国家治理转型的成败。总体而言，政府职能就是处理公共问题，包括经济调节、市场监管、社会管理和公共服务等，大量非公共性的问题应让位给市场，让位给社会。因此，必须转变政府职能，推进政府治理创新，从根本上理顺政府与市场、政府与社会的关系，强化政府公共服务职能，实施民生战略，提升政府公共服务能力，构建民生型政府。

基于以上考虑，我们不揣浅陋，编写"当代中国国家治理丛书"。本丛书的作者均为南京师范大学公共管理学院的教师。丛书从不同视角对当代中国国家治理进行解读，试图更加深刻地揭示当代中国国家治理的历史背景、动力机制，深入探究当代中国国家治理的价值向度和内在规律。然而囿于学术水平，各种观点可能存在一些疏漏和不当之处，我们热诚欢迎学界同仁和广大读者的批评指正。

本丛书的出版得到江苏高校优势学科建设工程项目资助；南京师范大学出版社徐蕾女士、张春女士对丛书的出版倾注了大量的支持、关心和帮助；本丛书吸收了学界同仁的研究成果，在此一并表示衷心感谢。

南京师范大学公共管理学院　赵晖
2015 年 12 月 12 日于随园

前　言

　　政府职能是政府适应国家和社会发展需要所承担的职责和功能，它规定着政府活动的基本方向和根本任务，是政府及相应机关利用公共权力，根据一定时期内阶级统治和社会公共管理的需要，凭借一定资源，依据宪法和法律规定而承担的职责和发挥的作用。政府职能的行使主体是行政机关及相关部门，行使依据是国家公共权力，职能指向是国家和社会公共事务，职能内容是政府应承担的职责和功能。从需求与供给的角度来说，政府职能是政府在对社会环境和社会主体的职能需求进行分析、选择、确认和综合权衡各种约束基础上而承担的职责和功能。政府职能的确立和行使除了授权和由法律规定外，还必须拥有一定的资源，如财政、技术、文化和道德支持等。政府职能的现实供给是政府职能需求方与供给方博弈的结果。开展政府职能转变与协同创新系统的研究，对于明确政府职能定位、推进创新型国家建设具有重要的现实意义。在国家自然科学基金项目(71373005)、国家社会科学基金项目(15BGL029)、教育部人文与社会科学基金(15YJAZH093)、航空科学基金(2013ZG52079)、江苏省青蓝工程、中央高校基本科研业务费专项(NR2015002，NP2016302)及南京航空航天大学教育教学改革项目支持下，本书对政府职能转变、协同创新系统运行、演化博弈及政策设计问题等进行了初步研究。

　　政府职能的形成通常是由成本收益决定的，能够获取收益是政府职能供给或需求最基本的约束条件。供求双方的博弈形成政府职能的现实供给。需求方对政府提出职能的诉求，需要考虑政府面临的约束条件和政府可能做出的选择；供给方的政府提供职能，亦需要考虑需求方可以接受的收益，这时的博弈是双赢博弈，是一种理想的政府职能供给。现实社会中的政府职能供求博弈通常在零和博弈与双赢博弈之间波动，避免零和博弈，追求双赢博弈，应是政府职能供求双方共同的目标。如果政府职能供求博弈的双方力量不均衡或对共识缺乏认识，要么形成政府职能的供给主导，要么形成政府职能的需求主导。政府职能的供给主导在资本主义社会以前的社会中是一种普遍现象；政府职能的需求主导在当代的提出和发展，是市场经济和民主政治发展的基本要求，是政府与社会关系由争利向互利，由单向主导向双向互动发展的结果，这是当今世界各国政府行政改革努力的方向和目标。但不论是政府职能的供给主导，还是政府职能的需求主导，其结果必然是政府职能供求的不均衡。现实社会中，政府职能供求均衡是一种理想状态，供求不均衡是一种常态。政府职能需求具有环境决定性，职能环境是政府职能需求产生和发展的基础。影响政府职能需求变化的因素是多样的，诸如宏观上的自然环境、社会环境和国际环境，微观上的政府体制环境。不同的环境因素都会有不同的职能需求，环境的变化对政府职能的需求也会产生相应的变化。此外，政府职能的供给亦面临一系列约束。政府职能的需求并不能最终决定政府职能的供给，政府职能供给还受到政府职能供给主体的制约。政府在满足政府职能需求方面同样面临一系列约束，这些约束就是政府职能供给的约束。对政府职能供给有限制或约束的条件包括政治、经济、法律、文化、技术和道德等方面。政府职能的确立是一项复杂而艰巨的系统化工作，除了坚持正确的目标和方向，还必须遵循一定的原则和规律，选择科学合理的政府职能模式。服务型政府是现代政府职能的目标模式。

协同创新是技术创新主体、知识创新主体和中介服务主体基于共同目标、内在动力和有效沟通，以知识增值为核心，通过突破创新主体间的壁垒，构建资源和能力共享平台和分享机制，汇集创新资源、集聚创新要素、释放创新要素活力而实现深度合作的一种组织形式。协同创新的关键是形成以企业、大学、研究机构为核心要素，以政府、金融机构、中介组织、创新平台、非营利性组织等为辅助要素的多元主体协同互动的网络创新模式，通过知识创造主体和技术创新主体间的深入合作和资源整合，产生系统叠加的非线性效用。协同创新系统是各要素为实现共同的目标而建立动态互补、持续稳定的合作关系，是当今创新型国家实现科技创新的标准范式和实践途径。政府作为协同创新系统的重要组成要素，既是创新活动规则的制定者，又是创新活动的直接参与者，它能够直接而有效地调控创新系统的运行，对市场机制无法发挥作用的地方，凭借其特殊身份完成其他创新主体无法实现的系统功能。在协同创新系统中，政府的主要职能在于提供外控作用变量，发挥协同创新系统的创建和维护功能，以创建良好的创新环境氛围。协同创新系统中政府职能转变的目的是建立一个与经济转型和社会转型相适应的、强调竞争与合作的现代服务型政府，其实质是政府角色的再生和释放，是政府职责和功能的变化、转换与发展。

全书共分为六章。第一章，政府职能与协同创新理论概述。通过对政府职能的内涵、构成，政府职能转变的基本逻辑、动力机制，以及协同创新理论框架、主体要素选择的系统研究，提出政府需要在协同创新系统构建过程中不断转变职能，从政府主导转向政府引导是内外环境变化下的必然要求。第二章，协同创新系统分析。深入研究了协同创新系统的空间结构、网络结构以及动力机制，建立协同创新系统模型，并基于模型对协同创新系统的创新水平进行实证测度。第三章，协同创新系统中政府职能分析。深入研究了协同创新系统的政府角色定位、政府职能转变以及政府职能优化，重点分析了政府在协同创新系统建设中的制度设计问题。第四章，政府引导下协同创新系统运行分析。重点分析了政府引导下协同创新系统的知识转移、基于战略联盟的企业协同创新模型，深入研究了政府引导下协同创新系统路径锁定与解锁、风险控制等问题。第五章，政产学研协同创新演化博弈分析。引入演化博弈方法研究政产学研协同创新问题，将政产学研视为一个"学习"的渐进演化系统，强调其动态性和宏观性，并建立政产学研协同创新的演化博弈模型，通过数值模拟描述具体的演化路径，重点研究影响系统演化过程及演化稳定的关键因素。以风电产业为例，对政产学研协同创新进行实证研究。第六章，协同创新系统建设的政府对策。针对政府在协同创新系统构建中的角色定位、职能转变以及职能优化问题，从健全协同创新管理机制、构建协同创新网络平台和完善协同创新政策体系方面，提出协同创新系统建设的政府对策。

本书由本人进行总体框架结构设计，王子龙、谭清美、王乾坤、詹文清、黄莹灿、程欣怡等为本书的撰写工作付出了辛勤劳动并提出宝贵意见，在此表示由衷感谢！项目研究和成书过程得到了国家自然科学基金委、全国哲学社会科学规划办公室、南京师范大学以及南京航空航天大学等相关领导的大力支持与帮助，在此表示诚挚谢意！南京师范大学出版社诸位编辑在书稿出版过程中付出了辛苦劳动，在此也一并表示感谢！

承蒙南京师范大学公共管理学院院长赵晖教授不吝赐教，对书稿提出了很多指导意见，在此表示衷心感谢！

许萧迪
2015 年 8 月 31 日

目 录

总 序 ··· 1

前 言 ··· 1

第一章 政府职能与协同创新理论概述 ································ 1
  第一节 政府职能相关理论分析 ······································ 1
    一、政府职能的内涵 ··· 2
    二、政府职能的构成及特征 ······································· 4
    三、政府职能转变的基本逻辑 ····································· 6
    四、政府职能转变的动力机制 ····································· 9
  第二节 协同创新相关理论分析 ····································· 15
    一、协同创新的研究现状 ·· 15
    二、协同创新的理论框架 ·· 25
    三、协同创新的主体要素 ·· 27
    四、协同创新的主体选择 ·· 28

第二章 协同创新系统分析 ·· 33
  第一节 协同创新系统空间结构 ····································· 33
  第二节 协同创新系统网络结构 ····································· 35
  第三节 协同创新系统动力机制 ····································· 37
    一、协同创新系统动力机制模型 ·································· 38
    二、协同创新系统合作动力演化 ·································· 49
  第四节 协同创新系统模型构建 ····································· 52

一、协同创新系统要素功能分析 …………………………………… 52
　　二、协同创新系统状态空间模型 …………………………………… 53
　　三、协同创新系统动力学模型 ……………………………………… 55
　　四、协同创新系统战略仿真 ………………………………………… 57
　第五节　协同创新系统创新水平实证测度 ………………………………… 59
　　一、协同创新系统集聚水平分析 …………………………………… 59
　　二、协同创新系统小世界网络分析 ………………………………… 63

第三章　协同创新系统中政府职能分析 ………………………………………… 70
　第一节　协同创新系统中政府角色分析 …………………………………… 70
　　一、协同创新系统中政府角色诊断 ………………………………… 70
　　二、协同创新系统中政策体系分析 ………………………………… 75
　　三、协同创新系统中政府角色转换 ………………………………… 78
　第二节　协同创新系统中政府职能转变 …………………………………… 81
　　一、健全政府监管，推动协同创新系统有序演进 ………………… 82
　　二、实施制度创新，促进协同创新系统效率提升 ………………… 87
　　三、建立互助合作机制，促使协同创新系统完善 ………………… 95
　第三节　协同创新系统中政府职能优化 …………………………………… 103
　　一、营造创新环境 …………………………………………………… 103
　　二、优化产业布局 …………………………………………………… 106
　　三、提高创新能力 …………………………………………………… 107

第四章　政府引导下协同创新系统运行分析 …………………………………… 110
　第一节　政府引导下协同创新系统知识转移 ……………………………… 110
　　一、协同创新的分工与合作 ………………………………………… 110
　　二、政府引导下协同创新技术转移 ………………………………… 113
　　三、政府引导下协同创新知识共享 ………………………………… 116
　第二节　基于战略联盟的企业协同创新模型 ……………………………… 120
　　一、战略联盟及组织结构 …………………………………………… 121

二、企业战略联盟协同创新模型 …………………………………… 123
第三节　协同创新系统路径锁定与解锁 …………………………………… 129
　　一、协同创新系统路径锁定分析 …………………………………… 129
　　二、协同创新系统路径解锁分析 …………………………………… 135
第四节　政府引导下协同创新系统风险控制 ……………………………… 139
　　一、协同创新系统风险识别 ………………………………………… 139
　　二、协同创新系统风险来源 ………………………………………… 142
　　三、协同创新系统风险控制 ………………………………………… 144

第五章　政产学研协同创新演化博弈分析 …………………………………… 149
第一节　政府扶持企业自主创新的动态博弈 ……………………………… 149
　　一、政府扶持企业自主创新的博弈模型 …………………………… 151
　　二、政府扶持企业自主创新的路径分析 …………………………… 155
第二节　政产学研协同创新系统的演化博弈 ……………………………… 157
　　一、政产学研协同创新博弈的理论分析 …………………………… 159
　　二、纯市场行为的产学研协同创新演化博弈分析 ………………… 162
　　三、政产学研模式的协同创新演化博弈分析 ……………………… 165
第三节　政产学研协同创新的实证研究 …………………………………… 169
　　一、演化博弈的稳定策略和复制动态方程 ………………………… 169
　　二、协同创新主体的演化博弈 ……………………………………… 172
　　三、协同创新主体的策略分析 ……………………………………… 176
　　四、协同创新主体纵向收益仿真 …………………………………… 179
　　五、协同创新主体横向收益仿真 …………………………………… 184

第六章　协同创新系统建设的政府对策 …………………………………… 191
第一节　健全协同创新管理机制 …………………………………………… 191
　　一、利益实现机制 …………………………………………………… 192
　　二、政策协调机制 …………………………………………………… 192
　　三、创新激励机制 …………………………………………………… 193

四、绩效评估机制 …………………………………………… 193
第二节　构建协同创新网络平台 ………………………………… 194
　　一、协同创新信息设施建设 ………………………………… 194
　　二、创新主体之间资源联动 ………………………………… 195
　　三、制度创新环境氛围形成 ………………………………… 196
　　四、协同创新人才梯队建设 ………………………………… 197
第三节　完善协同创新政策体系 ………………………………… 198
　　一、协同创新资金扶持政策 ………………………………… 198
　　二、协同创新税收补偿政策 ………………………………… 199
　　三、协同创新成果转化政策 ………………………………… 199
　　四、协同创新法律保障政策 ………………………………… 200

主要参考文献 ……………………………………………………… 202

第一章 政府职能与协同创新理论概述

政府职能是一个古老而恒新的问题。政府的产生是政府职能产生的根本原因,政府的性质决定了政府职能的性质。社会需要是政府职能存在的基础,社会发展的不同时期对政府的职责和功能的要求是不同的,政府职能随着这种需求的变化而发生变化。政府职能转变实质上是社会对政府提出职能需求与政府满足需求的过程。本章通过对政府职能的内涵、构成、政府职能转变的基本逻辑、动力机制以及协同创新理论框架、主体要素选择的系统研究,提出政府需要在协同创新系统构建过程中不断转变职能,从政府主导转向政府引导是内外环境变化下的必然要求。

第一节 政府职能相关理论分析

从社会实践层面来说,西方国家的政府改革浪潮与当代中国政府职能的全方位、多层次、多角度转变,实质就是以政府职能的需求变化为动因,政府职能在供给层面做出的调整。通过系统研究政府职能的基本理论,有助于有效预测政府职能未来的发展趋势,为政府职能的界定和转变提供目标和方向。如我国目前存在的政府职能缺位、易位或越位现象,从政府职能供给的角度来说,就是政府职能供给过剩或供给不足的问题。问题产生的原因不仅根植于体制转轨和体制惯性,还涉及改革成本和利益分配问题;政府职能转变的实质就是政府对职能供求不均衡的回应,迅速有效地转变政府职能需要对政府职能的需求与供给进行系统分析。自国家和政府产生以来,政府职能呈现不断膨胀的趋势。从政府职能需求的角度来说,是生产力发展和社会公共事务增多的结果,也是民主政治发展和公民社会意识增强的结果;从政府职能供给的角度来说,是政府服务社会意识增强和政府能力提升的结果。

一、政府职能的内涵

国外对政府职能的研究主要围绕政府与市场的关系开展,先后经历了"守夜人"政府理论、全面干预政府理论和适度干预政府理论等阶段。"守夜人"理论以亚当·斯密(Adam Smith)为代表,强调最好的政府是管得最少的政府,把政府职能限制在一个较小的范围。随着市场经济的发展,其自身矛盾性的暴露,"守夜人"政府理论被以凯恩斯(J.M.Keynes)为代表的全面干预理论所替代,强调政府全面干预市场和社会,以弥补市场经济的缺陷或不足。但之后由于过分推崇和干预过度,导致经济"滞胀"和政府不堪重负等一系列问题,全面干预理论让位于新自由主义适度干预理论。新自由主义适度干预理论主要有公共选择学派、制度经济学派、产权学派等,主张政府应管自己可以管好的事,但应尽可能少管,除非从政治、经济、技术和社会等角度均可行,才可以适当干预。

亚当·斯密、布坎南(J.M.Buchanan)等对政府职能的论述主要集中在三个方面:第一,提供一种宏观经济和微观经济环境,这种环境为有效的经济活动设立正确的刺激机制;第二,提供能够促进长期投资的机构性基础设施——财产权、和平、法律与秩序以及规则;第三,确保提供基础教育、医疗保障以及经济活动所必需的物质基础设施、保护自然环境。按照斯蒂格利茨(J.E.Stiglitz)的观点,政府的经济职能一般包括五个方面:一是市场运转秩序的司法保护者,二是宏观经济的调节控制者,三是公共物品的生产者和消费者,四是国民收入再分配的转移支付者,五是提供社会福利与社会救济等社会安全网。随着理论研究的不断深入,政府职能的范围逐渐扩大,职能内容不断丰富。目前的研究重点主要集中在:保证公民和社会福利不受损失的情况下,如何尽可能减少政府干预和降低政府开支;保证公平和效率的前提下,对政府职能实现的方式、方法进行改革和创新。我国政府职能研究的兴起是在改革开放以后,研究的重点是政府在社会主义市场经济条件下应承担什么样的职能,此外对计划经济条件下政府职能的弊端、政府职能转变的必要性和必然性、转轨时期政府职能的界定等方面的研究都取得了重大成果。

政府职能又称之为行政职能,是指政府在一定的历史时期内,根据国家和社会发展的需要而承担的职责和功能。政府作为国家公共权力的行使机构,其职能是由国家与政府的性质和任务决定的。政府职能的内涵综合起来可以归纳为:政府职能的主体是行政机关及相关部门;政府职能行使的工具或依据是国家公共权力;政府职能的指向(客体)是国家和社会公共事务;政府职能的内容是政府应承担的职责和功能,即政府应该管什么,怎么管和发挥什么样的社会作用或功能。一般来说,所谓职能是指人、事物、机构应有的作用和功能,这种作用一般为人、事物、机构的性质所规定。这里"功能"和"作用"的含义基本相通,中文将"功能"解释为事物或方法所发挥的作用,而英文的"功能"(function)本身就有"作用"的内涵。政府权力是国家和人民赋予的,因而政府职能应由国家和政府性质决定。国家的性质决定了所有的政府都是阶级性和社会性的统一,政府的阶级性决定了政府要为统治阶级服务,满足统治阶级的职能需要;政府的社会性决定了政府必须完成社会公共事务的管理,满足社会对政府的职能需要,体现其社会性。因而,政府职能可以进一步界定为:政府及相应机关利用公共权力,根据一定时期内阶级统治和社会公共管理的需要,凭借一定的资源,根据宪法和法律规定而承担的职责和发挥的作用。从需求与供给的角度来说,就是政府在对社会环境和社会主体的职能需求进行分析、选择、确认和综合权衡各种制约因素的基础上而承担的职责和功能。首先,政府职能是满足社会公共事务的需要。政府职能与其他组织的职能相比,因其公权地位不同,职能对象只能是国家和社会的公共事务,而不应介入私人领域或非公共领域。其次,政府职能的界定或供给必须以国家和社会的需要为前提,并随着国家和社会需要的变化而变化。国家和社会在一定时期的需要是有限的,政府职能也应有一定的范围和界限,不能无限扩张。政府职能范围和界限的确立应是对社会需要分析、选择和确认的结果,并由宪法和法律做出规定。再次,政府职能是政府行政管理职责与功能或作用的统一。政府的职责即政府应该履行的职责,即管什么、管到什么程度和怎么管;政府的功能表现为政府在国家和社会生活中发挥的作用。这两者的关系是统一的,即政府的社会功能是政府法定职责的前提和内容,政府的法定职责是政府社会功能的实现和保障。如果只强调政府的法定职责而无视政府对社会的应尽义务或只强调政府的社会功能而随意超越政府职责的法定范围,这两种都是片面错误的,要相互结合。最后,政府职能的行使必须有一定资源。政府职能的确立和行使除了授权和由法律规定外,还必须拥有一定的资源,如财政、技术、文化和道德支持等。

二、政府职能的构成及特征

政府具有哪些职能涉及政府职能的分类问题。根据不同的分类标准,政府职能可以划分为以下几类:根据政府的性质,可以把政府职能分为阶级统治职能和社会公共管理职能。阶级统治职能是维护统治阶级的统治,执行统治阶级意志的职能,如镇压被统治阶级、防御外敌入侵等。阶级统治职能是统治阶级建立政府的根本宗旨,是政府职能的核心。社会公共管理职能是对全社会政治、经济、文化、社会等各项公共事务的管理职能,如民主建设、经济管理、科技管理、社会保障等,它是政府存在的基础和前提。这两种职能互相渗透,相互交叉。根据政府职能的作用领域,可以把政府职能分为政治职能、经济职能、文化职能和社会职能。政治职能是指政府通过强制机关行使的防御性、保护性、控制性和维护性的功能,主要包括专制和民主两个方面。政治职能的核心在于巩固国家政权,维持统治的秩序和稳定;经济职能是政府运用行政权力,领导、组织和指导国家的经济建设,在维护市场经济的制度和秩序,保障经济发展的基础,保护经济增长的良好环境,调节社会资源的分配等方面发挥作用。经济职能是政府职能中最重要的一项职能。经济是社会发展的基础,经济基础决定上层建筑,上层建筑为经济基础服务,作为上层建筑主体部分的政府,其根本任务之一就是为经济发展服务。因而当今世界各国政府无不关心政府的经济职能,经济职能配置是否合理,模式选择是否恰当,直接决定了一国的经济发展状况,进而关系到国家的强弱。自从建立社会主义市场经济体制成为我国经济体制改革的目标以来,政府经济职能的界定和转变已经成为政府关注的焦点之一。政府经济职能的转变和合理配置是社会主义市场经济建设的先导性条件。文化职能是指政府通过文化管理机关依法对社会科学教育事业和各项文化事业的管理。文化职能的行使主要在于制定促进科学、教育、文化等发展的战略,规划和计划、引导各项文化事业的健康发展,维护精神生产的良好环境,举办各项科技、文化教育等方面的重大公共工程,组织重大科研项目的攻关,以提高国家和民族的科学文化素质。社会职能是指对社会经济、政治、文化发展提供服务和保障的功能,如社会福利、社会救济、社会保险、环境保护等。在上述职能中,经济职能占主导、决定性地位,其他职能都应适应经济职能的发展变化而变化,因为经济职能是政治、文化、社会职能的基础,它直接影响政治、文化、社会职能的内容、行使方式和方法。当然经济职能也需政治、文化、社会职能提供服务和支持。因此,四大职能是相互影响、相互制约的,在职能实际行使上,应统筹兼顾,不能偏重某一方面的职能,而忽视另一方面的职能,只有协调发展才能促进经济、社会的全面进步。从职能行使的过程和作用方式看,政府职能可以划分为计划职能、指导职能、协调职能、控制职能、沟通职能、监督职能。除了上述分类方法外,还有许多从不同角度划分政府职能的方法,如从职能属性来看,有统治职能、保卫职能、管理职能、服务职能等。

任何事物都是本质和特征的统一,本质通过事物的特征体现出来。政府职能的特征是相对的,是与其他组织的职能相比较而言,从不同的侧面体现政府的内涵和本质,政府职能与非公共权力机构的职能相比主要有以下特点:

第一,公共性。政府是适应社会需要而产生的,是公共权力的行使者,因而政府的职责和功能具有公共的性质,即政府的一切职责和功能都在于维护社会的公共利益,解决社会的公共问题。即使是维护统治阶级的利益和意志,也是通过社会公共事务的管理体现出来的,全心全意为人民服务的宗旨正是建立在政府职能的公共性基础之上。

第二,全方位性。政府职能的对象涉及社会各个领域,一定领域内的社会个体、机构和组织,无论多么复杂,其职能也都仅限于某一领域,而政府职能却是涉及社会的各个方面,包括政治、经济、文化、社会等各方面的事务。因而,政府职能对象的多元性要求政府职能不能局限和停留在某一方面或某一领域而忽视其他方面或领域,如过分强调以经济建设为中心,忽视文化、社会发展,必然会带来社会的畸形发展。

第三,非赢利性。是否以赢利为目的是区分政府组织和非政府组织的重要标志。政府利用公共权力,凭借公共资源行使职责和功能,决定了政府不能以赢利为目的,只能以满足社会公共利益和服务社会为目的。

政府的主要职能是为社会提供公共产品和服务，如国防、教育、社会治安等非竞争性、非排他性消费的产品和服务，而这些产品和服务正是由于成本和收益的不易衡量，决定了只能由作为公共部门的政府来提供。如果政府以赢利或保护部门利益为出发点，制定政策和提供产品、服务，那么政府就已失去作为公共权力代表的资格。

第四，动态性。政府职能内容和范围源于国家和社会发展的需要，因而政府职能也随着历史和社会经济的发展而发展，随着不同时期任务和形势的变化而变化。政府职能的动态性主要表现为如下方面：一是国家性质发生变化，必然引起政府职能的相应变化，如从资本主义社会到社会主义社会后，职能的性质和内容都发生了变化；二是社会形势和任务发生变化，政府职能的重点也相应发生变化；三是随着社会环境和各种体制的改变，政府职能的某些具体功能将会发生根本性的变革；四是随着科技的发展，人类社会事务的增多，政府职能也要增加新的内容、方法和手段。

第五，从属性。政府职能的从属性可以从政府职能从属于国家职能、政府职能的社会性从属于政府职能的阶级性两方面诠释。国家职能按其行使机构可以分为立法职能、司法职能、行政职能、军事职能等四个方面。政府职能只是国家职能的一部分，是公共权力的执行职能，与立法职能相比，政府职能具有更强的实践性、操作性和具体性。政府的公共权力地位决定了政府职能具有社会公共性，必须为社会公众的利益服务，但政府的阶级性又决定了政府职能必须反映统治阶级的利益，为统治阶级服务，这是政府的本质属性。随着市场经济和民主政治的发展，政府的公共管理和服务性职能在职能结构中的位置愈来愈重要，这是政府职能的发展趋势，但在国家、阶级消灭以前，政府职能的阶级性将一直存在，只是表现得愈来愈隐蔽。

三、政府职能转变的基本逻辑

政府职能是社会发展需要的产物，在社会环境发展变化时，政府职能必然要随着社会发展需要的变化而变化。变化是永恒的趋势，但并不是社会环境出现了任何变化，政府职能都会发生转变。政府职能在一定时期具有相对稳定性，只有那些决定性、主要的或质变性的因素才会引起政府职能全方位、多层次或飞跃性的变化。政府职能定位与转变既离不开政府机构及其人员自身的作为,也需要考虑环境中其他主体的诉求、期望与压力。由于政府所处的环境并不是一个固化的空间,环境变化是政府职能转变的基本依据。

政府职能伴随着国家和政府的产生而产生,并随着国家和政府的变革而不断发生变革。不同社会形态国家的政府,同一国家不同历史阶段的政府,其职能性质、结构、内容以及职能行使方式均不同。政府职能需求和供给环境的任何一方面的变化都会对政府职能产生影响。政府职能理论的研究离不开对政府职能发展规律的探讨。不论是政府职能界定,还是政府职能适应社会变化的转变都需要以正确把握政府职能发展规律为前提。

从历史发展规律来看,政府职能转变是一个动态变化的过程。也就是说,不存在一个固定不变的政府、市场、社会之间的职能边界划分,只有适合本国经济政治、历史文化背景的政府、市场、社会三元权力结构才是最合理的配置。埃莉诺·奥斯特罗姆(Elinor Ostrom)的治理理论对于具有自组织传统的美国南加州地区而言可能是非常有效的制度安排,但是将其放到中国或任何其他不存在这种传统的地区则需要对其进行制度设计上的改进。因此,应当根据各国具体情况和历史传统来建构政府、市场、社会在国家治理体系中的关系结构。当前中国政府职能转变的取向是大幅减少和下放行政审批事项,真正向市场放权,发挥社会力量作用。但是,在向市场、社会放权的过程中还要考虑到市场、社会能否较好地接过政府传来的交接棒。在社会多元化、分层化发展的背景和趋势下,单独推进行政体制改革,或向市场放权都不足以达到良治的目标,建立政府、市场、社会相互补充的新型治理格局是大势所趋。其实质上是回应"政府失灵""市场失灵"和"社会失灵"的总体战略。中国必须把以简政放权为核心的行政体制改革、以释放活力减少经济性规制的市场改革、以能力建设为核心的社会建设三者有机地结合起来,才能够实现三者的有机互动和系统推进。

从政府与市场的关系上来看,需要正确认识中国市场经济体制的发展状况,避免将"市场不完善"与"市场失灵"相混淆。从十四届三中全会到十八届三中全会,中国的市场经济体系建设取得了巨大进展,市场在资源配置中的作用实现了由"基础性"向"决定性"的转变。但是当前的市场经济还没有在资源配置上真正地发挥决定性作用，这意味着未来改革中需要消除对市场所遗留的一些干预、扭曲，让资源由市场进行配置，以建立一个"有效的市场"。同时需要意识到，市场在资源配置中起决定性作用绝不意味着政府的退出，相反此时更需要一个强有力的政府对自由放任的市场经济进行有力的监管。政府职能转变与市场发展协调一致是现代化进程中的显著标志。具体而言，转型期的政府职能主要体现为建立市场、监督市场、引导市场与参与市场四个依次由强变弱的"宝塔型"功能特征。建立市场的职能即由政府界定和保护产权以及完善市场运行的基本规则和法律体系，这是市场机制发挥作用的前提，也是政府最强的职能；监督市场的职能即建立行政执法、行业自律、舆论监督、群众参与相结合的市场监管体系，以维持良好的市场秩序；引导市场的职能主要指通过产业政策、税收政策等方式鼓励技术创新与有序发展；参与市场的政府职能是最低的，即由政府直接提供不适合由私人经营的基础设施和公共服务。随着现代化治理水平的提高以及市场体系的不断完善和成熟，政府与市场的关系将会更多集中在建立市场和监督市场上，参与市场的职能将会越来越多地交由企业或社会组织去履行。

  政府治理工具是实现政府职能的具体途径和手段，不同治理工具的效率和效果存在显著差异，选择何种治理工具受到各种复杂因素的影响。胡德(C. Hood)认为治理工具的选择需要注意三个方面：一是比较各种可替代性方案；二是治理工具必须与具体工作相匹配，根据环境变化选择不同的工具；三是工具的选择必须符合一定的伦理道德；四是保证选择的治理工具能够实现成本最小、效益最高的目的。也就是说，要在比较各种方案的基础上，根据环境状况和工作性质选择符合一定伦理并且最具效率价值的治理工具。当前，中国在强调治理工具创新的过程中，比较忽视的是治理工具的应用创新。治理工具的应用创新是为了实现既定的治理目标而对治理工具进行选择、调整、改进，以适应特定治理环境的过程。基于此，在坚持效率、效能、公平等基本原则的指导下，政府治理工具应用创新的关键是如何根据现实状况选择绩效特征最大化的治理工具。从直接性程度来看，治理工具的选择应减少对经济领域的直接干预，更多地选择间接性治理工具。过度使用经济性治理工具，一方面会造成政府对市场的过度干预，另一方面程序繁复的行政审批程序将大大降低办事效率。

因此，在强制性程度上，配合经济领域的放松管制的同时要加强社会性领域的监管。当前，中国正处于里格斯（Fred W. Riggs）所谓的"棱柱式行政模式"下，在新旧体制的转轨过程中，社会性监管已导致越来越严重的后果。在社会对政府规制能力高标准和对政府运行效率高关注并存的情况下，如何加强社会性监管职能而不增加行政编制，如何建设一个小而强且高效廉洁的政府，是对中国政府下一步行政体制改革提出的严峻挑战。加强治理工具的创新以及对不同治理工具在政策过程中的利弊分析是应对这种挑战的有效途径。

四、政府职能转变的动力机制

政府职能转变实质上是社会对政府提出职能需求与政府满足需求的过程。政府职能发展变迁的动因是生产力的发展引起生产关系的变化，上层建筑也随之变化的结果。其中，生产力的发展直接决定着政府职能的内容和层次，如封建社会与奴隶社会相比，生产力有了飞跃式的发展，要求国家或政府承担更多的职责和发挥更大的作用，政府职能也需相应做出调整以满足这种需求。这个过程是政府职能内容增多、水平提高的过程，归根结底是生产力发展引起的。生产关系的变化决定着政府职能的性质、结构、重心和实现形式。如社会主义政府职能的阶级统治性与社会性逐渐达到统一，政府职能主要是经济建设、社会管理和公共服务，职能内容与职能满足的形式也逐渐统一。而与社会主义并存的资本主义，政府职能的阶级统治性异常强大，社会管理职能主要是服务于阶级统治，但在形式上却是社会管理和服务的职能无所不在，这是资本主义阶级统治实现形式的隐蔽性所在。总的来说，不论是政府职能内容的增多和水平的提高，还是职能性质、结构、重心和形式的变化，都是政府职能需求与供给变化引起的，都是一个政府职能需求与供给均衡—不均衡—新均衡的螺旋上升的过程。每一次的政府职能大变革，如社会形态的更替，就是政府职能需求与供给由不均衡到新均衡的过程。

国内学者对政府职能转变的动力进行了深入研究。施雪华认为市场、体制和政策是驱动政府职能转变的主要力量，在不同的行政环境下三种力量强弱对比的不同形成了不同的职能转变模式。李梅娟、李洪霞认为经济的发展、社会稳定和社会持续发展、公民意识的提升、全球化等因素要求政府职能尽快转变,这些都成为政府职能转变的动力。江玮认为政府职能的转变是政府积极主动的自我变革,其动因是基于政府维护自身合法性的需要和国内外环境的变化发展。罗峰认为政府职能转变的动力结构来源于国内外环境中相关主体的交叉期望与压力,它包括政治支持、市场质量、社会组织和国际规则等各种因素。操世元认为政府职能转变的外部动力主要是贯彻执行党的政策的必然要求、回应新公共管理运动的冲击与适应社会舆论的压力;内部动力是地方政府机构改革的创新要求、地方经济与公民社会发展内在的要求以及地方党政领导的个人推动等。何强认为经济动力、政治动力、思想动力和内部动力构成了政府职能转变的动力机制。江艳、金太军从系统论的角度分析了政府职能转变的内外动力源,认为政府职能转变的动力包括内生结构性动力、内源性自主动力、功能性效用动力和外源性促进动力系统。杨学渊则认为政府职能转变的动力有三大来源:一是自上对下的行政强制力,二是来自系统外的权力督促力,三是自下对上的民主推动力,并提出要从观念、措施、法治三方面入手,解决动力不足的问题。欧文·E.休斯(Owen E. Hughes)认为公共行政范式的转换和信息革命所带来的行政环境的变迁,形成了政府职能转变的内在动因和直接动力。

政府职能转变是在特定社会、政治和经济环境下进行的,通过来自于环境的外部力量以及来自于政府和体制的内部力量共同作用于政府职能转变主体,使政府职能发生转变。政府内外环境的多种因素相互制约、影响,共同构成了复杂的政府职能动力系统。从物理学的角度可以把政府职能转变的动力构成划分为支撑力系统、推动力系统、牵引力系统和自我更新力系统。由此,政府职能转变的动力机制可定义如下:

$$P_{PFC} = f(P_B, P_I, P_P, P_U)$$

其中,P_B 为政府职能转变的支撑力;P_I 为政府职能转变的推动力;P_P 为政府职能转变的牵引力;P_U 为政府职能转变的自我更新力。四种作用力的合力决定了政府职能转变动力 P_{PFC},合力的大小决定政府职能转变的程度,促使政府由政治型政府向服务型政府转变。政府职能的转变并不是一个连续的过程,政府职能的转变轨迹通常会沿着"职能阶梯"由政治型政府转变到更高一级的职能形态,只是政府职能转变的每一次跨越都需要蓄积足够的能量,政府职能转变的四个动力系统为其提供了力量来源,构成政府职能转变的动力源。

（一）政府职能转变的推动力系统

政府职能转变的推动力是指由于政府外部环境变化产生的对政府职能转变的外部促进作用,经济、社会、技术和全球化四个相互关联的要素,构成了政府职能转变的推动力系统。政府职能转变的推动力在实践中主要表现为经济发展、社会变革、技术进步和全球化等方面。

第一,经济发展推动政府职能转变。经济发展所带来的经济环境变化对政府职能转变的推动主要表现在:① 经济增长方式由粗放型增长向集约型增长转变,促使政府职能发生转变,使政府职能由行政指令式的经济干预,转变为向经济发展提供人才、科技支持的公共服务。② 经济环境由短缺经济向过剩经济的转变促使政府职能发生转变,使政府职能从对企业的行政控制转变为对市场秩序的规范和管理。③ 生产力水平的提高,导致各类公共事务的内容、数量和性质发生变化,促使政府管理职能发生适应性变化。④ 通货膨胀、收入分配、金融危机等阶段性经济问题促使政府根据经济环境的变化适时调整其职能重心。

第二,社会变革推动政府职能转变。社会主义市场经济体系的建立使人们在自主权等方面表现出的公民精神推动着政府职责发生转变。公众对政府职能形成了多元化的认同状态,如在社会动乱环境下,公众对政府职能的认同是维持社会的稳定;在经济危机环境下,公众对政府职能的认同是发展经济。随着社会的进步,人们的社会意识也发生了巨大的变化,对"集权式"政府职能的习惯性依赖逐渐被自主意识所取代。非政府组织(Non-Governmental Organizations,简称NGO)的蓬勃发展在一定程度上分担了政府提供公共物品的职能,促使政府对原有的职能进行重组,进而关注于非政府组织不能企及的核心职能。同时,社会关系的复杂化形成一种内部压力促使政府职能发生转变。改革开放的不断深入,催生了新的社会阶层和利益群体,导致社会关系趋于复杂化,各种社会矛盾逐渐显现,这就要求政府转变职能,把职能的重心转移到处理即将激化的社会矛盾上。

第三,技术进步推动政府职能转变。信息技术已经成为当今经济活动和社会生活的基石,信息技术的飞速发展及其在行政管理领域的广泛应用,在改变政府行政环境的同时,也推动着政府职能的转变,催生了"电子政府"和"虚拟政府"。信息技术有力地保障了"电子政府"的技术实现,着重通过技术手段构建一个高效率的服务型政府;同时,通过对信息资源的整合,构建跨越时间和空间的政府服务体系,使"虚拟政府"的实现成为可能。随着信息技术的发展和手机、互联网等的普及,一些新问题逐渐凸显,如信息泄露、网络暴力等。而通过行政管理的手段很难实现对上述类似公共事件的控制和处理,这些问题逐渐进入政府职能的核心领域,从而要求政府职能结构进行适当的调整。

第四,全球化推动政府职能的转变。全球化是人类社会发展的必然趋势,经济全球化是世界经济发展的潮流,政治全球化正冲击着现存的国际政治格局,全球化使国家之间的联系愈来愈紧密,在政治、经济、文化等各个领域相互交融,政府角色在与国际接轨的过程中逐步实现职能的转变。在全球化背景下,公众对政府的诉求已不再局限于传统的发展经济、保障社会安全、提供公共服务等领域,公民的行政参与呈现出多元形态,既要求获取更多的自主权,使政府成为"有限政府",确保政府行政过程中的公平、公正;又要求政府提供更优质的公共产品和更完善的公共服务,使政府成为"全能政府"。

(二) 政府职能转变的牵引力系统

政府职能转变的牵引力是指由于政府内部行政生态环境变化产生的对政府职能转变的内部促进作用。牵引力系统主要由行政范式和管理水平两大要素构成,两要素之间相互关联,构成了政府职能转变的牵引力系统。政府职能转变的推动力在实践中主要表现为公共行政范式的转换、行政管理水平的提高等方面。

第一,公共行政范式的转换。随着20世纪80年代新公共管理运动的兴起,西方公共管理学界以现代经济学和私营企业管理理论和方法为基础,催生出不同于传统公共行政理论的新范式,建立了新公共管理理论。传统的公共行政范式受到广泛质疑,曾经被公认的公共行政基本原则,如科层制、终身雇佣制和行政二分论等受到了严峻的挑战,政府的社会角色以及政府与市场、政府与公民的关系都发生了变化。新公共管理范式改变了传统公共模式下政府与社会之间的关系,重新对政府职能及其与社会的关系进行定位,认为政府不再是自我服务的官僚机构,而是对社会公众具有高度的回应力和责任感,更加重视提供公共服务的效率和质量的服务型机构。公共行政由传统公共行政范式向新公共行政范式的转换,使得政府对其角色和职能进行重新定位,实现政府职能的转变。

第二,行政管理水平的提高。政府管理职能的确立受到政府的内部资源如人力、财力、物质储备及管理水平等因素的影响,政府职能必须与政府行政管理水平相适应,政府职能设计在很大程度上受制于内部管理水平。政府行政管理水平的提高、现代管理经验的积累、先进管理技术和方法的运用等组织内部环境的改善,都能够提升政府职能体系对社会的适应性,提高政府职能对社会需求满足的程度。同时,改善后的组织内部环境又会引导政府职能的正确定位,确保政府职能的转变沿着科学的行政管理方向前进。因此,政府行政管理水平的提高为政府职能的转变提供了直接引导力。

(三) 政府职能转变的支撑力系统

经济体制改革和政治体制改革决定了政府职能转变的宏观环境,是政府职能转变力量的来源,决定着政府职能转变的方向。没有经济和政治体制改革,政府职能转变仅仅是一些细枝末节的修补,不会产生根本性的变革。经济和政治体制改革构成了政府职能转变的支撑力系统。目前,我国已经逐步建立了有中国特色的社会主义市场经济体系,国民经济稳步发展的制度基础和运行机制正在逐步形成。在计划经济体制下,政府通过指令性计划和行政手段干预经济和社会管理,属于全能型政府。随着经济体制从计划经济向市场经济的转变,政府职能必须发生根本性变革,即从微观的经济管理者转变为市场主体的服务者,从管制型政府转变为服务型政府。经济体制改革为政府职能的转变提供了动力源泉,是对政府职能转变的有力支撑。

政治体制改革主要是指在政治性质和政治总格局不发生变化的情况下对政治关系进行的调整和改变。由于政治制度体系中缺乏市场方面的强有力的竞争机制,所以政治制度变迁往往存在动力机制不足的问题,政治制度比经济制度变迁存在更明显的路径依赖,容易陷入制度变迁的锁定状态。随着经济体制改革的深入,政府需要兼顾不同的利益群体,主动打破原有的制度安排,进行政治体制改革。政治体制改革的主要内容之一就是行政管理体制的改革以及服务型政府的构建。政治体制改革是政府职能转变的制度保障,决定着政府职能转变的方向。

(四) 政府职能转变的自我更新力系统

政府职能转变是公共行政系统自我完善的体现。根据组织进化理论,组织通过空间上的扩张和时间上的持续,逐渐变大变强,通过不断适应环境,实现组织进化。创新性决定组织能否长久,模仿性则决定组织的规模大小,创新性和模仿性是组织的两种基本性质。政府作为特殊的组织,也具有组织进化的特征,政府组织的进化通常表现为政府职能的转变,即政府职能的自我扩张和自我收敛。政府组织的自我进化构成了政府职能转变的自我更新力系统。

随着政府组织在时间上的逐渐延续,行政资源表现出较强的流动性,人力、财力、物质储备等资源通常会流向那些比较重要的行政部门,使其行政职能得以强化,形成政府职能的自我扩张。如在战争期间,更多的社会资源会流向军事部门,政府保障国家安全和社会稳定的职能得以强化;随着人们生活水平的提高以及"科教兴国"战略的实施,政府会加大在医疗、教育方面的投入,在提供公共物品职能方面形成自我扩张。政府职能的自我收敛如美国总统托马斯·杰弗逊(Thomas Jefferson)所言:"最好的政府是管事最少的政府。""有限政府"已成为共识并走向实践,政府职能的边界在逐渐缩小。随着社会自治能力的增强,政府职能会在一些行政领域弱化,最终被社会组织或经济组织所取代,形成政府职能的自我收敛。

综上所述,政府职能转变是一个动态的过程,是一个开放的体系,随着环境的变化将会有新的政府职能形态出现,直到真正实现政府与市场最有效的融合。在政治、经济及社会发展的作用下,政府职能由低级形态转变到高级形态,同时职能转变后的政府将对政治、经济及社会发展产生有力地促进作用,形成一个作用力的反馈回路,反馈能够产生自身运动的加强过程,即在此过程中运动或运作所引起的后果将使原来的趋势得到加强,最终实现政府职能与经济、社会发展的有效协同,政府职能转变动力和政府职能转变程度成功实现与各个子系统的连接。在政府职能转变支撑力系统的作用下,政府职能进行自我扩张或自我收敛,同时,经济体制和政治体制改革使政治、经济、技术及社会环境发生改变,产生了政府职能转变的外部推动力;而公共行政范式的转化和内部行政管理水平的提高则产生政府职能转变的内部牵引力。子系统共同作用于政府使其职能发生转变,政府职能转变后又会作用于内外部行政环境而引发新一轮的职能转变。

第二节 协同创新相关理论分析

一、协同创新的研究现状

(一) 关于协同创新效率与影响因素的研究

协同创新的理念体现了系统思想,与技术创新模式从封闭向开放转变紧密相关,是对自主创新内涵的丰富深化,反映了当前科技改革发展的最新趋势。创新活动是人类过去、现在和未来生存及发展的永恒主题之一。创新研究的内涵也在不断丰富和完善。

Smilor 利用微电子和计算机技术公司(MCC)收集的文档和调查数据,对技术转移和学习效率进行研究。研究表明四个因素与合作组织中的技术转移过程有关:交流程度、差异、不确定性和动机。在交流程度低、缺乏合作动机、合作各方地理或文化差异大以及技术合作具有高不确定性条件下,技术转移和技术学习无法产生。而有效的交流过程、合作激励和合作意识以及采用明确的技术往往能够实现成功的技术合作和转移。Bruneel 等认为产学合作障碍包括导向型障碍和交易型障碍,后者源于合作各方在知识产权的价值评价及成果占有和利用方式上出现分歧,使知识的转移和共享变得困难。由于各方在参与合作的资源上具有不同的比较优势因而形成了谈判地位的差异,在合作初期,产学各方可能还比较容易达成一致的协议,但随着合作项目的开展,合作各方在利益分配上常常不能达成一致。如果合作双方不能对合作中的知识创新和技术商业化的风险以及派生的管理成本、机会成本和沉没成本达成一致,就会使合作项目成为"一次性事件"甚至中途夭折。如何在战略上设计合理的利益分配机制达到"利益均衡点"是产学协同创新的关键。Plewa 和 Quester 从关系营销和技术转移角度探讨了研发导向的产学合作关系的动态演变,发现信任、承诺和互动对合作绩效有持久影响。此外,学科与产业的一致性和互补性、合作历史、项目管理、人才流动的地理限制、合作者来源的多样性、大学的研究能力和规模、大学技术转移的意愿、文化与价值观的差异等也被认为是影响协同创新绩效的因素。Koschatzky 认为设计类似于组织内部知识互动的"场"能确保知识在跨越不同组织的界面时得到最大程度的共享,一个网络的可能收益与所能连接的节点呈指数关系。产学研知识界面管理的核心在于通过互动创造一个共享的社会情境,拓展知识的组织范围,使一方与其他组织分享知识时,不但自身可以获得信息,而且能够和另外的组织进一步分享这些信息,从而提高原始发送者的知识价值和组织间知识发展的动态性和"非线性创造"程度。Mowery 认为合作进行技术创新为不同单位 R&D 人员提供了隐性知识交流平台,合作创新的意义在于知识共享产生了"合作剩余"。由于合作开发技术具有可以放大产业有效 R&D 投资的比较优势,合作模式下创造的社会福利要比企业独立研究的社会福利更多。

　　国内学者陈劲基于"环境—管理—创新不确定性"的变量分析,通过总结上海宝钢的发展经验,系统研究了我国企业技术和市场协同创新的特征,分析了二者有序发展的协同机制。张米尔从交易费用角度分析了五种不同产学研合作模式对效率的影响,对影响产学研合作效率的因素进行了归纳,从产学研合作的参与者、项目特性、组织结构与安排、外部环境等四个维度对我国目前产学研合作实践的有效性和效率进行了深入研究。郭斌认为产学研合作是推动产业技术创新的重要途径,提出"要素—过程—绩效"的评价模型,从企业财务绩效、技术创新、技术转移和满意度测量协同创新绩效,认为企业的吸收能力、合作关系的稳定性、技术特性和外部环境是影响绩效的主要因素。樊霞等运用"DEA—Tobit 两步法",对广东省企业产学研合作创新效率及其影响因素进行了研究,实证检验表明企业吸收能力、政府对企业产学研合作的资助力度、企业规模和企业研发战略的开放度是影响企业产学研合作创新效率的重要因素。穆荣平等将产学研合作按照契约关系分为技术转让、联合开发、委托开发、共建实体四类,按合作发起者的性质分为大学与研究所推进型、企业拉动型、政府组织型三类。钟和隽从技术推进模式和市场牵引模式分析了产品创新的路径,认为在产品创新领域存在主动式产品创新和被动式产品创新,国内企业倾向于风险小、投入少的被动式产品创新,而国外企业多数采用主动式创新。陈心宇从系统动力学角度分析了产业成长演化的动力,提出产品和技术是产业演化的直接动力,市场需求对产业成长具有拉动和导向作用,投资对产业成长具有推动作用,技术创新对产业成长具有支撑作用,产业政策对产业成长具有扶持作用。何瑞卿等阐述了合作研发中企业知识外溢的机制及其引起的知识产权风险,并从知识特性、合作主体特性以及合作联盟特性等方面分析了这种知识产权风险的影响因素,提出知识产权风险种类的三个维度,并对合作研发不同阶段中的知识产权风险种类及其表现进行了深入研究。刘宏等从市场结构的企业规模、产业集中度和进入壁垒这三个因素分析了我国企业的合作创新行为,利用上海市工业企业技术创新状况问卷调查的数据,发现企业规模与合作创新行为有着显著的关联性,大企业最活跃,其次是小企业。吴悦、顾新分析了产学研协同创新及其知识协同的特性,基于知识协同构建了知识协同过程模型,从环境因素、协同意愿、产学研合作模式及知识差异探讨了产学研协同创新中知识协同过程的影响因素。

(二)关于协同创新技术特性与创新模式的研究

Perkmann等认为产学研协作的本质是知识的跨组织转移和学习管理,知识转移中的时间跨度和知识特性(专用性、缄默性、复杂性和普遍性)决定了产学研协作的组织结构和运行过程,合作项目所涉及知识的缄默性越高,双方越愿意采取非正式的协同方式。由于大学在科技成果评价中过于追求学术价值,科研不是面向产业需求,因此企业难以识别所接受知识的市场价值,导致技术供给与技术需求的错位,提高了合作双方的信息不对称性和知识交易成本。Dietmar研究了企业间协同创新研发信息的披露对企业利润的影响问题,认为企业的研究创新对其发展重要产品和工艺创新有着重要作用,企业间的联合创新及信息的公开化,能够促使企业进步,带来最终利润的增加。Fritsch和Grit调查了德国三大地区的知识溢出和研发创新活动,利用生产函数估算了测试区域的差异对创新活动效率的影响,从私人企业和公共研究机构的角度解释了溢出效应贡献差异化的原因,认为从企业媒介知识溢出角度来看,研发协同的重要性相对较小。Damiano 引入抵消型技术和渐进型技术扩散,研究了企业不同时期的研发协作动因问题,研究认为,企业利润的减少,将导致企业研发资金投入的减少,市场的扩张影响企业研发协同。企业进行研发协作的诱因是在技术扩散的情况下抵消了竞争,在技术扩散的影响下企业更加倾向研发协作。Cozzi 通过对研发驱动增值理论的影响研究,认为企业的横向创新活动受到了创新本身属性的限制,研究得出横向创新率低于人口增长率有利于增强改进质量的研发活动的结论。Ehsan 和 Mohammad 运用管理经济学和决策分析方法,研究了最优模型的创新活动,在程序集模型基础上,通过自下而上的能源系统模型,以伊朗发展太阳能光伏行业为案例对象,研究了发展中国家发展新型能源技术及企业间的协同创新模式。Pedro 和 Santos 依据创新协作伙伴评估对公司进行分类,研究了协作企业间进行创新的重要性,并应用禁止选择模型对案例进行分析,认为具有较高创新投资能力、重视技术知识水平溢出的企业更加注重企业间的协作关系。

Armando 和 Shmuel 通过构建生产与销售方面新技术的产生和分配问题,研究了高新技术企业间在供应链协调上纵向协同创新的机制问题,认为其受到企业利润最大化的影响;通过对分散信息披露、集中信息披露及集中命令式披露三种协同策略的分析,认为分散披露劣于集中披露,因为它带来了更多的成本。Stephen 认为企业进行创新的目的是减少协同的可变成本或刺激需求,在回应创新伙伴的机会主义倾向问题上,公司会采用激励措施以提升内在成本的方法规避问题的发生;通过建立模型分析了纵向企业间的需求方差,提出供应商价格设定上限的提升有利于其获得更多的收益,供应商若想获得更多利润则需要提前与下游企业设定价格界限。Subroto 认为创新是公司与外界实体交互的媒介,通过分析供应商参与联盟创新,构建了上游供应链实务关系中的创新概念模型;通过该模型对供应链中个体成员关系进行研究,认为买家与卖家的交互是供应链中创新的根源。Akira 通过对供应链联盟垄断企业间研发协同效应的知识扩散进行研究,认为在企业间技术溢出水平低于联盟间的研发水平时,纵向研发联盟的社会福利水平将高于非联盟,纵向研发协同加速了技术改善的进程,企业间的研发协作及知识共享有利于社会最大福利的产出。Christopher 基于资源基础、知识基础及策略抉择视角,通过对489家企业数据进行调查和归档分析,认为不同类型的企业需要不同的知识发展能力及智力资本支持,研究表明供应链体系在提升公司绩效方面有着重要作用,应当加强纵向企业间的协同合作。

国内学者何勇、赵林度等分析了供应链模式中供应商与销售商协同创新的问题,认为二者创新资金的投入变化会影响彼此间参与的热情度,建立整合供应链模型及创新成本共担的退货政策模型可以解决单纯退货政策模型无法解决的协作问题;通过进行创新成本共担分析,实现了供应链流程优化。常良峰、陈剑和张继红在分析采购商、供应商间协同创新模式的基础上,研究了供应商从生产商手中获取资金进行创新活动及二者协同创新的问题,运用乘法函数建立了供应商及生产商协同创新的离散优化模型,探讨了供应商接受生产商提出的创新支持策略及双方协同创新策略的成形条件。吴冰、刘仲英认为供应链的生存和发展很大程度上依靠知识创新,提出知识协同创新在供应链发展过程中具有重要作用,通过构建并求解制造商与供应商的获利函数,深入研究了制造商与供应商协同创新的四个层次,并运用算例进行参数求解。张巍、张旭梅和肖剑运用 shapley 值法分析了供应链中制造商、供应商及销售商非协同模式及相互协同创新情形下的决策过程,研究发现三方协同提高了整条供应链的总收益,激发了各方参与协同创新的积极性,企业产品销售量、总收益获得巨大提升。通过测算供应链环节中各协同创新企业的收益分配机制,表明其收益不会改变企业间的相对关系。易余胤、肖条军和盛昭瀚研究了互惠主义及机会主义企业在协作研发创新中的演化创新过程,认为机会主义的存亡取决于企业对其的识别度;信息对称条件下互惠有利于企业间的协作,从而提出建立监督预防机制的政策建议。王仙雅、慕静通过建立企业合作创新的动态博弈模型研究了企业技术溢出的影响因素,分析了不同类型企业进行合作创新的过程及合作策略,认为行业内竞争对手的研发投入及自身创新利润的刺激是企业进行研发投入的关键影响因素,协同创新难度提高及企业间资源的互补性有利于企业合作的形成。孟卫军、张子健通过构建合作博弈、纳什博弈及斯坦科尔伯格博弈模型,研究了供应链产品创新协同的政府补贴问题,讨论了政府补贴与企业合作间的互动博弈。研究发现,不同博弈模型下政府补贴与企业利润存在明显差别,而纳什博弈条件下企业能够获得最高利润。袁锋、陈晓剑和吴开亚通过基于 Jacquemin 模型对企业间研发投资的决策进行对比分析,认为企业间的协同研发比寡头垄断更能促进成本降低和利润水平提升;通过建立投资均衡及序列均衡模型,认为投资成本影响了企业创新决策时机。袁立科、张宗益研究了企业协同对研发投入、利润水平等的影响,认为研发投入水平不同及信息不对称性并不影响合作所带来的产业利润,知识溢出度及研发效率参数的大小影响企业间研发合作的投入水平;高溢出度、低研发效率参数有利于企业协同的开展。孙彩虹和齐建国等研究了横向企业间在溢出水平不对称模式下企业利润、研发投入及产出等受到的影响,运用数值模型对其进行分析比较后发现,成本优势与创新效率优势并不影响企业的研发投入及产出水平,技术水平溢出越少,企业利润越高。马如飞、王嘉利用微分博弈模型研究了横向企业的研发活动,认为在技术溢出及技术更新背景下企业研发合作与竞争并存,而产出阶段竞争成为主要态势。郝生宾等认为企业创新行为受到研发投入的影响,呈现渐进性及突破性两种创新类型,企业创新受到自身规模、资金、技术等多重影响,通过建立合作研发博弈行为模型,提出创新协同效应包括价值增加和价值创造两部分。

(三) 关于协同创新动力机制与风险评价研究

Sakakibara 认为企业间进行合作创新的主要动机可归纳为节省交易成本、独占知识技术和能力"异质性"三个方面。合作创新能够节省技术转移和技术交换的成本;技术会在产业内及产业间溢出,部分产业技术溢出效应很高,企业为了使研究开发的"外部性"内部化,便组建合作研究开发联盟;当前的高新技术创新常常依赖于多个科学技术领域的合作才能完成,因为单独具备足够广阔知识的企业很少,而参与合作的企业之间核心能力会呈现出广度和多样性,因此在各企业核心能力基础上合作产生新的核心能力是企业参与合作创新的一个主要动机。

Morasch 对如何通过合作契约的选择和设计以防范合作成员道德风险进行了研究。研究表明,当合作研发的协同效应很小,且可以用适当的专利费协议防范因努力程度不可观察导致的双边道德风险时,事前交叉许可协议是合作研发的首选；当专利费是以研发成功与否为支付标准，交叉许可协议可以促使联盟成员选择最优努力程度；但是，当无法判断研发是否成功，因而以实际的技术转移为专利费支付标准时，合作创新将不得不降低其成员的最优努力程度。Boateng 和 Glaister 对欧盟促进企业间合作 R&D 绩效的合作研发项目 FPST 和 EUREKA 进行了考察，利用 AMADEUS 数据库和欧盟委员会提供的数据库对劳动生产率、全要素生产率(TFP)和价格边际成本进行业绩测度。研究发现，与控制样本相比，参与 EUREKA 计划下的 RJV 项目比较成功，参与 FPST 计划下的 RJV 项目则不太成功；两者激励效果不同的原因在于追求目标和管理体制的差异。总体来看，参加 R&D 的成员企业可获得较高研究生产率，同时能够提升其知识溢出效应。Marceau 通过对澳大利亚不同行业的研发动态进行实证调研，研究发现任何基于国家层面而非针对特定行业的做法都很可能无法实现激励所有行业需要的研发活动目标，目前"行动纲领"方法正在澳大利亚广泛用于刺激特定行业发展，该方法覆盖更多的参与者，尤其是公共研发部门优先资助行业的研发活动，以此促进整个行业而非单个企业的发展；建议政府在激励企业研发投资时，应扩大激励范围，将公共研发机构和下游行业涵盖到激励计划之中。Das 和 Bing Teng 认为企业合作创新存在两种风险：关系风险主要来自于成员企业间在合作过程中出现分歧导致合作解体的风险；绩效风险主要源自合作各方精诚合作的前提下所存在的合作结果不确定性。Littler 等对集中于技术更新换代较快、创新活动频繁的 IT 行业合作创新活动进行了具体调研，结果显示，对合作产品创新成败的影响程度依次为：合作伙伴合约承诺、合作伙伴间的协商与交流、合作收益的公平分配问题、合作方之间的相互关系、合作支持、合作伙伴相互信任度、考虑长期合作利益、合作方之间的交流、各伙伴责任明确程度等。Narayanan 研究合作的风险时明确指出，当采取合作模式比企业完全依靠自己带来更多的利益时，企业就会采取合作模式，然而，有关技术方面的决策是很复杂的，合作企业面临三大风险：知识产权风险、竞争风险与组织风险。Chung Jenchen 的研究表明了环境和伙伴特性对合作创新冲突解决的影响，在动态和复杂的环境影响下，企业趋向于选择基于契约的合作类型，而在相对宽松的环境下，企业则会建立一种基于信誉和公平的合作类型。为了降低监督成本和建立战略灵活性，企业更愿意选择市场主导的合作类型。Cyert 和 Goodman 研究了知识资产对企业间合作创新过程的影响，认为合作创新过程中冲突主要表现在三个方面：① 由于合作中各方投入的资产主要是知识资产，各方在合作中的贡献难以计量，从而产生了对各主体投入的知识产权的保护及合作过程中形成的知识资产的产权归属问题。② 合作过程涉及技术秘密及个人经验等不可言传的知识技能，因此存在安全保密的问题，为防止在合作中丧失竞争优势，合作企业存在明显的机会主义倾向，会隐瞒一些重要的技术信息，影响合作预期目标的达成。③ 由合作关系形成的组织内部存在管理协调的成本。由于各方利益冲突及在企业文化、管理方式上的差异，如何在合作组织中激励有关专业人员协调各方行动，如何提高管理效率成为合作创新面临的一大问题。Smilor 认为合作创新为有效的技术转移提供了一个新的形式，技术转移已成为研究开发合作组织成败的关键因素。不仅因为市场的道德风险，还由于基于长时间经验累积之上的个人和组织的专用资本，使得技术创新合作形式成为一种次优的知识转移和交流的治理结构。Ishii 通过研究欧洲高技术企业参与的 R&D 合作创新组织的学习过程，发现企业的技术学习能力、创新能力与合作方的相互信任、企业中研究开发活动的集成性、获得足够的互补性资产、合作过程中各成员的参与程度和合作动机、企业自身的研究开发经验、技术联盟中企业的数量等六个因素密切相关。Mansfield 通过对美国 17 项创新成果的研究发现，创新的社会回报率远远超过创新企业自身的回报率，因此，企业在研究开发上的投资通常要少于社会最优投资。由于这个原因，社会应提供税收刺激、补贴以及专利制度以引导企业进行更多的研究开发投资。但是，对研发活动进行补助将干扰市场机制的作用；专利制度有时又不十分可行，并且它限制了知识的分配，从社会角度来看成本过高。而合作创新在激励企业创新动力方面显示出许多优势，合作创新由于规模经济，消除了重复研究和重复投资、知识的分配和共享、企业合作的协同作用，显示出更高的创新效率。通过成员企业共同投资，合作创新可以承担单个企业无法承担的大规模研究项目；合作创新可以克服专利制度不完善的情况下，研究开发中常常遇到的"搭便车"现象，从而提高创新的积极性。Amir 与 Troege 认为在协同创新过程中，尽管收益分配存在道德风险，但在一定条件下合作成员会减少甚至放弃投机行为，使收益分配合理的合作创新获得成功。集中研发合作中,当市场收益与企业研发投入之比较大时,即研发投资收益率较高时,平均分配和按投入比例分配方式下的合作成员研发投入没有差别;而当研发投资收益率较高时,按投入比例分配方式下的合作成员研发投入高于平均分配。并行研发合作中,按投入比例分配方式下的合作成员研发投入始终高于平均分配方式。两种分配方式下集中研发合作的成员研发投入量均高于并行研发合作。

  国内学者吕海萍等则从实证数据分析结果中得出市场需求、市场竞争、政策激励和科技发展等因素是促进产学研合作的重要动力,同时这些动力因素可能会因合作的主体、所在行业、合作方式等不同而有所区别。丁堃基于产学研合作力从利益驱动、合作优势、科学技术综合发展和环境诱导等方面,分析了影响产学研合作的内外部动力因素,提出了产学研合作的基本模式。涂俊、吴贵生在官产学三螺旋理论研究的基础上,分析了中国三螺旋发展模式中以大学为核心的科技园建设,探讨了官产学三螺旋的接口组织与知识转移问题,认为官产学三螺旋之中双边接口组织和三边接口组织将个人知识逐步转变为组织知识,从而扩大和深化了个人知识,促进知识的产生和创新活动。曹亚威、吴先金认为技术创新与市场创新的协同是企业生存发展的不竭动力,建立了技术创新与市场创新的协同模型;提出技术创新和市场创新互动发展的目的在于取得长期发展和短期竞争之间的平衡,从而取得创新的系统效应。薛琴从信息不对称视角分析了产学研联盟风险影响因素,包括合作伙伴选择风险、道德风险、技术风险、利益分配风险等,运用模糊综合评价法,建立基于信息不对称的产学研联盟风险评估模型,并通过数据分析验证了模型的实用性。武海峰研究了产学研合作方的目标差异风险、信息不对称风险以及技术创新风险等因素对合作主体决策产生的影响,认为企业愿意选择科研实力强并且信誉好的学研机构合作,短期内学研机构为了自身的利益可能会做出欺骗行为,但从长期看,诚信合作是学研机构的最优策略。杨仕辉等在 AJ 模型的基础上建立具有吸收能力的非合作研发博弈模型,比较了不同吸收能力情况下的 R&D 投资影响,并探讨了产品替代与互补关系下的技术溢出选择对产业的影响和社会最优选择的 R&D 投资水平及其补贴激励政策。研究表明,若两企业都申请补贴,在线性需求呈现曲线状态时,给定 50% 的补贴将使社会水平最优化。若不值得申请补贴,而政府仍坚持申请补贴必须信息共享，就会扭曲 R&D 投资决策，不能实现社会水平最优化，因此补贴应有条件，即企业 R&D 投资水平低于合作均衡才行。王良和杨乃定针对如何从多个候选 R&D 合作成员中选择最理想的 R&D 项目合作成员问题，提出了一种操作性较强的选择方法。首先通过静态博弈得到了候选 R&D 合作成员进行某 R&D 项目合作时竞标价格的可行区间，在考虑专家采用模糊多粒度语言进行期望获利度评价的状况下，运用基本语言转换函数将评价信息进行集结，据此确定候选 R&D 合作成员的期望获利度和优化的竞标价格。在给出价格满意度与工期满意度公式的基础上，利用效用值法将基于不同满意度下的排名决策信息进行一致化处理，最后采用互补判断矩阵中的排序公式来选择理想的 R&D 项目合作成员。吴华清和梁樑基于 Bull 建立的关系契约模型，考虑研究机构的约束条件，利用重复博弈分析了厂商与研究机构间最优的长期契约安排，其研究显示：如果长期研发合作收益大于短期的违约诱惑，那么契约双方，即厂商与研究机构之间就有可能进行长期研发合作；这种长期研发合作受到以下三个因素的影响：厂商对于新技术的效用评价、研究所的收益水平以及社会折现率，其中折现率对于双方长期合作的影响最大。苏世彬和黄瑞华研究了合作创新隐性知识转移风险的特点，并运用风险矩阵对合作创新中隐性知识转移的风险进行研究，同时运用蒙特卡罗仿真对合作创新隐性知识转移中各种不同风险的影响等级、发生概率进行模拟，从而划分了不同风险的等级，该结论为合作创新隐性知识转移中重点风险的防范提供了依据。张克英等从合作创新的泛环境、合作动机、企业属性、知识属性、合作关系五个方面分析了知识产权风险的影响因素，在分析基于合作创新虚拟企业特征的基础上，对其业务分包、企业共生和战略联盟模式下的知识产权归属与风险问题加以研究，并提出完善契约制度、构建公平分享机制、建立风险防范法律平台的对策。詹美求和潘杰义对现实中采用的三种利益分配方式进行了分析，建立混合分配下的校企合作博弈模型，并提出相关参数的估算方法；基于混合利益分配模式，选取了工作努力水平、工作贡献系数、创新性成本系数等能够反映创新运行过程的有关参数，建立了校企合作创新的利益分配模型，证明校企在合作创新不同阶段对分配方式具有不同偏好。

可以看出，协同创新是指各创新主体、创新要素、创新资源打破行业界限和体制壁垒,融合汇集、协调一致,优势互补、深度合作,共同促进创新,实现信息、技术、资本、人才的有效结合和协同互动。协同创新要求形成产学研创新联盟和网络化创新模式,需要通过知识创造、技术革新、体制变革、政策引导,实现资源整合和协同发展。协同创新是通过国家意志的引导和机制安排,促进企业、大学、研究机构发挥各自的能力优势、整合互补性资源,实现各方的优势互补,加速技术推广应用和产业化,协作开展产业技术创新和科技成果产业化活动,是当今科技创新的新范式。

二、协同创新的理论框架

经济全球化环境下,创新越来越具有开放性,科技知识的创新者、创新和应用部门之间需要构建开放式的协同创新。相对于协同制造与开放式创新,协同创新是一项更为复杂的创新组织方式,其关键是形成以大学、企业、研究机构为核心要素,以政府、金融机构、中介组织、创新平台、非营利性组织等为辅助要素的多元主体协同互动的网络创新模式,通过知识创造主体和技术创新主体间的深入合作和资源整合,产生系统叠加的非线性效用。协同创新是将各个创新主体要素进行系统优化、合作创新的过程,协同创新可以从整合以及互动两个维度来分析,整合维度主要包括知识、资源、行动、绩效,而互动维度主要是指各个创新主体之间的互惠知识分享、资源优化配置、行动的最优同步、系统的匹配程度。而根据整合、互动维度上的不同位置,可以构建协同创新的沟通—协调—合作—协同过程。协同创新的理论框架如图 1.1 所示。

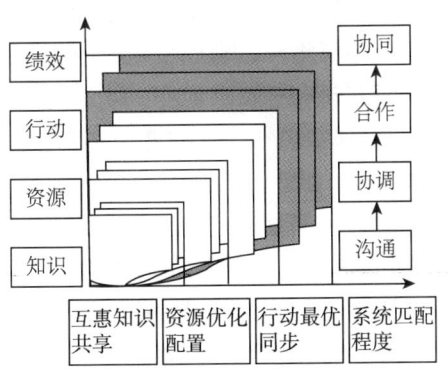

图 1.1 协同创新理论框架

根据协同创新的理论框架分析可以看出,创新过程中涉及知识的整合,大学以及科研机构作为知识的主要生产者和提供者,对知识的传播、整合、交流起到重要作用。马奇认为知识分为学术知识和经验知识,学术知识强调普遍有用、永远有用,而经验知识则强调能够直接应用于具体情境,具有很强的时空聚焦性。创新过程是两类知识整合的过程。学术知识是理解和应用经验知识的基础,协同创新不仅注重知识的开发和创造,更强调知识的灵活运用和价值转换。协调涉及知识的整合,资源的优化配置,经济的快速增长都依赖于资源的消耗和利用。如何利用协同创新进行资源的优化配置,进一步完善国家创新体系,是值得深入研究的问题。整合和运用正确的知识可以更好地进行资源优化配置。合作涉及知识、资源以及行为三个层面的整合,主要包括知识的分享和整合、资源的优化配置、行为的同步优化。我国高校和科研院所每年产生大量的知识,各种知识以数据库、发明专利、文献等形式呈现出来,但我国知识的转换率却很低,这说明我国重视了知识的生产,但没有重视知识的集成、转移和扩散以及资本化,在产学研三方合作的过程中忽视了行为的最优同步化。高校科研院所在创造新知识的过程中,并没有考虑将这些知识进行商业化,使知识实现增值;而企业作为创新主体要素,对显性知识的吸收力度以及隐性知识的外化程度还不够高。政府需要提高针对协同创新的政策导向性,才能有利于高校、企业、政府三者之间的行动最优同步化。

协同创新涉及知识、资源、行为、绩效的全面整合,系统的匹配程度是影响创新绩效的重要原因。政府制定的各项经济政策与实际经济运行之间、高校科研院所的研究成果与企业技术需求之间的匹配度,系统内知识、资源、行为的匹配度等都将影响到创新绩效的高低。整合能否实现取决于系统内不同要素的互动和合作的程度。互动的强度与创新主体改变行为的程度和频率有关,这些包括互惠信息的交换、绩效与同步行动的系统匹配。

协同创新在实际运行中主要表现为产学研合作过程,但产学研合作并不是自发的过程,因为各个创新主体的利益诉求和出发点不一样,如果缺乏国家宏观的引导和制度安排,结果很可能是零和博弈,个体的理性导致群体的非理性,个体的利益最大而导致群体的利益最小化。协同创新是国家创新体系的一部分,因此需要从宏观视角来分析整个协同创新的内涵和本质。

三、协同创新的主体要素

协同创新主体之间的联系一般分为两类:第一类为组织外关系,由市场的价格来调节。第二类为组织内关系,主要是由行政指令来控制。组织外部关系是基于组织成员的市场行为建立的,任何成员进入和退出都是自愿且自由的。组织内部关系则是建立在行政指令基础之上的,组织内部关系一般比较固定。由多个厂商、大学与研究院所等一起组成的协同创新关系既不是单纯的组织内部关系也不完全属于组织外部关系。协同创新的组织关系同时具有内外部两种关系的特点。协同创新中的各方不仅追求自身利益最大化,更追求合作的利益最大化。因此,协同创新属于区别于技术市场交易和企业内部研发的第三种研发组织,也可以称为具有中间性质的合作组织。中间组织理论是交易成本经济学中的一种重要理论。这种理论认为中间组织具有市场关系和组织内部关系两种特征,协同创新的主体要素及其相互之间具有不同的性质。

第一,高校和科研院所。高校和科研院所的主要社会职能是进行学生的教学工作以及日常的科学研究。但是由于现代社会技术革新十分迅速,技术创新对企业发展和整个经济的发展具有重要的推动作用。大学传统意义上的职能已经发生变化,高校的科研人员在封闭的环境中进行科技创新已不符合当前技术进步和科技成果产业化的要求,而且高校和科研院所也需要企业来提供科研资金和技术转化,因此产学研协同创新才应运而生。企业与科研院所、高校的合作在一定程度上实现了科技成果产业化,加快了科学技术向现实生产力转化的步伐。高校和科研院所应依托于产学研协同创新,实现科学资源、资金以及科研人才的全方位贡献,与企业维持密切的合作,通过不断地交流与沟通,实现知识、信息和人才的共享。

第二,企业。企业是推动经济增长的直接动力源,也是运用技术并产生经济效益的一线部门,更是产学研协同创新中的核心成员。由于企业通常以经济效益最大化为自身追求目标,对技术研发能力没有特别追求的意愿,以此造成企业的科研能力普遍不高,仅有一些具有强大科研能力的企业会投入相当资源。但是技术创新能力的培养不是一朝一夕能完成的,所以相当多企业有意愿与高校科研院所实施协同创新完成科研目标,而高校科研院所也有将技术商业化的要求,也只有当产学研协同创新不断地达成科研目标,企业能够将技术投入到市场运作并收获利益,才会更好地回馈高校科研院所并形成良性循环。

第三,政府。政府在协同创新活动中的角色不能只是参与者,而应当成为技术创新的促进者和推动者。政府可以运用政策引导、资金支持以及行政保护等手段来推动产学研协同创新的顺利进行。与协同创新的其他主体要素不同,政府在协同创新组织中可以随着合作的不断发展而变换自己的角色,比如在创新发展阶段,政府需要扮演推动者的角色而不是管理者,以避免"拉郎配"现象出现;而在协同创新运行不畅的情况下,政府需要扮演管理者的角色,解决问题使得协同创新活动能持续运行下去。政府通过政策手段以及财政支持来协调、规范合作成员,能够有效保证协同创新系统的良性运转及持续发展。

第四,中介机构。作为协同创新系统的主体要素,虽然中介机构不能在合作中被视为核心部门,却是产学研协同创新的重要辅助者。中介机构在协同创新系统发展中起到重要的连接作用,通过中介机构提供的技术供给信息和技术需求信息,可以有效实现技术的顺利对接。中介机构可以改进产方与学研方对接和合作的绩效,为协同创新各方建立合作的桥梁,中介机构还可以通过技术咨询、推广和人才培养等活动,为协同创新的顺利开展提供良好环境以及重要保障。

四、协同创新的主体选择

企业和高校、科研院所形成协同创新的基础是双方拥有技术创新和研发的互补性资源。协同创新系统强调政府的引导,目的是为了企业和高校、科研院所等更顺利地形成协同创新氛围,将互补性资源在政府引导下变成共享性资源。一般来说,企业和高校科研院所自身资源均为优势资源,在政府引导下优势资源相互融合有利于协同创新成果的转化。因此,如何在政府引导下选择协同创新伙伴是影响协同创新系统有效运行的关键因素。

（一）创新主体选择原则

资源互补原则。选择伙伴的首要任务是观察潜在协同创新伙伴能否提供某种优势和专长资源，以完成凭自身条件无法完成的任务。如果选择了与自身资源匹配性较好的一方合作，则有利于协同创新顺利进行。资源互补性越强，协同创新伙伴之间的关系越紧密，协同创新绩效就越突出。对于企业来说，资金、设备和技术核心能力最为重要；而对高校或科研院所来说，知识资源和科研核心能力最为重要，合作资源主要强调相似性和可利用性，即在总量与双方利用程度上均较为匹配。

文化相容原则。文化相容是指企业和高校科研院所在价值观与文化观上是否具有一致性，这决定了协同创新关系是否能够长久。在产学研协同创新过程中，如果企业和其协同创新伙伴在文化价值上存在差异，则容易造成双方交易成本增加。创新主体之间容易产生文化摩擦或冲突，一旦文化矛盾升级到难以沟通和协调时，协同创新失败的可能性会大大提高。实践表明，协同创新伙伴间文化的相容性越强，科技成果转化率就越高。

战略协同原则。战略协同是指企业和高校科研院所在战略目标上具有一致性和协同性。协同创新成员双方深入了解彼此战略目标后，才能确定是否能够成为伙伴并开展协同创新。当创新成员拥有相同战略目标时，彼此间关系更加密切，共同目标才更容易得以实现。企业和高校科研院所的战略协同性越高，双方资源越匹配。

成本与风险最小化原则。经济学中欲使收益最大化，一种重要的手段是将成本和风险最小化。如果企业和高校科研院所形成产学研协同创新的成本和风险远远大于各自研发的成本和风险时，协同创新形成是低绩效的。因而，双方选择各自协同创新伙伴时，成本和风险是一项重要的评价指标，这要求相关成员对潜在协同创新伙伴进行成本评估，目的是使得协同创新的成本和风险低于自主研发，从而获得更多收益。

成员信任原则。当协同创新成员达到一定信任程度时，双方之间的往来会更加密切，形成协同创新的过程会节省更多时间和成本。如果在形成协同创新之前，企业和高校科研院所了解彼此的资源禀赋、文化价值以及战略目标，那么形成协同创新的可能性更大。这是因为信任不仅可以减少潜在摩擦和冲突,还能够降低交易风险,保障协同创新的有效进行。

(二) 主体选择影响因素

在协同创新系统演化过程中,企业主要为协同创新提供资金、制定技术标准、负责最终产品的市场推广;高校和科研院所主要为协同创新提供知识和技术并参与技术创新和研发活动;而政府主要选择目标产业、提供政策支撑和专项资金等。一般来说,协同创新的主体选择受多种因素的影响,进而也影响着协同创新系统的有效运行。

协同创新的主体选择过程主要由双方搜寻各自伙伴、寻找到伙伴进行协商谈判两个部分构成。影响协同创新伙伴选择因素主要分为搜寻成本和谈判成本:一是搜寻成本,企业和高校科研院所为了分别实现自身经济价值和学术价值的最大化,双方都需要事先花费大量时间、金钱和精力以了解潜在创新伙伴的能力和需求,旨在寻求最适合自身发展的协同创新伙伴。就企业而言,其对于技术的需求往往是及时和动态的,缺乏对高校或科研院所详尽深入的了解,因而需要利用大量时间对协同创新伙伴进行深入探访和沟通;就高校或科研院所而言,由于长期禁锢于理论追求的象牙塔内,使得其对市场现实需求缺乏准确了解,对企业实际需求的了解也有所偏差,因而其同样需要花费大量成本对企业和市场进行重新定位。此外,对于引导者政府来说,其必须在协同创新形成之前对企业和高校科研院所进行深入调查,以便提供更及时有效的服务和监督。可以看出,协同创新系统中企业、高校或科研院所以及政府在伙伴选择过程中都必须对潜在创新伙伴能力和现实状况进行深入了解和分析,并据此来决策是否进行下一步深度协作,而这些都会导致搜寻成本和沟通成本的产生。二是谈判成本,协同创新中企业和高校科研院所在寻找到与自己形成协同创新的伙伴后,双方开始进行契约合同的谈判,而此过程产生的谈判往往比一次性双方交易谈判产生的成本要高很多;原因是协同创新中成员之间拥有的交易资产专用性越强,双方的依赖性就越强,签订的契约就越有必要保持其长效性。在供求双方具有一定垄断程度的条件下,双方的谈判成本相应较高。在双方形成协同创新后,无人能够准确预知合作在技术创新和研发活动中消耗的费用,以及研发的投入产出比是否能够达到理想要求,导致双方在谈判中成本较高;而一旦形成协同创新,其在很大程度上是一种长期合作关系,为了避免合作可能存在的不稳定性,企业和高校科研院所需要多次磋商,这显然将增加协同创新伙伴选择时的谈判成本。

综上所述,通过对政府职能的内涵、政府职能转变的基本逻辑、动力机制以及协同创新理论框架、主体要素选择的深入研究可以发现,政府需要在协同创新系统构建过程中不断转变职能,从政府主导转向政府引导是外在环境的必然要求。只有这样,协同创新模式的效用才能得以有效发挥。与此同时,政府的角色也相应发生变化,政府不再既是"裁判员"又是"运动员",政府更多的是提供公共政策,为协同创新系统有效运行营造良好的外围平台。本书认为,当协同创新系统成功构建以后,政府职能就需要进一步做出调整,这主要涉及规划、协调、监管和服务等方面。

从规划层面来看,政府不能主导协同创新系统的建设与发展,但是政府必须对协同创新系统做出正确的规划,这就涉及政府在协同创新系统建设中的战略职能。政府必须制定长期的发展计划,出台相关优惠政策与法规,使协同创新有一个明确清晰的发展方向。一是完善协同创新发展规划。由于高新技术是一个国家和地区未来经济增长的决定性因素之一,它有着投入大、周期长等显著特点,企业因之不愿进行高新技术研发,高等院校出于保护学术声誉等目的也不愿意参与紧密合作。政府有必要制定中长期发展规划以协调高校、科研机构与企业之间的矛盾,并使之服务于引导协同创新的发展方向。二是进一步完善相关创新政策。目前,我国政府已出台的协同创新政策亟须完善,通常情况下鼓励型政策体系需要以税收、信息处理等方式来激励产学研协同创新;引导型政策体系需要中央鼓励地方政府出台政策引导产学研协同创新;协调型政策体系需要政府提前出台一些政策化解合作中可能出现的矛盾和问题,使协同创新活动能够顺利完成。

从协调层面来看,政府在协同创新系统建设中的协调职能主要服务于利益分配问题。协同创新各方在合作中可能对各种价值的认识存在不同意见,比如无形资产和有形资产、管理价值、成果与技术、投入后形成的价值、技术开发等,这就使得各方面的利益关系陷入难以协调的境地。在合作的早期阶段,三方还是比较容易达成合作共识的,但是随着项目的不断推进,当利益逐渐凸显或是不利浮现,特别是知识产权归属、无形资产评估、侵权、利益分配等问题出现时,由于法律规范的缺失和分配机制的不完善,产学研三方的合作很有可能难以继续下去。鉴于此,政府部门应以完善利益分配机制的方式来协调协同创新中所产生的利益分配矛盾。在利益分配原则上,需要坚持受益与投资、风险一致,决策与问责一致的原则;在合作基础上,推动企业、高等学校和科研院所的利益捆绑、风险共担、利益共享;在分配方式上,利用技术入股、技术持股等方式把高等院校和科研院所未来的报酬与企业经济效益挂钩。

从监管层面来看,政府需要构建制度体系来界定知识产权进而承担起保护职能。因为知识产权直接关系着一个地方的创新竞争力,它是建设创新型社会的重要保证。所以,加强知识产权体系的建设,保障知识产权的管理是增强社会创新能力的迫切要求。政府需要制定相关的法律法规,建立知识产权奖惩机制和预警机制;鼓励企业建立专门的知识产权保护体系,采取合适的方式进行知识产权保护,合理分配资源,开阔企业创新视野;提高专利信息在互联网上的获取力,健全知识产权服务体系,加强国际交流和合作。

从服务层面来看,政府服务职能主要体现于政府在协同创新系统中的信用服务,其实质是强调市场经济秩序的契约关系。协同创新可以看作是创新主体在遵守统一规范下的利益权衡。目前在信用管理体系建设上,我国明显落后于发达国家,其中最显著的是发达国家的信用体系是由市场决定的。国内由于没有形成市场化的规范,信用企业、信用产品以及市场化的信用度发展仍不充分,缺乏可操作性的规范管理方式,其结果是政府成为信用管理体系的主导。协同创新系统信用监管的制度建设应当以我国的实际情况为出发点,考虑现阶段经济发展水平以及制度文化上的不同,有规划有目标地稳步推进。从近期来看,应当以政府为主导来建立信用平台,将信用系统逐渐融入经济发展之中,为科技发展提供良好的外部环境,发挥信用制度的规范和激励作用,明确政府在科技创新信用风险上的监管职能。

第二章　协同创新系统分析

协同创新是技术创新主体、知识创新主体和中介服务主体基于共同目标、内在动力和有效沟通，以知识增值为核心，通过突破创新主体间的壁垒，构建资源和能力共享平台与分享机制，汇集创新资源、集聚创新要素、释放创新要素活力而实现深度合作的一种组织形式。协同创新的关键是形成以企业、大学、研究机构为核心要素，以政府、金融机构、中介组织、创新平台、非营利性组织等为辅助要素的多元主体协同互动的网络创新模式，通过知识创造主体和技术创新主体间的深入合作和资源整合，产生系统叠加的非线性效用。协同创新系统是各要素为实现共同的目标而建立动态互补、持续稳定的合作关系，是当今创新型国家实现科技创新的标准范式和实践途径。本章深入研究了协同创新系统的空间结构、网络结构以及动力机制，建立了协同创新系统模型，并基于模型对协同创新系统的创新水平进行实证测度。

第一节　协同创新系统空间结构

协同创新系统不仅仅是一个有着投入产出关系的经济系统，同时也是一个构成要素互动、协同的复杂社会系统，其演化具有方向性。协同创新系统在其演化过程中兼备状态性和过程性两个象性。其二象性体现在对系统进行分类、组织及测度时具有实体状态性质，同时在对系统进行培育时又具有过程状态性质。"状态"是系统的静态描述，"过程"是系统的动态反映。状态子系统和过程子系统作为协同创新系统的二象系统，在演化过程中呈现出虚实的对偶关系。对协同创新系统发展演化状况的某一时刻进行描述,可以用 $Y(S)=F(S(X),S(X^*))$ 表示,前者为实体系统,后者为虚像系统。从观念上来说,状态和过程为对立统一的范畴,与辩证法的普遍联系观和发展观相一致,统一于辩证唯物主义的运动学说。从客观上来说,任何一种具体的运动都不仅表现为过程,而且同时表现为相应的状态。协同创新系统的演化亦是如此,在其演化过程中状态子系统和过程子系统是对立的双方,它们之间有质的差别,二者相互排斥,具有相互分离的倾向;同时,二者又相互依赖,相互贯通,存在着相互之间由此达彼的桥梁,存在着向对方转化的趋势。二者之间保持着既竞争又合作、既制约又协同的关系。

一是协同创新实体系统。在描述协同创新系统发展水平时,必须事先预设其处于"静止"状态,即对协同创新系统发展水平的描述要以一种状态观进行理解,这就是协同创新系统"二象"结构的实体系统。创新能力作为协同创新实体系统功能发展程度的反映,是指在一定空间范围内,以增强经济增长的原动力为目标,将空间内企业、大学、科研机构、政府、金融机构和中介机构等创新资源协调地结合在一起,在创新活动过程中使得空间内的创新资源配置合理化,持续地将知识和信息转化为新产品、新工艺和新服务的一种创新资源投入产出循环往复的综合能力系统,是一种"量"或"规模"上的综合。

二是协同创新虚像系统。协同创新虚像系统为协同创新过程的子系统,主要表现创新主体在创新过程中各要素投入产出的转化效率,反映创新资源对创新产出的贡献程度,也就是创新资源的配置效率,是一种"质"或"结构"上的反映。它取决于系统的运行方式(要素配置规模、结构、方式)和内部要素间的相互作用,这二者都与政策法规、基础设施和社会创新文化氛围等创新环境密切相关。协同创新系统二象特征如图 2.1 所示。

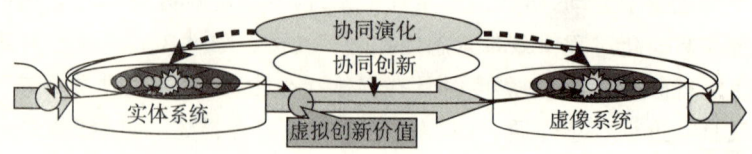

图 2.1 协同创新系统二象特征图

协同创新系统是一个具备完全时空意义的动态系统,实体系统和虚像系统是协同创新的状态与过程二象子系统。其中,实体系统以创新能力为表征,虚像系统以创新效率为测度工具;前者是客观实在的物质子系统,后者则是由该物质子系统所映射的属性构成的虚像子系统。协同创新的两个子系统之间应具有较强的耦合关系,耦合程度越高意味着协同创新系统生存与发展得越好。实体系统的运行离不开虚像系统,政府、教育科研机构、资本市场、中介机构的作用尤为重要。同时,虚像系统的变化也会引起实体系统的相应调整,直到高度耦合。协同创新系统的协调发展强调的是实体和虚像二象子系统间的和谐共存、相互促进,以实现系统的整体效应。

第二节 协同创新系统网络结构

战略管理学说认为,协同创新的规模经济可降低成本,联盟系统内分工和协作的深化可提高产品的差别化,细分市场能促进需求的满足和增长,促使网络内企业在新产品开发、新技术发展、产品标准化、市场共同开发等方面实现资源共享,将研究与开发、生产和销售的时间周期压缩到最低限度,在速度上获得优势。网络工程学说认为,协同创新可提高企业资源的利用效率,减少沉没成本,同时可节约企业在可获得资源方面的新投入,降低转置成本,打破企业的进入和退出壁垒,提高企业的战略灵活性。资源学说认为,当企业所需的某种资源被其他企业所独占,或者由于企业的过度经营而将资源消耗殆尽时,企业往往要求与拥有这一资源的其他企业建立合作关系,借助联盟,获得所需要的经营资源。价值链理论学说认为,协同创新使彼此在各自的关键成功因素——价值链的优势环节上开展合作,可达到共赢的协同效应,获得整体收益最大化。协同创新系统的建设是各主体寻找创新空间和特色的过程。在协同创新视野下,网络是具有参与活动能力的行为主体,在主动或被动的参与活动过程中,通过资源流动,在彼此间形成各种正式或非正式的关系,协同创新系统动态网络结构如图2.2所示。协同创新系统动态网络是生产网络、配套服务网络和社会网络等在特定地理位置的集中,并产生相互依赖和交互作用的一种结构形式。其中的产业网络由五类企业或机构网络组成:第一类是专业化生产网络,即从事生产主导产品的同类企业;第二类是辅助性网络,如上下游的配套企业等;第三类是流通网络,包括原材料供应商、制成品经销商等;第四类是服务和支撑网络,如专门的研发与设计单位、各类中介组织、相关院校、研究机构和政府部门等;第五类是人际关系网络,包括具有血缘或亲缘关系的亲属、长期合作伙伴、在政府权力部门的代理人等。协同创新系统动态网络结构是在地理空间中被赋予层级概念的、功能互补的、具有整体效益最大化的一组集合,是一个结构和谐、流通顺畅、交互有序、整体高效的网络系统。在这一复杂系统中,通过集聚效应、规模效应、组织效应和辐射效应的释放,寻求"人口—资源—环境"三位一体的发展,表现为结构与功能不断优化、具有等级系列特征的一组整体演进动态体系。

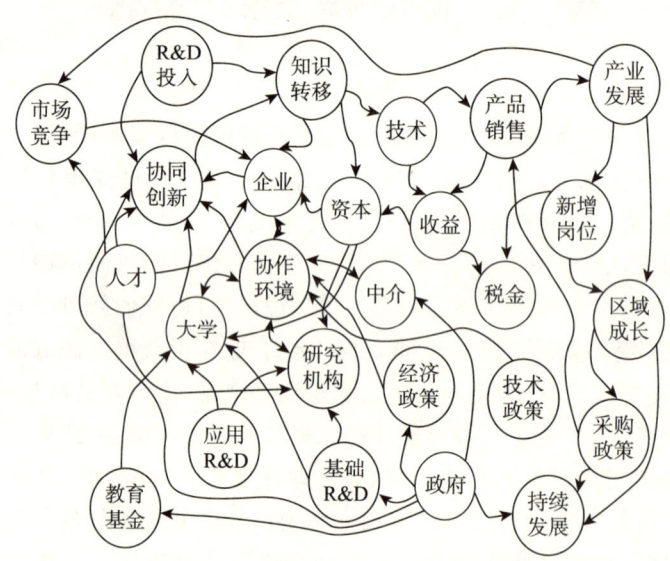

图 2.2 协同创新系统动态网络结构

协同创新系统通过交叉融合的立体网络可以同时促进产业布局集中化、企业与产业效率效益最大化,并使地理区位、要素禀赋和产业结构不同的空间承担不同的经济功能,在更大的空间内合理有效地配置资源和要素,实现单个企业或产业无法达到的规模效益和联动效益,推动所在区域竞争力的提高和整体实力的增强,从而获得更高的溢出效益。其动态网络把创新的主体要素和对象要素实现有机结合,是创新行为主体在长期正式或非正式的合作与交流关系的基础上所形成的相对稳定的系统。企业、大学、科研机构、地方政府、中介机构等是网络的结点;信息、技术、人才、资金以及政策等资源的流动构成结点间的"连线"。创新主要发生在结点上。结点密度越大,联系的结点越多,交流机遇就越多,创新能力也越强。知识溢出及其效应就发生在协同创新网络中的结点与结点之间,发生在他们之间有意无意地交流和学习过程中。系统内不同规模、性质的产业,依照一定功能结成产业网和企业网在纵向层次上融合延伸、在水平层次上交叉与交织,形成以多层次开放为特征的网络体系,是一个产业与空间一体化发展的整体。协同创新系统不是封闭的,不但内部要素合理流动,各种经济联系纵横交错,彼此渗透,而且与系统外也存在着要素交流与能量交换等对流关系,进而形成对内对外开放的统一;系统内外资源和要素总是沿着这些网络向系统内最优产业和最佳区位流动,并优化组合与配置,取得大于单体简单相加的整体效益,共同镶嵌在创新系统的空间生态基地里。

第三节 协同创新系统动力机制

协同创新系统动力机制的完善是保证协同创新顺利进行的关键所在。协同创新既具有各单独主体的部分特点,同时也具有合作共同体本身的独特性,因此其动力既包括合作各主体技术创新的作用力,也包括合作共同体的相互作用力。协同创新的动力机制是促进协同创新的动力源,一般来说,协同创新进展缓慢往往由于技术创新的动力不足和运行过程的断裂。机制对于协同创新至关重要,犹如市场对于商品的重要性。新中国成立以来,我国企业技术取得了很大进步,但不可否认的是,目前与发达国家仍存在着很大的差距。原因固然是多方面的,但其根本原因在于我国技术创新机制的构造不够合理。传统的以政府为主导的技术创新体系最大的缺陷是缺乏利益机制、激励机制和控制(约束)机制,其结果造成技术创新不平衡、自主性技术创新匮乏和创新资金严重不足等诸多弊端。西方发达国家技术创新机制主要表现为追求利润的内在冲动和源于竞争的外在压力,即发展技术就有物质利益,不发展则被淘汰的动力机制。而在我国,过去甚至现在主要依靠人的思想觉悟和行政手段,即信仰机制和权力机制。单靠这两种机制是不能保证技术创新获得足够动力和压力的。因为信仰机制和权力机制不仅违背了人的经济理性,而且二者之间的作用力是不连续的。作为技术变革的人,只有其觉悟提高到一定水平,才能获得信仰机制所产生的动力;只有其觉悟降低到一定程度,才能受到行政权力的压力,因而中间有一段相当大的空白,对中间状态的大多数人缺乏强有力的机制推动。而这一部分正是技术产生、创新、推广和应用的基本力量。因此,要实现技术协同创新就必须转变政府职能,使企业成为创新的主体,并引入利益机制、激励机制和竞争机制,同时进行企业制度的根本创新。

一、协同创新系统动力机制模型

德国社会心理学家勒温用公式 $B = f(P, E)$ 来表示社会行为的一般规律,其中 B 是行为,P 为主体变量,E 为环境变量。这就是说,任何行为的产生都是行为主体因素与外界环境因素相互影响、相互作用的结果。现代行为科学告诉我们,产生行为的直接原因是动机。而动机是受需要制约的,需要是产生动机的基础根源。动机产生的另一个因素是外界环境的刺激。动机在外界环境的激发下得到强化,驱动行为的产生,指导人们做出相应的行为选择,使活动朝着特定的方向进行,以达到预期的目标,这就是行为产生的一般机理。一般来说,协同创新表现为一种企业行为,是实现企业目标的手段。协同创新行为的内在驱动力是创新动机和创新需要,而创新需要取决于企业目标与企业技术创新的本质特征与效用的耦合程度。企业利益是企业目标的基础,也是创新需要和创新动机产生的基础和根源。创新动机在环境因素的刺激下得到加强,导致创新行为的产生,引导企业实现目标。因此,协同创新系统的动力机制就是企业在一定内部和外部技术、经济因素的相互影响与相互作用下,技术创新行为产生的机理。这里以此理论框架为基础可以建立协同创新系统动力机制模型,如图 2.3 所示。

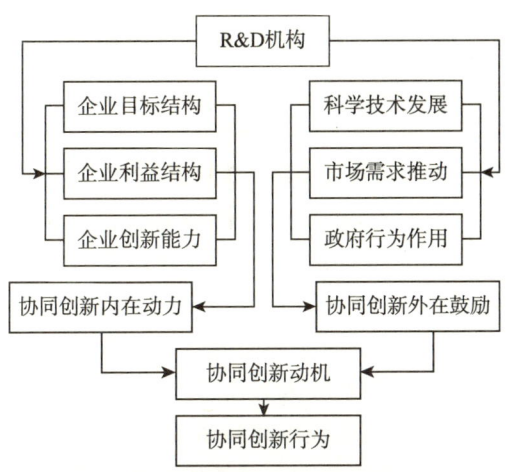

图 2.3 协同创新系统动力机制模型

按照来源的不同,可以将协同创新的动因分为两种,即外部动力和内部动力。协同创新的外部动力是指源于合作共同体本身以外的,推动开展协同创新活动的外部因素。此种外部因素能够通过各种途径和渠道,影响协同创新活动的各个环节,从而达到推动或者影响协同创新的目的。不仅如此,协同创新的动力必须要通过外部因素的诱导或者转化,才能持续推进协同创新活动,其中最主要的外部动因来自于市场。市场对于协同创新活动的影响源于两个方面:首先,市场需求是协同创新的"方向标",是科技创新成果化、产业化的目标所在,同时更是协同创新各主体获得利益回报的基础和保证。换句话说,如果协同创新活动脱离了"市场导向"的轨道,产品无法满足外部市场中顾客的需求,不仅协同创新各主体无法获得经济利益,协同创新本身也难以长期维持。其次,市场结构也是协同创新活动的"助推器"。在同一个细分市场中,市场参与者越多,市场竞争就越激烈。在供大于求的市场环境下,市场相对饱和,同类替代产品多,市场中的产品提供方若要提升其市场竞争力,除了靠传统的价格手段,最根本的途径还是依靠技术创新手段,不断降低生产成本、提高产品质量,不断更新产品种类,开拓新市场,从而适应不断变化的市场需求,保持并争取更多的市场份额。可见,创新能力是企业在市场中抢占一席之地的"制胜法宝"。当企业技术创新的需求愈发强烈,但受研发能力限制而难以独立完成研发创新任务时,市场的外部因素就会转化为企业寻求协同创新的内在动力,从而积极组织并参与协同创新。

  优良的创新环境是保障协同创新活动高效、有序推进的坚实基础。这里的外部环境主要包括技术环境、政策环境、金融环境和机构支持等。随着科学技术的不断发展,科技创新活动的综合性和交叉性逐渐凸显。科学、技术及生产之间的界线逐渐淡化,彼此之间的依赖性逐渐增强。如今,各自为战的格局已经无法适应发展的新要求,这就迫使各方通过技术联盟等形式开展合作。政策对于协同创新活动的作用主要体现在技术创新的投入和产出两个方面:在投入方面,政策影响主要是直接或间接引导加大科技创新投入,提供税收优惠和补贴政策,引导并协调搭建技术创新合作平台;在产出方面,政策影响主要是建立健全知识产权保护和成果转化制度等。目前,协同创新在中国逐渐引起了各方的高度重视,中国政府为协同创新营造了优良的政策环境,先后出台了以《科技进步法》《促进科技成果转化法》为代表的政策和法规。20世纪70年代以来,中国针对协同创新发展制定了50多部政策法规,涉及科技成果转化、知识产权保护和发展中介服务机构等方面,取得了显著的成效。此外,金融部门的资金支持、创新驿站和成果转化平台等模式的探索同样为协同创新增添了活力。当前,无论在研究层面还是实践层面上,产学研三方合作,已经开始向"产学研政资法介"七方合作转化,这充分体现了环境因素在协同创新中的重要作用。

  协同创新的内部动力是基于协同创新本身的特点,来源于产学研各方主体本身,对合作产生的内驱力是协同创新形成的基础。这种内部动因主要包括:利益追求、自我发展需求、技术势差以及资金支持。追求利益是协同创新各方主体开展技术创新活动的主要驱动因素,这里的利益并不局限于经济利益,还包括科技专利、成果归属权、奖励等非物质利益。利益不仅是协同创新形成的关键因素,同时也是协同创新长期维持的保证。追求利益是市场主体的天性,可以说,利益是促进各市场主体合作的最根本原因。在协同创新中,当科技研发的投入及各方的协调成本之和小于相同技术的市场交易成本时,企业就会有动力使这种科技研发内部化,研发机构也有动力将科技研发外部化。从企业的角度考虑,与知识密集型的高等院校、科研院所合作,能够获得宝贵的人力资本、知识、技术以及信息资源,既提升了产品质量,也提高了企业产品的更新速度,从而实现企业经济利益的持续化和最大化。在这个过程中,市场中蕴藏的潜在利益越大,企业趋向于协同创新的动力就越强。从高等院校和科研机构的角度考虑,其科技创新活动的根本目的在于解决人们实际生活中遇到的技术难题,凭借其技术优势,依靠技术力量,提高人们的生活水平。但由于受到自身条件的限制,高等院校和科研机构的创新活动缺乏足够的市场信息,这也是导致中国科研及创新成果转化率低、产业化不足的最主要原因。在协同创新系统中,企业可以作为高等院校及科研机构与市场间最好的媒介,为高等院校和科研院所的科研创新活动提供市场信息,指引创新方向,使科研创新活动有的放矢,并且最终能够将科研成果有效地转化为现实生产力。在协同创新中的各方主体都存在着追求进步、寻求自身发展的内在动因。吕海萍等对浙江省产学研发展调研的结果显示,企业因"发展需要"参与协同创新的占93.1%,高等院校和科研院所占100%。在合作体中,企业能够通过合作利用外部的资源和研发能力,为其发展提供必要的知识和技术支持,最大限度地降低运营风险,加快创新进程,助力企业不断更新产品,把握市场机遇,开拓更广阔的市场,从而实现完善企业、发展企业的目的。从高等院校和科研院所的角度考虑,长期以来困扰他们的问题就是,如何能够快速、有效地让科研创新成果转化为现实生产力,从而为组织和社会创造福利,进而优化学科基础设施建设,提升研发能力,积蓄力量为国家和社会培养综合应用型科技研发人才。而协同创新能够有效地解决这一问题,帮助高校和科研院所完成使命,推动科技进步,促进经济社会又好又快发展。

(一)协同创新的内部动力

协同创新系统的内部动力要求是创新动机和创新行为产生的基础和根源,是技术创新的内在动力。企业创新动力不足的首要原因在于其创新内在要求不足。没有创新要求,外界刺激就成为无的之矢。创新要求越强,创新动机也就越强,创新要求贯穿于创新活动的始终,发挥着永恒的动力作用。

1. 企业目标结构

企业目标结构对创新需求有着重要影响,当企业目标与创新的本质特性相耦合时,创新的需求最为强烈;当两者不相容时,企业就不会产生创新需求。企业目标可以有多种选择,如产值最大化、职工福利最大化、利润最大化等。由于市场经济中企业是以利润最大化为目标的,所以我们在此仅以利润最大化目标为例说明它们与技术创新的相关程度。利润最大化分为短期和中长期两种情况,追求短期利润的企业不能在短期内用足够的时间和资金进行强度较大的工艺创新(process innovation)和产品创新(production innovation),而只有在生产技术和产品格局不变的情况下挖掘现有技术、管理及其他生产要素的潜力,以努力降低成本。只要有比创新更有效、更方便获取利润的途径,企业便不会选择创新。所以,以短期利润为目标的各类承包经营责任制企业强化的是企业的利润动机,而非创新动机。

在追求中长期利润最大化的情况下,企业不囿于一时的利润得失,宁可牺牲部分短期利润,增加资本积累,通过改进生产工艺来最大限度地降低产品成本,提高产品质量,不断推出新产品,从而在市场上确立自己的价格优势、产品优势和规模优势,以获得利润的长期稳定增长。可见,追求中长期利润稳定增长的企业目标与协同创新的特性有着较好的耦合度,是产生创新要求的最佳企业目标。在多元化企业目标的情况下,企业协同创新要求的高低往往取决于目标体系的结构,取决于该体系中优势目标与协同创新的相容程度。

2. 企业利益结构

企业目标是企业利益的集中体现,企业利益决定企业目标。企业利益主要表现为企业的经济利益,企业的经济利益在形态上表现为企业所创造的净产值。而企业作为一个社会组织,又是由具有相互独立利益要求的群体组成的。因此,企业利益又表现为企业的利益结构。企业的利益群体主要包括职工、经营者和所有者。三者的效用目标各不相同,利益目标则可能是相互冲突的。在企业收益一定的情况下,三者在分配中所占的份额此消彼长。三者的利益也有一致的一面,若其间的分配比例不变,收益总额的增加会使三者的收入都增加。所有者、经营者和职工在企业利益中各自所占份额的大小及具体的联系形式形成了企业的利益结构。其中，占优势地位的利益主体在决策中处于支配地位，从而对企业目标的形成产生决定性的影响。当职工利益占据优势地位时，企业形成职工工资福利最大化目标，带有明显的短期性，不利于企业创新动机的形成。一般来说，在企业利益结构中居于支配地位的是所有者和经营者。所有者拥有资本的所有权，其目标是利润最大化，这使得他们不仅关心企业的眼前利益，而且关心企业的长远利益。经营者受雇于资本所有者并为其服务，追求利润是经营阶层的目标，因而也是企业的首要目标。这些与协同创新的特性是相容的，有利于创新动机的形成。

3. 企业创新能力

企业创新要求不仅取决于企业目标与创新本质的耦合程度，而且取决于企业创新能力与企业目标和创新本质的吻合程度。没有创新能力的创新要求只是幻想。具备创新能力的创新要求才具有现实性。根据技术创新活动的要求，创新能力主要包括创新决策能力、创新技术能力、信息能力、资金能力四个方面。现实生活中企业正常的生产经营能力，如销售能力、生产能力、管理能力、辅助支持能力等则是创新活动得以进行的现实基础。一个连正常的生产经营活动都力不从心的企业当然谈不上从事技术创新活动了。

（二）协同创新的外部动力

协同创新的外部动力是协同创新内在要求在外界环境刺激之下激发的。这种环境激励因素主要来自三个方面：科学技术的发展、市场需求的拉动和政府行为的作用。

1. 科学技术的发展

技术创新是以新技术投入为特点的技术经济活动。新技术既是技术创新的前提，又是技术创新的重要力量。从科学技术演化历程中我们知道，科学技术是生产力，是生产方式中最活跃、最革命的因素。科学技术在其宏观动力和内在运动规律的共同作用下，总是在不断地运动和发展，不断应用于生产，成为推动生产技术变革的强大动力。科学技术之所以能够成为推动技术创新的动力，是因为它具有发展性、应用性和经济性三大特征。熊彼特及其早期追随者均以"发明推动"作为产品创新的动力起源,认为正是技术发明的出现,激发了企业家力图通过其商业应用而获得超额利润的冒险渴望,从而推动技术创新的发展。

2. 市场需求的推动

市场是企业之间、企业与消费者之间交换关系的总和,是技术创新得以实现的最终场所。而市场需求则是协同创新活动的动力源泉,是技术创新活动的起点。这里的市场需求是从广义角度来讲的,它既包括消费者对产品和服务在价格、质量、效用、数量上的需求,又包括企业生产发展上的需求。这些市场需求随着经济和社会发展不断地变化,当变化达到一定程度,形成一定规模时,将直接影响企业产品的销售和收入水平,也为企业提供了新的市场机会和构思思路,并引导企业以此为导向开展协同创新活动,从而形成对企业协同创新活动的推动和激励。

3. 政府行为的作用

市场是企业生存的基本环境,是协同创新的基本刺激与约束力量。市场对技术创新的正向刺激促使企业产生获取超额利润的预期,逆向刺激则危及企业的生存。正向拉力与逆向迫力和企业谋求生存与发展的内在要求相结合,是形成企业技术创新行为的基本动力。虽然市场机制直接推动了创新,但它在某些领域却会出现失灵。例如:高新技术产业资本投资的规模和开发风险常常不是单个企业负担得起的,需要政府的支持;一些自身很难发展又面临国际竞争的产业,如微电子、计算机等也需政府的支持;还有许多对整个社会有重要意义的产业,如能源、交通等活动领域,个别企业未必能从这些领域的创新投资中获益,因而也需政府的支持。至于基础研究和一些应用研究,如农业、卫生、环境等领域的创新当然更需政府的支持。

总之,协同创新行为产生的直接驱动力是创新内在要求和创新动机,创新内在要求和创新动机的基础和源泉是企业的经济利益需求。企业目标结构、企业利益结构及企业创新能力与协同创新本质特征的耦合程度决定了协同创新的内在要求和创新动机的状态。创新动机是企业协同创新内在要求在外界环境刺激之下激发出来的。这种环境刺激可以归结为三个因素:科学技术的发展,市场需求的拉动和政府行为的作用。

（三）协同创新的主要障碍

1. 资源劣势

在协同创新系统中,各合作方自身都具有资源劣势,这里所强调的资源既包括技术资源、人才资源和资金,同时也包括信息资源。一方面,受到自身条件的限制,高等院校、科研机构的研发队伍因在市场研究和预测的信息收集方面存在较大劣势,导致其众多创新研发成果偏离市场需求,无法满足消费者的需要,而且部分研发队伍的工作重心仍处于编码化的理论阶段,缺少对经济和市场的研究与考证。这种信息上的势差必然导致科技成果转化率低等结果的产生。世界银行的最新统计数据显示,中国科研成果转化率平均只有15%,专利转化率也仅为25%,而欧美发达国家转化率则为45%以上,日本等国家科技成果转化率更是高达70%~80%。另一方面,企业作为追求经济利益的主体,大部分企业的技术水平较低,研发能力较弱,研发人才的培养和研发队伍的建设严重滞后于企业的现有发展,对于高等院校和科研院所的研发行为也了解甚少,难以充分发挥企业在技术创新活动中的主体作用。统计数据同时显示,中国参与协同创新的企业仅占很小的比例,加之企业与高等院校和科研机构的技术势差较大,其创新成果转化的"二次创新"也严重不足,这些都是造成企业技术偏差的主要因素。

2. 技术流动阻力

首先,知识和技术在协同创新系统内部的转移不畅会严重影响协同创新的发展和运行。受知识特点、自身知识积累及学习能力等因素的影响,协同创新系统内部的知识共享和转移通常会受到多方面因素的阻碍,进而阻碍协同创新目标的达成。其次,发展技术转移联盟是有效减小技术流动阻力的重要手段,但是目前中国技术联盟特别是跨区域技术转移联盟的发展仍然存在大量的问题,具体表现为:区域间城市合作网络的密度差异巨大,诸如珠江三角洲城市网络密度最大,拥有最先进的技术转移联盟,而西部地区的密度最小,技术转移联盟的发展相对缓慢;各个城市的中心程度差异巨大,诸如北京的中心程度最高,是中国的技术转移中心,而中部地区和西部地区中心城市的中心程度较差,特别是西部地区,技术转移中心城市严重缺乏。此外,技术的可模仿性同样会影响产学研的协同创新活动。根据国内专家学者的研究成果,中国的技术类企业大多仍停留在模仿阶段,1994—2014年间,中国从欧盟、美国和日本等发达国家或地区引进的高新技术,分别占技术引进合同总金额的35.8%、26.9%和17.5%。同样,若协同创新的研发成果具有较高的可模仿性,将会大大削弱协同创新的动力,阻碍协同创新系统的有效运行。

3. 政策法规不健全

当前中国协同创新活动仍处于初期阶段,在协同创新中政府的职能定位较为模糊,缺少改进协同创新绩效、推进协同创新不断发展的配套政策,以及具有严格约束力的契约或规章制度来保障技术转移的顺利进行;协同创新系统中产学研各合作方难以达成统一的价值观,协议的履行缺少有效的监管;缺少鼓励培养创新型人才、引导多渠道筹集资金、建立健全风险投资机制的相关政策,已经出台的支持政策也难以全面、有效地落实。截至目前,中国针对协同创新项目出台的法律法规基本仍停留在20世纪90年代,尽管近些年政府陆续更新了部分内容,但依旧缺少突破性的发展和进步,无法适应协同创新活动日新月异的发展局面和要求。此外,就目前已有的相关法律法规而言,其层次和范围尚停留在初级阶段,针对性、可操作性均不够强,亟须制定较高层次的法律法规来保障协同创新活动的持续、稳健、高效运行。

4. 资金不足

在金融和投资环境方面,国内协同创新的外部环境与美国等发达国家相比差距较大。与其他创新活动相同,产学研各方都要承担巨大风险,均离不开资金支持。从学研方的角度来看,它们不具备自我转化的财务实力,市场的发展并非它们的优势。企业承担高风险,面临着巨大的压力,往往不敢尝试研发许多高科技成果,或者只承担少量风险用于科技成果转化,企业往往希望通过政府的相关政策(如补偿)或风险投资机构一起分担风险。所以,协同创新是否可以实现的核心问题在于是否有风险投资参与创新成果的研发、商品化以及产业化等环节。协同创新在部分发达国家普遍设有专门的合作基金,如英国和日本的科学基金、教育与企业合作奖励基金等等。这些资金支持是资本合作过程的保障。据统计,至今中国仍没有支持协同创新的专项基金,缺乏合作资金的稳定来源。迄今为止,中国虽然已经陆续实施了"973计划""863计划"及政策引导类科技计划及专项,但协同创新项目所占比例依然有限。

5. 产学研脱节

国内协同创新的成果转化率低,技术创新对企业发展的贡献比例小,协同创新的发展速度慢,部分原因在于高等院校、科研机构难以找到与企业的理想对接点。近年来,中国技术市场发展速度虽然有所提高,但仍存在"三多三少"的问题:围绕"生产"的研究与科学和技术交流、科学和技术会议较多,成果和最终出售项目较少;科研机构创造的学术成果和专利成果较多,但是能够满足企业发展和市场需求的项目较少;在技术洽谈活动中签订的合作议案较多,但事后合作议案能够顺利实施的较少。产业与科研院校的脱节还体现为没能有效地利用科研院校的研发优势,例如没有充分地发挥科研院校中研发设备的作用。据调查,部分发达国家的研发设备利用率能够达到200%,但中国在研发设备的保有量上远超过几个发达国家的加总,而利用率竟没能超过30%。

创新资源配置低效的原因是多方面的。首先,长期以来,科技基础条件建设没有纳入各级政府和部门的科技发展规划。除中国科学院野外实验台站网络建设外,研究开发经费多是针对具体的研究开发项目,在科技条件建设上缺少国家或区域的整体布局。其次,高等院校和科研机构的绝大多数大型仪器设备购置费、实验室建设费和运行费都来自各级政府部门的研究开发项目(纵向课题),或者说来自于公共财政。从表面上看,这是高等院校或科研机构占用了国有资产;从深层次上看,这是研究开发管理机制改革不到位,市场机制在创新资源的形成和利用过程中没有能够充分发挥作用。试想,如果各单位的大型仪器设备完全是自筹资金或贷款购置的,而又必须还本付息,还会存在如此惊人的重置和闲置现象吗?由此可见,创新资源形成机制和管理机制不合理,是科学仪器设备重置和闲置并存的根本原因。再次,研究开发管理体制的条块分割是创新资源不能共享的又一重要原因。区域内的高等院校和研究开发机构分别隶属于国家不同部门和地方政府,这种条块分割在市场机制作用不充分的研究开发领域形成了壁垒,阻碍了区域创新资源的交流和共享。最后,有关机构和人员对创新资源认识错位。一是没有认识到或者不认为仪器设备和实验室的闲置是资源的浪费;二是错误地认为课题经费购置的仪器设备是自己单位的资产或是自己的资产,属于私有资产而不是公共资产。

为了促进科学仪器的社会化服务,由科技部牵头,采取中央和地方共同支持的方式,在北京、上海、沈阳等8个仪器数量较多、相对比较集中的城市进行了大型科学仪器协作共用试点,取得了明显效益。国家科技部等部门联合成立大型仪器设备论证委员会,对大型科研仪器设备的采购进行控制。江苏省在没有得到国家经费支持的条件下,也初步建立了大型仪器设备协作网络。调查发现,入网仪器设备原值只有1.58亿元,估计仅占江苏境内仪器设备原值总量的15%。它们的做法主要是由财政出资将分散在高等院校和科研机构的大型仪器设备登记上网,向需用者提供免费信息服务;同时,通过汇总仪器设备使用记录(检验测试记录),对提供技术服务者进行补贴,对技术服务量大质优的给予奖励。但是,从总体上说,没有从创新资源形成机制和管理体制上进行根本性改革。目前,国家科技主管部门正在研究改革措施。本书认为要解决创新资源配置效率低下的问题,必须建立协同创新资源共享网络系统。一是建设科学仪器设备区域网络和共享平台;二是建立适应市场经济体制的创新资源形成机制和共享机制。

在区域协同创新资源网络建立方面,建议成立区域协同创新系统基础设施建设论证委员会和区域协同创新资源网络管理中心,具体负责协同创新资源网络的建设和管理。把创新资源网络建设纳入区域发展总体规划和区域创新长远规划,按照仪器设备的经济辐射半径和技术辐射半径及价值工程原理,拟订协同创新条件建设方案,统一空间布局,建立协同创新资源空间网络系统。力求每一台大型仪器设备和每一个实验室都成为创新资源网络系统中的一个共享平台。对于现有的分散在各高等院校和科研机构的基础设施、仪器设备进行产权界定,统一入网,完善共享平台。近期平台建设的重点不是进行再度购置和新建,而是将现有仪器设备按其经济辐射半径和技术辐射半径及价值工程原理进行合理组合、有效配置。协同创新资源网络管理中心还应负责协调培养科学仪器设备实验专家队伍。

在改革创新资源形成机制和使用机制方面,建议建立网络平台建设投资与研究开发项目经费相分离的管理体制,彻底改革创新资源形成机制。引入多元投资机制,对新建平台本着"谁投资谁拥有谁收益"的原则,收取租用费。在新研究开发项目预算中一般不再列入仪器设备购置费和实验室建设费,而是列入仪器设备和实验室租用费。对平台中入网的现有仪器设备,制定统一的收费规则,由原占有单位收取使用费。对不入网的现有仪器设备开征占用税。建立协同创新资源网络运作基金,保证网络正常运作,并对入网仪器设备共享效益显著的单位和个人给予补贴和奖励。

二、协同创新系统合作动力演化

依据协同创新系统的动因分析可知,协同创新活动的动力是极为复杂的。从协同创新动力来源的角度分析,包括市场需求的拉动力、技术进步的推动力、共同利益的驱动力、企业竞争的激励力、政府政策的支持力等等。从协同创新动力方向的角度分析,包括纵向作用力及横向作用力。从协同创新动力影响范围的角度分析,部分动力从协同创新形成就已经开始发挥作用,直至协同创新活动结束,而有的动力只影响协同创新的部分环节。

从系统影响效果的角度可以将协同创新动力分为形成动力、合作动力和发展动力。其中,形成动力是协同创新得以形成的基础,是产学研各方趋于达成协同创新的原动力,在形成动力的作用下,协同创新得以形成;合作动力是在协同创新形成之后,在协同创新活动的过程中,产学研各方趋于长期交流合作并维持稳定的合作关系的一种凝聚力;发展动力是指推进协同创新活动不断进步,促使协同创新的经济目标和发展目标得以达成的推动力。形成动力、合作动力和发展动力共同影响产学研的协同创新活动,三者之间存在着相互依存的关系。形成动力是合作动力和发展动力的基础,也是后两者产生并得以维持的前提。没有协同创新的形成,合作动力和发展动力就失去了发挥作用的机会。合作动力和发展动力是相互依存的一组动力,二者缺一不可:一方面,协同创新得以运行和长期维持依靠的就是合作动力,合作动力的缺失将导致协同创新的解体,发展动力就无用武之地;另一方面,发展动力的缺失将会导致协同创新的发展停滞,协同创新的合作目标难以达成,合作动力会严重受损,直至协同创新解体。此外,合作动力和发展动力同时也是相辅相成的一组动力:随着合作动力的不断增强,协同创新的合作关系会更加趋于稳定,发展动力的内推效应也就愈加显著;从发展动力的角度分析,协同创新在发展动力的作用下朝着目标不断推进,自然会使合作各方的合作动力得以加强。形成动力、合作动力和发展动力三者之间同时也存在着相互转化的关系。首先,形成动力能够转化为合作动力和发展动力。伴随着协同创新的成功形成,原有的形成动力随之消失,但诱发形成动力的各类动因并不会随协同创新的形成而立即转变或消亡,其对产学研各主体的影响仍将持续下去。在协同创新形成之后,这些因素将会作用在产学研的合作和发展过程中,从作用力的角度考虑,即由形成动力转化为合作动力和发展动力。其次,合作动力与发展动力之间能够相互转化。在协同创新的运行和发展已经较为成熟时,合作动力和发展动力将会彼此相互转化:一方面,如果协同创新条件较为成熟,合作关系相对稳定,合作各方的目标将更加集中于合作体的发展,竭力推动协同创新活动;另一方面,受到协同创新的客观条件约束(包括资金支持、宏观经济、技术发展等),协同创新的发展速度和规模无法实现无限扩张,而这种趋于发展的力量将会转化为合作动力,使各合作方更加关注协同创新的稳定和建设。综合以上分析可知,形成动力是协同创新活动中最基础、最关键的动力,是协同创新系统的基础,没有形成动力的作用,系统内其他动力将难以发挥作用,它的作用是协同创新系统内其他动力无法取代的。协同创新系统合作动力演化的具体过程如图 2.4 所示。

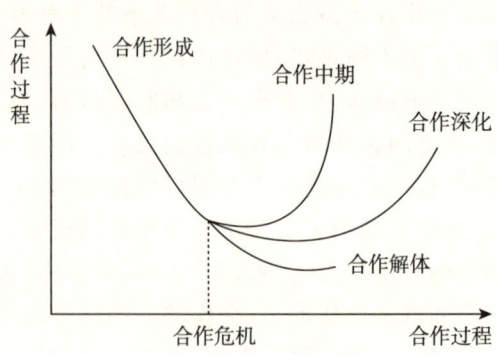

图 2.4　协同创新系统合作动力演化过程

在协同创新系统形成、运行和发展的各个阶段,形成动力、合作动力和发展动力都以其特有的方式发挥作用。形成动力先于协同创新体的形成而存在,各动力因素的影响逐渐积累,形成动力随之增强,当超过一定的限度后,协同创新体成形,而形成动力随即消失并转化为合作动力和发展动力。合作动力是在协同创新体成功形成之后开始发挥作用。在早期阶段,合作刚刚形成,其形成动力主要转化为合作动力,产学研中各合作方都趋于为协同创新活动贡献力量,因而合作动力较强;随着协同创新活动的不断深化,各种类型的问题会陆续出现,无论是技术研发上的难题还是协同创新管理中的问题,都会在一定程度上削弱各合作方的合作动力,而且中期阶段的经济效益回报仍难见端倪,很容易在此阶段出现合作危机。面对合作危机,如果问题解决不好,合作动力将会进一步下降,直至协同创新解体;如果各合作方能够积极地解决问题,加强协同创新的管理,合作动力将会在一定时期内得以恢复,使合作关系维持下去。发展动力在协同创新系统中的作用机制更具随机性,在协同创新活动的不同阶段,发展动力的强弱具有不确定性。这种不确定的作用机制主要是受到主观实力和客观条件等因素的影响,由技术机会、市场机会以及相应的风险大小等不确定因素决定的。可以看出,协同创新系统的动力机制具备技术创新动力机制的部分典型特征,又因协同创新涉及更多主体和动因的交互影响而呈现出更强的系统性和复杂性。在协同创新活动中,产学研各合作方应该根据形成动力、合作动力和发展动力的作用特点,处理好三者之间的关系,促使协同创新系统不断发展和壮大。这一目标的实现需要对协同创新系统不同阶段的动力匹配机制进行研究,设计出相应的策略和措施,使其顺应协同创新活动的发展规律。

　　协同创新系统动力演化过程受到各阶段技术研发和经济特征的影响,各种动力以不同的组合、不同的特征表现出来。在技术研发阶段,协同创新成果未来的应用性和市场性难以预料,短期内经济效益很难达到产学研各合作方的理想目标,而技术研发的学术价值较经济效益更容易在此阶段实现,并且能够给学研方带来学术和名誉上的回报。因此,在技术研发阶段,科学技术的推动力发挥主要作用;与其配合的还有外部环境的诱导力,主要来自科研政策、技术政策以及激烈的科研竞争,经济效益的驱动力此时并不显著。协同创新技术研发阶段的动力源是对科学技术的创新精神和追求真理的探索精神。在市场化阶段,协同创新成果的应用性和市场性已基本显形,其经济效益的前景较为明朗,产学研各合作方对于协同创新活动经济回报的期望开始逐渐上升。因此,在市场化阶段,经济效益的驱动力居于最主要的位置;同时,与其配合的还有外部诱导力,主要来自产业化、市场化的相关政策以及激烈的市场竞争。

第四节 协同创新系统模型构建

鉴于协同创新系统具有复杂社会系统的特性,引入系统动力学理论和方法深入研究协同创新系统的结构特征和运行机制,通过以不同创新主体(企业、政府、高等院校、科研机构和专业服务组织等)的创新行为为主线,以创新资源为依托,对其相互之间的关系进行分析和整合,建立动力学模型,为创新政策的制定提供科学依据。

一、协同创新系统要素功能分析

基于协同创新系统的二象特征,按照创新主体,将协同创新系统划分成知识创新体系、技术创新体系、政策环境体系、科技中介体系。具体包括:进行创新产品生产供应的生产企业群;进行创新人才培养的教育机构;进行创新知识与技术生产的研究机构;对创新活动进行金融、政策法规约束与支持的政府机构;金融、商业等创新服务机构和中介部门;将上述要素进行整合的统筹管理机构等。协同创新系统各体系要素之间的关系错综复杂,形成复杂的网状结构关联关系。根据系统的投入产出关系以及系统的构成,可以将系统内各个要素之间的反馈关系进行图形化表示。在经过对初步反馈关系分解指标、获得初步投入产出图、对投入产出图进一步细分指标后,就得到一个可以指导实际数据采集的因果关系图,图中的指标可以从年鉴资料中获得数据,或者由其他数据进行推导得到。图2.5是协同创新系统要素因果关系示意图。

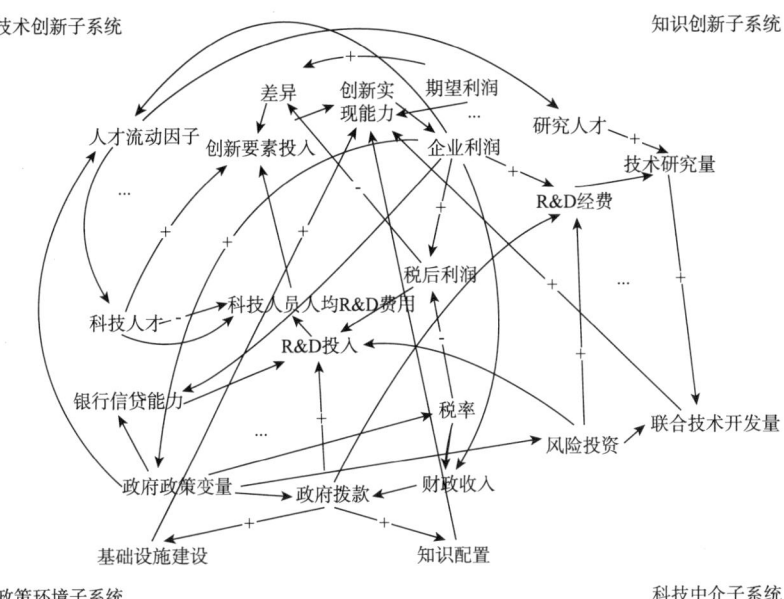

图 2.5 协同创新系统要素因果关系示意图

协同创新系统是一个复杂的动态的社会系统,由各种创新要素和要素之间的关系组成,系统内部的各要素之间并不是一种线性的关系,而是综合了非线性、复杂性和系统性的特点,具有多重反馈机制,而且由于时滞的作用,使得原因、结果和现象之间的关系难以凭借直观认识和经验来判断。在协同创新系统中,各要素间的因果关系构成反馈回路,决策控制了创新系统的行动,而创新行动又影响着创新的状态,创新系统状态的新情况又不断通过决策予以修正。

二、协同创新系统状态空间模型

根据模型变量和方程的特点,建立如下协同创新系统内部变量之间总体的数学描述:$L=F(L,R,A,\xi,t)$ 或更具体地表达成 $L=PR$。$\begin{bmatrix}R\\A\end{bmatrix}=\begin{bmatrix}W_1\\W_2\end{bmatrix}\begin{bmatrix}L\\A\end{bmatrix}=W\begin{bmatrix}L\\A\end{bmatrix}$。式中 L 表示状态变量向量,R 表示速率变量向量,A 表示辅助变量向量,P 表示转移矩阵,W 表示关系矩阵,t 表示时间变量,ξ 表示参数集。P 之所以称为转移矩阵,是因为其作用在于把时刻 t 的速率变量转移到下一个时刻 $t+1$ 上去,通常纯速率 L 仅为

各速率 R 的线性组合,因此一般 P 是个常数阵,W 之所以称为关系矩阵,是因为它反映了变量 R 与 L 之间以及 A 本身在同一时刻上的各种非线性关系。虽然在特殊情况下,若系统是线性的,则关系矩阵与 W 为常值阵。在具体运算时,设状态变量的集合 $L=[I_1,I_2,\cdots,I_n]^t$,变化率 $R=[r_1,r_2,\cdots,r_m]^t$,那么 $\frac{dL}{dt}=R$ 或 $L_1=L_0+\int_{t_0}^{t}Rdt$,由于变化率 R 是状态变量 L 控制量 U 以及转移矩阵 P 的非线性函数,因此上式可写成 $L_t=L_0+\int_{t_0}^{t}F(L,U,P)dt$,而它通常不可能有解析解。依据数值解法,假定 R 在 $[t+\Delta t]$ 内不变,则上式能写成如下形式:$L(t+\Delta t)=L(t)+\Delta t\cdot R$。在 SD 仿真中,$t$ 用 DT 表示,由此协同创新系统的状态变量 $\Delta L=L-L_0=DT\cdot(R_{in}-R_{out})$。$R_{in},R_{out}$ 为两状态流入流出率,从 SD 观点看,反馈回路是表达动态系统结构的,协同创新系统中状态的改变、决策的制定是该系统变化的机制。

针对协同创新系统的运行状况,用企业、政府、大学、科研单位及中介机构等参量表征描述其动力学性质。给定这些参量的一组数值就是给定协同创新系统的一个状态,这些量的不同取值代表不同状态,据此建立协同创新系统的状态空间数学模型。

设 $x_1(t),x_2(t),\cdots,x_m(t)$ 是协同创新系统的一组状态变量,则其相应的状态向量为:$X(t)=[x_1(t),x_2(t),\cdots,x_m(t)]^t$。一般来说,协同创新系统包含有状态变量 $x_1,x_2,\cdots,x_m$,控制变量(扰动变量)$u_1,u_2,\cdots,u_r$ 及输出变量 $y_1,y_2,\cdots,y_h$。协同创新系统的动力学特征可用 m 个一阶微分方程组成的方程组来描述:$\overset{\cdot}{x}=f_i(x_1,x_2,\cdots,x_m;u_1,u_2,\cdots,u_r;t)(i=1,2,\cdots,m)$。而其输出特性可表达为:$\overset{\cdot}{y}=g_j(x_1,x_2,\cdots,x_m;u_1,u_2,\cdots,u_r;t)(j=1,2,\cdots,h)$。

上述两方程组成了协同创新系统在状态空间的完整描述。为简化表达引入向量,令 $X=[x_1,x_2,\cdots,x_m]^t,U=[u_1,u_2,\cdots,u_r]^t,Y=[y_1,y_2,\cdots,y_h]^t$ 分别称为状态向量、控制(扰动)向量和输出向量。于是两个方程组可简化为向量形式:$\overset{\cdot}{x}=F(X,U,t)$——状态方程,$X\in R^m,U\in R^r,Y=G(X,U,t)$——输出方程,$Y\in R^h$。式中,$R$ 表示欧氏空间;向

量 X 为 m 维，U 为 r 维，Y 为 h 维。这两个向量方程对协同创新系统在状态空间做了完整的描述。从两个向量方程可以看出，协同创新系统依赖于控制（扰动）向量 U。因此，协同创新系统是一个非线性、非定常的强制系统，较一般的物理系统具有更强的非线性特征。

三、协同创新系统动力学模型

根据协同创新系统构成要素的相互作用，借用动力学方程分析协同创新系统的动力学模型。

第一，定义协同创新系统的创新动力为：

$$\sum_{i=1}^{6} Fi + F_A = \sum_{i=1}^{6} M_i \frac{d^2 s_i [x^{(i)}(t)]}{dt^2} \tag{1}$$

即：

$$\sum_{i=1}^{6} Fi + F_A = \sum_{i=1}^{6} M_i \left(\frac{dx^{(i)}}{dt}\right)^T H_i \left(\frac{dx^{(i)}}{dt}\right) \tag{2}$$

式（2）中，M_i 为协同创新的惯性。F_1 是企业创新成长对协同创新的推动力；F_2 是科研机构对协同创新的推动力；F_3 是风投公司对协同创新的推动力；F_4 是孵化器对协同创新的推动力；F_5 是政府支持对协同创新的推动力；F_6 是创业板市场对协同创新的推动力。这些推动作用既可以表现为直接作用，也可以表现为间接作用，通常会随着时间的增加而增大。F_A 是一个附加项，代表 $F_1, F_2, F_3, F_4, F_5, F_6$ 六种力的交互作用力，即协同创新系统的涌现力。$\sum_{i=1}^{6} Fi + F_A$ 是协同创新的推动力，$s_i[x^{(i)}(t)]$ 表示在 F_i 作用下且成长的位移函数。$x^{(i)}(t) = (x_1(t), x_2(t), \cdots, x_n(t))^T$ 表示 n 维欧式空间。H_i 为 S_i 对应的 Hesse 矩阵。式（1）说明协同创新与企业、科研机构、风投公司、孵化器、政府支持、创业板市场等六个因素之间的关系，同时协同创新还取决于六个因素之间的交互作用。一般情况下，该方程是非线性的，有稳定的方程解存在，同时又能够允许有不稳定的、震荡的方程解存在。前者对应着良性发展的协同创新系统，后者则对应着停滞不前或震荡发展的情况；$\sum_{i=1}^{6} Fi$ 说明企业、科研机构、风投公司、孵化器、政府支持以及创业板市场六种推动力所形成的合力直接决定着协同创新的规模、发展速度、绩效及方向。可以定义(3)为推动协同创新的加速度。

$$A = \sum_{i=1}^{6} \frac{\mathrm{d}^2 s_i [x^{(i)}(t)]}{\mathrm{d}t^2} = \sum_{i=1}^{6} \left(\frac{\mathrm{d}x^{(i)}}{\mathrm{d}t}\right)^T H_i \left(\frac{\mathrm{d}x^{(i)}}{\mathrm{d}t}\right) \tag{3}$$

在 M_i 相等的情况下，A 值越大则协同创新的速度越快，因此 A 值的大小反映出协同创新跨越式发展的可能性，而且也可以通过 A 值比较分析协同创新发展的速度。

第二，定义协同创新系统的创新动量为：

$$M_0 = \sum_{i=1}^{6} M_i \left(\frac{\mathrm{d}x^{(i)}}{\mathrm{d}t}\right)^T \nabla S_i [x^{(i)}(t)] = \sum_{i=1}^{6} M_i \frac{\mathrm{d}s_i [x^{(i)}(t)]}{\mathrm{d}t^2} \tag{4}$$

式(4)中：$\left(\frac{\mathrm{d}x^{(i)}}{\mathrm{d}t}\right)^T \nabla S_i [x^{(i)}(t)]$ 为协同创新速度，$\nabla S_i [x^{(i)}(t)]$ 为 $S_i [x^{(i)}(t)]$ 的梯度。各种力的相互作用越大，协同创新获得的动力越大，发展得越快。

第三，定义协同创新系统的创新动能为：

$$E = \left(\sum_{i=1}^{6} F_i + F_A\right) \sum_{i=1}^{6} S_i [x^{(i)}(t)] \tag{5}$$

即协同创新合力与协同创新合位移的乘积。协同创新动能越大意味着协同创新的能量越大，创新前景越好。其中，$\sum_{i=1}^{6} F_i + F_A$ 为协同创新合力，$\sum_{i=1}^{6} S_i [x^{(i)}(t)]$ 为合位移。协同创新获得的动能不仅与合力和合位移的大小有关，还与二者的方向有关。$\sum_{i=1}^{6} F_i + F_A \cdot \sum_{i=1}^{6} S_i [x^{(i)}(t)] \cos \alpha$（$\alpha$ 为二者的夹角，$0 \leqslant \alpha \leqslant \frac{\pi}{2}$）越大，协同创新的动能也越大，当协同创新合力与合位移同方向时，协同创新的动能最大。因此，企业、科研机构、风投公司、孵化器、政府支持以及创业板市场六者形成的合力越大，协同创新的速度就会越快，创新绩效越好。

四、协同创新系统战略仿真

根据协同创新系统中知识创新体系、技术创新体系、政策环境体系、科技中介体系等之间的相互关系,将系统动力学模型划分成相应的仿真子系统,选择相关的水平变量;在此基础上,依据要素间的因果关系构造系统动力学仿真图,如图 2.6 所示。

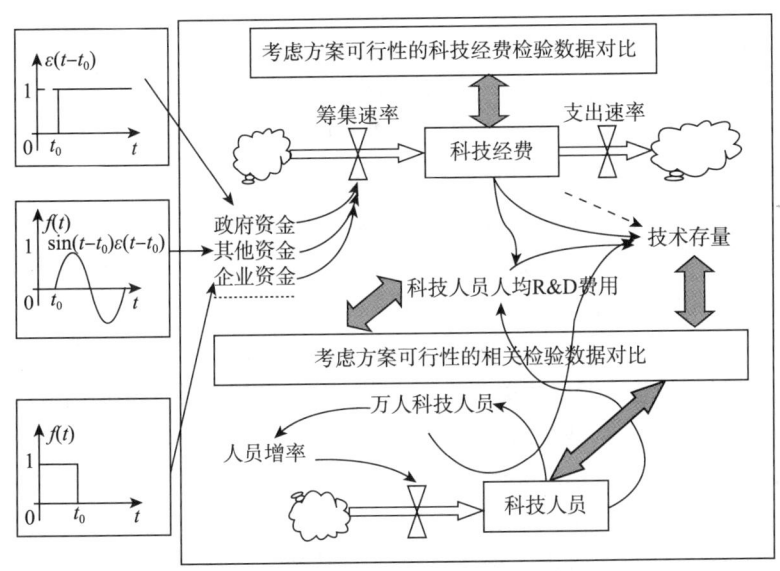

图 2.6　协同创新系统战略对策组合效应仿真

将模型中涉及的相关重要统计数据作为检验数据与模型仿真数据进行比对分析,观察模型仿真结果是否能够真实反映系统的演化规律,依据战略对策的参数化处理结果,针对协同创新演化的战略对策,如:调整财政资金分配结构、进一步发挥政府资金在协同创新系统建设中的引导作用、给予中小科技企业税收优惠和贷款扶持等战略对策的脉冲与阶跃延迟作用效应等,进一步考虑战略对策的组合效应等进行仿真实验,选择可行性方案。由图 2.6 可以看出,从创新资金投入的角度提高协同创新绩效最好的渠道是技术开发获贷款,其次是创新资金中企业投入的部分,最后是政府科技投入。在这三种资金投入中,最为稳妥的是企业自己投入创新资金,可以较小地受外界影响。但是单纯依靠企业自有资金,用已经成为定量的上期利润来增加本期的技术发展资金很可能使企业发展的速度有所减缓,特别是当影响上期产出的因素在本期还存在时,容易导致企业陷入"发展越慢,盈利越少进而发展更为缓慢"的恶性循环之中。所以单纯依赖企业自身力量开展创新,往往会由于项目中资金需求量过于集中,使企业面临较大的决策风险。而由于创新资金仅来自于上期的利润留存,可用的储备资金不足,在面对多个项目时感到力不从心,只能放弃一些可获取长期利益,但不能产生足够短期利润的有潜力的项目,所以适当举债,选择较为合理的基本结构,有利于企业的发展。通过贷款来提高新产品产值是获利最大化的途径,因为这对于激励企业的创新热情有很大的好处。但是,贷款存在着较大的还贷风险。企业贷款的目的是获得利润,而利润是企业还本付息的根本来源。如果贷款比例过高,则企业需要付息的数量加大,可能导致这方面的成本增加,影响企业自身的盈利水平,所以只能适当地提高银行贷款的比例。另外,贷款后,企业对于一些高潜力但存在高风险的项目的投资热情会有所增高,由此导致企业经营决策风险。在所有投入中,政府科技投入是带动科技产出的主要因素。政府投入不仅能够带动相关产业的发展,而且能撬动除了银行外的各种新兴金融机构(私募基金、风险投资)进入科技成果转化市场。金融体系越发达,则各项科技活动得到的支持越大。政府的投入还能够带动高校的 R&D 投入,良好的科研实力和科研氛围加上高校 R&D 投入的稳步增加,使得高校的科研进步大幅度地带动科技成果产出水平。科技人员数量也有利于促进科技创新产出的增加,使得协同创新表现出非常强劲的发展态势,拥有较好的创新环境,对人才有较强的吸引能力,而且能够提高引进人才的档次,形成良性互动。高校和公共研发组织、政府公共科技规划以及产业的聚集环境在改善协同创新能力方面起着突出的作用。这在一定程度上折射出公共创新政策和产业聚集环境在协同创新过程中表现出的良好效用。

第五节 协同创新系统创新水平实证测度

一、协同创新系统集聚水平分析

本书应用复杂网络及相关原理和方法，基于航空产业园协同创新关系数据，通过 UCINET 软件构建了创新网络模型，从整体网密度、可达性、小世界特性、中心性等方面对系统协同创新水平进行测度。

由于以往的方法应用与协同创新的水平测度都存在不少差距，因此本书采用整体网分析方法测度创新系统的协同创新能力。以与航空航天科技产业园建立关系的组织单位为研究对象，利用高校关系资源及网络资源获得航空航天科技产业园及相关单位的信息，并对航空技术协同创新情况进行实地调研。调研发现，政府、企业、高校与工程研究中心创新合作项目丰富，关系密切，形成了错综复杂的协同创新网络发展格局。在考虑合作意愿、信息共享、资源共用、战略结盟等关系条件的基础上，经过复杂的比较和筛选，最终选择政府、企业、科研机构、高等院校等共计25个行为主体作为网络节点，以他们之间的关系为边建立25行和25列的关系矩阵。具体而言，若有类似上述关系，定义相应交点值为1，若无关系，定义交点值为0。航空技术协同创新的主体关系矩阵如表2.1所示。

表 2.1　航空技术协同创新的主体关系矩阵

	A	B	C	D	E	F	G	H	I	J	K	L	M	N	O	P	Q	R	S	T	U	V	W	X	Y
A 政府	0	1	1	1	1	1	1	1	1	1	1	1	1	1	1	1	1	1	0	1	0	1	0	1	1
B 海鑫航空电气公司	1	0	0	0	0	0	0	0	0	0	1	0	0	1	1	0	0	0	0	0	0	0	0	0	0
C 阿尔卑斯航空精密工具公司	1	0	0	0	0	1	0	0	0	0	1	0	0	1	0	1	0	0	0	0	0	0	0	0	0
D 江苏源达线缆科技有限公司	1	0	0	0	1	1	0	1	1	0	0	0	0	0	1	1	0	1	0	0	0	0	0	0	0

续表

	A	B	C	D	E	F	G	H	I	J	K	L	M	N	O	P	Q	R	S	T	U	V	W	X	Y
E 江苏天一机场专用设备有限公司	1	0	0	1	0	1	1	1	0	0	1	1	1	0	1	1	0	1	0	0	0	1	1	0	0
F 江苏恒盛航空座椅有限公司	1	0	1	1	1	0	1	1	1	0	0	0	1	1	0	1	0	1	0	0	1	1	0	1	1
G 艾雷奥特（江苏）飞机工业有限公司	1	0	0	0	1	1	0	1	1	1	0	1	0	0	1	1	1	0	1	0	1	0	1	1	0
H 飞豹科技	1	0	0	1	1	1	0	0	1	0	0	1	1	1	1	1	1	1	0	1	0	0	0	1	1
I 雅港（嘉兴）复合材料有限公司	1	0	0	1	0	1	1	1	0	0	1	0	0	0	1	0	0	0	0	0	0	0	0	0	0
G 雷克公司	1	0	1	0	0	1	1	1	1	0	0	0	1	1	1	0	1	0	1	0	0	0	0	0	0
K 台湾满水股份有限公司	1	0	0	0	1	0	0	0	1	0	0	0	0	1	1	0	0	0	0	0	0	0	0	0	0
L 德驱驰电气公司	1	1	0	0	1	0	1	0	0	1	0	0	1	1	1	1	1	0	0	1	0	0	0	0	1
M 西班牙刘氏华润集团	1	0	0	0	1	0	0	1	0	0	0	1	0	1	0	0	0	1	0	1	0	0	1	0	0
N 北京嘉华日晟生物科技发展有限公司	1	0	0	0	0	0	1	0	0	0	0	1	0	0	1	0	0	1	0	0	0	0	0	1	0
O 中国商用飞机有限责任公司	1	1	1	1	1	1	1	1	1	1	0	0	0	1	1	1	1	1	0	1	1	1	1	1	1
P 中航工业公司	1	1	1	1	1	1	1	1	1	1	1	1	1	1	0	1	1	1	1	1	1	1	1	1	1
Q 中国商飞公司民用飞机试飞中心	1	0	0	0	0	0	1	1	0	1	0	1	0	0	1	1	0	0	0	0	1	1	1	1	0
R 中国长城工业集团	1	0	0	1	1	1	0	1	0	0	0	1	0	0	1	1	0	0	0	0	1	1	1	1	1
S 兴航空公司	1	0	0	0	0	0	1	1	0	1	0	0	1	1	1	1	0	0	0	1	1	0	0	1	1
T 中美洲际直升机投资（上海）有限公司	0	0	0	0	1	0	0	0	0	0	0	0	0	1	0	0	1	0	1	0	0	0	0	0	0
U 南京航空航天大学	1	0	0	0	0	1	1	0	0	0	1	1	0	1	1	1	1	1	0	0	0	1	1	1	1
V 中科院上海成果转化中心	0	0	0	0	1	0	0	0	0	0	1	0	0	1	1	1	0	0	0	0	0	1	0	0	0
W 上海飞机设计院	1	0	0	0	1	1	1	0	0	0	0	0	0	0	1	1	1	1	0	0	0	1	0	1	1
X 中国民航大学	0	0	0	0	1	1	1	0	0	0	1	1	1	1	1	1	0	1	0	1	0	1	0	1	1
Y 北京航空航天大学	1	0	0	0	0	1	0	1	0	0	0	1	0	0	1	1	0	1	0	1	0	1	1	1	0

企业、大学、科研院所、中介服务机构、政府等单位通过各种关系组成的协同创新系统,是以资源共享、优势互补为基础,以技术创新为关键驱动力的新型创新系统。其发展中的资源包括知识、技术、信息等各种创新资源,这些资源可以进一步显化为项目合作数量、会议记录、资源共享情况等关系,其传播往往以延边方式流动,以网络形式扩散的状态呈现。为了阐释航空产业园的协同创新能力,本书首先从整体入手,从宏观指标上把握航空产业园的资源集聚能力。

整体网密度指标是以系统整体为中心,度量系统资源集聚程度的指标。整体网密度越大,集聚性越好,各行动主体间联系越紧密,资源集聚程度越高,资源扩散速度也越快。经UCINET软件计算,整体网密度为0.48。整体网密度相对较高,由此可见,该航空产业园区整体资源集聚程度较强,协同创新能力较好。

可达性是另一种测度集聚效应的指标。对于概率数据来说,可达性是两点之间最可能出现的途径的概率。在整体网络中,如果资源可以到达对方处,数值即显示为1,否则显示为0。可达性直接显示哪些节点与哪些节点相互之间是有联系的,协同创新系统中,体现为知识、技术、信息等资源的共享与传播是否可以抵达对方,而这恰恰是创新资源在整体系统中充分涌动进而集聚的前提。所以,得知网络中节点的可达性十分重要。为了能够更清晰地解释他们之间的关系,产出可达性指标,航空技术协同创新的可达性计算结果如表2.2所示。

表2.2 航空技术协同创新的可达性计算结果

	A	B	C	D	E	F	G	H	I	J	K	L	M	N	O	P	Q	R	S	T	U	V	W	X	Y
A 政府	0	1	1	1	1	1	1	1	1	1	1	1	1	1	1	1	1	1	1	1	1	1	1	1	1
B 海鑫航空电气公司	1	0	1	1	1	1	1	1	1	1	1	1	1	1	1	1	1	1	1	1	1	1	1	1	1
C 阿尔卑斯航空精密工具公司	1	1	0	1	1	1	1	1	1	1	1	1	1	1	1	1	1	1	1	1	1	1	1	1	1
D 江苏源达线缆科技有限公司	1	1	1	0	1	1	1	1	1	1	1	1	1	1	1	1	1	1	1	1	1	1	1	1	1
E 江苏天一机场专用设备有限公司	1	1	1	1	0	1	1	1	1	1	1	1	1	1	1	1	1	1	1	1	1	1	1	1	1

续表

	A	B	C	D	E	F	G	H	I	J	K	L	M	N	O	P	Q	R	S	T	U	V	W	X	Y
F 江苏恒盛航空座椅有限公司	1	1	1	1	1	0	1	1	1	1	1	1	1	1	1	1	1	1	1	1	1	1	1	1	1
G 艾雷奥特（江苏）飞机工业有限公司	1	1	1	1	1	1	0	1	1	1	1	1	1	1	1	1	1	1	1	1	1	1	1	1	1
H 飞豹科技	1	1	1	1	1	1	1	0	1	1	1	1	1	1	1	1	1	1	1	1	1	1	1	1	1
I 雅港（嘉兴）复合材料有限公司	1	1	1	1	1	1	1	1	0	1	1	1	1	1	1	1	1	1	1	1	1	1	1	1	1
J 雷克公司	1	1	1	1	1	1	1	1	1	0	1	1	1	1	1	1	1	1	1	1	1	1	1	1	1
K 台湾满水股份有限公司	1	1	1	1	1	1	1	1	1	1	0	1	1	1	1	1	1	1	1	1	1	1	1	1	1
L 德驱驰电气公司	1	1	1	1	1	1	1	1	1	1	1	0	1	1	1	1	1	1	1	1	1	1	1	1	1
M 西班牙刘氏华润集团	1	1	1	1	1	1	1	1	1	1	1	1	0	1	1	1	1	1	1	1	1	1	1	1	1
N 北京嘉华日晟生物科技发展有限公司	1	1	1	1	1	1	1	1	1	1	1	1	1	0	1	1	1	1	1	1	1	1	1	1	1
O 中国商用飞机有限责任公司	1	1	1	1	1	1	1	1	1	1	1	1	1	1	0	1	1	1	1	1	1	1	1	1	1
P 中航工业公司	1	1	1	1	1	1	1	1	1	1	1	1	1	1	1	0	1	1	1	1	1	1	1	1	1
Q 中国商飞公司民用飞机试飞中心	1	1	1	1	1	1	1	1	1	1	1	1	1	1	1	1	0	1	1	1	1	1	1	1	1
R 中国长城工业集团	1	1	1	1	1	1	1	1	1	1	1	1	1	1	1	1	1	0	1	1	1	1	1	1	1
S 兴航空公司	1	1	1	1	1	1	1	1	1	1	1	1	1	1	1	1	1	1	0	1	1	1	1	1	1
T 中美洲际直升机投资（上海）有限公司	1	1	1	1	1	1	1	1	1	1	1	1	1	1	1	1	1	1	1	0	1	1	1	1	1
U 南京航空航天大学	1	1	1	1	1	1	1	1	1	1	1	1	1	1	1	1	1	1	1	1	0	1	1	1	1
V 中科院上海成果转化中心	1	1	1	1	1	1	1	1	1	1	1	1	1	1	1	1	1	1	1	1	1	0	1	1	1
W 上海飞机设计院	1	1	1	1	1	1	1	1	1	1	1	1	1	1	1	1	1	1	1	1	1	1	0	1	1
X 中国民航大学	1	1	1	1	1	1	1	1	1	1	1	1	1	1	1	1	1	1	1	1	1	1	1	0	1
Y 北京航空航天大学	1	1	1	1	1	1	1	1	1	1	1	1	1	1	1	1	1	1	1	1	1	1	1	1	0

计算结果表明:政府、企业、科研机构、高等院校等单位相互之间都具有可达性,即由 25 个行为主体组成的系统处处可达,由此证实航空企业等单位联系十分密切,各行动主体之间具有普遍联系性,进一步说明科技资源可以在此系统中成功共享,创新资源可以在此系统中充分涌流,系统整体具有较高的协同创新能力。

二、协同创新系统小世界网络分析

小世界是在研究协同创新整体格局时遇到的特殊情况。如果一个网络巨大,其中的关系稀疏,不存在核心主体但是高度聚类,这样的网络称之为小世界。可以想象,这种情况如果发生在组织网络中,将会产生巨大的协同效应。如果两节点间的平均最短路径长度小,聚类系数大,则信息的失真度和资源的损失度越小,网络中知识、信息、技术等资源的传递速度就越快,集群网络也就拥有更高的协同创新能力;而如果一个网络各节点间平均距离大,聚类系数低,那么创新资源在网络延边传递过程中将较易遭遇损失,协同创新能力也会相对较低。故小世界是协同创新系统发展中的一种理想状态。一般小世界的测量指标包括以下两个统计量:一是特征途径长度,即连接任何两个点之间最短距离的平均长度;二是聚类系数,即网络各节点的紧密程度与集中趋势。设定小世界网络连通图为 G。根据小世界网络模型的定义可知,网络连通图 G 的特征路径长度 $L(G)$ 与图中 i,j 两节点间的最短路径长度 d_{ij} 的关系可以用式(1)来描述:

$$L(G) = \frac{1}{N(N-1)} \sum_{i=j \in G} d_{ij} \tag{1}$$

根据对上式的分析可以得知,G 表示协同创新网络的连通图,N 为网络节点数,即网络内成员数;d_{ij} 表示网络模型中任意节点 i,j 之间的最短路径长度。需要说明的是,d_{ij} 并非仅表示网络中三者之间的空间距离,同时也表示三者之间的社会距离,例如合作关系、相似性等等。航空技术协同创新的网络距离矩阵如表 2.3 所示。

表 2.3　航空技术协同创新的网络距离矩阵

	A	B	C	D	E	F	G	H	I	J	K	L	M	N	O	P	Q	R	S	T	U	V	W	X	Y
A 政府	0	1	1	1	1	1	1	1	1	1	1	1	1	1	1	1	1	1	1	2	1	2	1	2	1
B 海鑫航空电气公司	1	0	2	2	2	2	2	2	2	2	2	1	2	2	1	1	2	2	2	2	2	2	2	2	2
C 阿尔卑斯航空精密工具公司	1	2	0	2	2	1	2	2	2	1	2	2	2	2	1	1	2	2	2	2	2	2	2	2	2
D 江苏源达线缆科技有限公司	1	2	2	0	1	1	2	1	1	2	2	2	2	2	1	1	2	1	2	2	2	2	2	2	2
E 江苏天一机场专用设备有限公司	1	2	2	1	0	1	1	1	2	2	1	1	1	2	1	2	1	2	2	2	1	1	2	2
F 江苏恒盛航空座椅有限公司	1	2	1	1	1	0	1	1	1	2	2	2	2	1	1	1	2	1	2	1	2	2	1	1	1
G 艾雷奥特（江苏）飞机工业有限公司	1	2	2	2	1	1	0	1	1	1	2	1	2	2	1	1	1	2	1	2	1	2	1	1	2
H 飞豹科技	1	2	2	1	1	1	1	0	2	1	2	2	1	1	1	1	1	1	2	1	2	2	1	1
I 雅港（嘉兴）复合材料有限公司	1	2	2	1	2	1	1	2	0	1	1	2	2	2	1	1	2	2	2	2	2	2	2	2	2
G 雷克公司	1	2	1	2	2	1	1	1	1	0	2	1	2	2	1	1	2	1	2	2	2	2	2	2	2
K 台湾满水股份有限公司	1	2	2	2	1	2	2	2	1	2	0	2	2	1	1	2	2	2	2	2	2	2	2	2	2
L 德驱驰电气公司	1	1	2	2	1	2	1	2	2	1	2	0	2	2	1	1	1	2	2	1	1	2	2	1
M 西班牙刘氏华润集团	1	2	2	2	1	2	2	1	2	2	2	2	0	1	2	1	2	2	1	2	1	2	2	1	2
N 北京嘉华日晟生物科技发展有限公司	1	2	2	2	2	1	2	1	2	2	1	2	1	0	2	1	2	1	2	2	2	2	1	2
O 中国商用飞机有限责任公司	1	1	1	1	1	1	1	1	1	1	1	2	2	0	1	1	1	2	1	1	1	1	1
P 中航工业公司	1	1	1	1	1	1	1	1	1	1	1	1	1	1	0	1	1	1	1	1	1	1	1	1
Q 中国商飞公司民用飞机试飞中心	1	2	2	2	2	1	1	2	1	2	1	2	2	1	1	0	2	2	2	1	1	1	2
R 中国长城工业集团	1	2	2	1	2	1	2	1	2	2	2	1	2	2	1	2	0	2	2	1	1	1	1	1
S 兴航空公司	1	2	2	2	2	1	2	2	1	2	1	1	1	2	2	1	2	2	0	1	1	2	2	2
T 中美洲际直升机投资（上海）有限公司	2	2	2	2	2	1	2	2	2	2	2	2	2	1	2	2	1	2	2	1	0	1	2	2	2

续表

	A	B	C	D	E	F	G	H	I	J	K	L	M	N	O	P	Q	R	S	T	U	V	W	X	Y
U 南京航空航天大学	1	2	2	2	2	2	1	1	2	2	2	1	1	2	1	1	1	1	1	1	0	2	1	1	1
V 中科院上海成果转化中心	2	2	2	2	1	2	2	2	2	2	2	1	2	2	1	1	1	1	2	2	2	0	1	2	2
W 上海飞机设计院	1	2	2	2	1	1	1	2	2	2	2	2	2	2	1	1	1	1	2	2	1	1	0	1	1
X 中国民航大学	2	2	2	2	1	1	1	2	2	2	2	1	1	1	1	1	1	1	2	1	2	1	1	0	1
Y 北京航空航天大学	1	2	2	2	1	2	1	2	2	2	2	1	2	2	1	1	1	2	1	1	2	1	2	1	0

协同创新系统网络的平均路径长度反映了网络中各节点间连接的平均距离,影响着整个系统创新资源传递的效率。可以想象,如果系统中的企业等单位机构通过相对较少的节点,就能迅速与其他节点建立联系,那么信息、知识、技术等资源就能在各节点中迅速共享传播。聚类系数可以检测网络中是否有相对稳定的子系统存在,集聚系数的大小反映了网络邻接点联系的紧密程度,集聚系数越大,资源集聚程度越高。表 2.3 航空技术协同创新的网络距离矩阵结果显示,整个创新网络的平均路径长度为 1.520,说明该协同创新网络所含 25 个行动主体中任意两个节点平均通过 1～2 个中间单位就可以建立联系,知识、技术、信息等资源可以花费较少时间,耗费较低成本,就可以得到迅速传播。聚类系数 0.723,说明网络邻接点联系较紧密,知识、信息等创新资源具有较高的集聚化趋势。此网络平均最短距离为 1.520,网络平均最短距离较小,聚类系数 0.723,集聚系数较大,符合小世界的较小平均最短距离、较大集聚系数的特征。所以,此组织网络是一个小世界网络,具有小世界的技术传播、信息扩散、资源共享等活动快速进行的特性,进一步说明网络整体的协同创新度较高。

在探究航空技术协同创新系统整体资源集聚程度的基础上,通过网络拓扑图与中心性指标,进一步探求各行动主体在协同创新系统网络中所处的地位差别,以明确资源集聚扩散的方向。不同于之前从宏观意义上对网络的整体分析,明确网络中的核心主体和边缘主体,有利于从微观意义上度量创新资源集聚的程度,进一步显现航空产业园区协同创新的效果。

在探求不同主体所处地位有何不同时,需要借助"权力"概念。协同创新中的权力,不同于平常意义上所说的权力,这种权力与中心地位相关,来自于行动主体与其他节点的关系。如果一个主体与其他主体关系密切,它掌握的知识、技术、信息等资源自然更多,掌握的权力自然比其他主体更大,中心地位也更明显。将关系数据进行处理分析,可以得到航空技术协同创新系统网络关系,如图 2.7 所示。

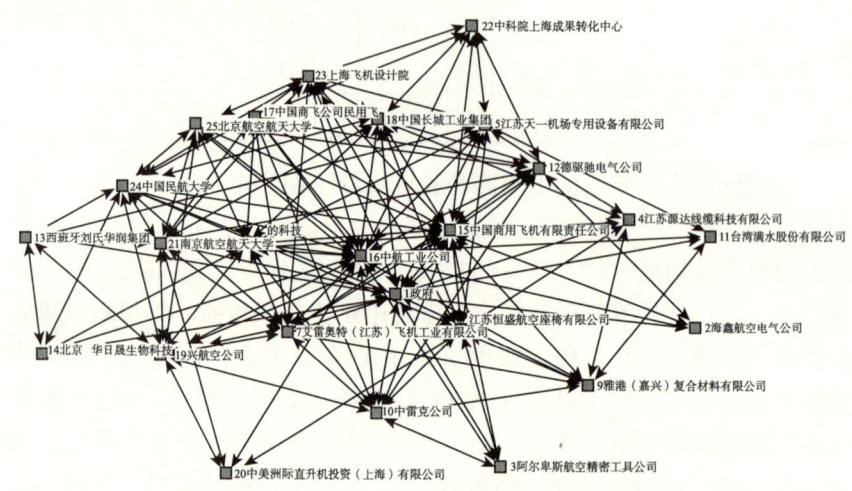

图 2.7　航空技术协同创新系统网络关系

通过图 2.7 可以看出,中航工业处于协同创新系统的中心地位,与较多的企业、科研院所等单位建立了关系,这使得创新资源等可以很快地传播到它手中,也会很及时甚至是首先掌握关键资源。与此同时,较多的知识、技术等资源会以它为中心向外扩散。政府在协同创新中的地位也十分重要,起着统筹大局、协调关系的作用。而一些与很少的企业建立关系的主体,处于网络的边缘,知识、信息、技术等资源需要花费较多时间传递到他们手中。

（一）度数中心度

创新系统中网络各节点的集聚程度反映了节点间的集中趋势,节点的连接比率越高,该节点的网络地位越高。度数中心度就是某一节点与其他直接相连的点的个数。一个点连接的点越多,度数中心度越高,它与其他主体产生的关系就越多,中心地位就越明显,在协同创新中起的作用也就越大。航空技术协同创新的度数中心度计算结果如表 2.4 所示。

表 2.4 航空技术协同创新的度数中心度计算结果

单 位	度数中心度	单 位	度数中心度
中航工业公司	24.000	中国商飞公司民用飞机试飞中心	11.000
中国商用飞机有限责任公司	21.000	雷克公司	11.000
政府	21.000	北京航空航天大学	11.000
飞豹科技	16.000	江苏源达线缆科技有限公司	8.000
江苏恒盛航空座椅有限公司	15.000	雅港(嘉兴)复合材料有限公司	8.000
艾雷奥特飞机工业有限公司	14.000	西班牙刘氏华润集团	8.000
南京航空航天大学	14.000	中科院上海成果转化中心	7.000
江苏天一机场专用设备有限公司	13.000	北京嘉华日晟生物科技发展有限公司	6.000
中国民航大学	13.000	台湾满水股份有限公司	5.000
中国长城工业集团	13.000	阿尔卑斯航空精密工具公司	5.000
上海飞机设计院	12.000	海鑫航空电气公司	4.000
兴航空公司	12.000	中美洲际直升机投资(上海)有限公司	4.000
德驱驰电气公司	12.000		

表 2.4 航空技术协同创新的度数中心度计算结果表明,中心度较大的节点是中航工业(中心度为 24)、中国商飞(中心度为 21)和政府(中心度为 21),他们在知识转移、信息传递、技术创新等活动中占据重要位置,在网络资源的集聚和转移分配中起着巨大的作用,进而影响着网络的协同创新效应。中航工业拥有较高的中心度数,表现出它在网络中处于较中心的地位,由于该企业拥有中心地位优势,其与周围企业和单位保持着密切的联系,拥有更多掌握信息的渠道,有更多与其他企业和单位进行知识学习和交流的机会,也正因为处于中心地位,它可以更好地整合各种资源,在提高自身技术水平的基础上,进而辐射带动整个网络协同创新发展。

(二) 中间中心性

中间中心性又称为介中性,是另一个衡量单个个体所处地位,所具权力大小的指标。它通常刻画的是这样一种情况,一个处于多个节点交往路径上的行动主体,其他点之间交流都需经过此点,故此行动主体可以控制延边关系上信息的传递、知识的传播、技术的流动,即它具有一种控制创新资源的能力,进而具有影响整个网络协同创新能力的权力。所以可以看出,具有较高的中间中心性的主体,居于重要地位。航空技术协同创新的中间中心性计算结果如表 2.5 所示。

表 2.5 航空技术协同创新的中间中心性计算结果

单 位	中间中心性	单 位	中间中心性
中航工业公司	43.242	上海飞机设计院	2.300
政府	26.194	中国商飞公司民用飞机试飞中心	2.071
中国商用飞机有限责任公司	23.423	北京航空航天大学	1.275
江苏恒盛航空座椅有限公司	10.092	雅港(嘉兴)复合材料有限公司	1.160
飞豹科技	7.735	西班牙刘氏华润集团	0.896
江苏天一机场专用设备有限公司	6.104	江苏源达线缆科技有限公司	0.486
兴航空公司	4.973	中科院上海成果转化中心	0.336
德驱驰电气公司	4.384	中美洲际直升机投资(上海)有限公司	0.211
中国民航大学	4.343	台湾满水股份有限公司	0.143
艾雷奥特飞机工业有限公司	4.073	北京嘉华日晟生物科技发展有限公司	0.077
中国长城工业集团	3.390	海鑫航空电气公司	0.000
雷克公司	2.822		

由表 2.5 航空技术协同创新的中间中心性计算结果可知,中航工业的中间中心性最高,为 43,也就是说它极有可能有机会控制与其他人之

间的交往。由于它处在多条关系路径的交点处,许多创新成果和信息技术资源都要通过它进行传播,所以它对信息、技术创新资源集聚、整合、扩散具有很高的控制能力。另外,海鑫航空电器公司的中间中心性为0,则说明该企业不能控制任何一个行动者,处于系统的边缘。可以看出,把握好中间人企业是让协同创新系统资源充分涌流的关键。

  这里以航空技术为研究对象,通过 UCINET 软件构建了协同创新系统网络模型,并对其复杂性特征进行了深入分析。研究表明,政府、企业、高校与工程研究中心创新合作项目丰富,关系较为密切,形成了相对错综复杂的协同创新系统网络发展格局。为了阐释航空技术的协同创新能力,首先从整体入手,从宏观指标上把握航空装备的资源集聚能力,得到如下结论:第一,通过整体网密度,发现航空装备整体资源集聚程度较强,协同创新能力较好。第二,通过可达性分析,表明航空装备各个行动主体之间具有普遍联系性,科技资源在系统中成功共享,创新资源在系统中充分涌流,系统整体具有较高的协同创新能力。第三,在对整体资源集聚程度分析的基础上,通过分析网络拓扑图与中心性指标表明,中航工业、上海商飞与政府等拥有较高的中心度数。中航工业和上海商飞依靠其雄厚的资金和先进的科研技术,与周围企业和单位保持着密切的联系,拥有更多掌握信息的渠道,有更多与其他企业和单位进行知识学习和交流的机会,由于处于中心地位,它们可以更好地整合各种资源,在提高自身技术水平的基础上,带动整个创新系统的高效合作和协同发展。第四,政府在协同创新系统中起到了不可替代的凝聚作用。政府通过出台各种优惠政策,吸引航空企业入驻产业园区,并为它们的发展提供便利条件,推动产业园区各主体间的合作与集聚。第五,该系统网络平均最短距离较小,集聚系数较大,是一个小世界网络,新知识和新技术不会马上被掌握,往往通过网络形式扩散。协同创新系统网络的小世界特性表明,技术创新的传播与扩散是一个快速的过程,进一步说明江苏航空装备具有较高的创新潜力。未来航空装备仍有很大的发展空间和较长的发展道路。在发展初期,航空装备对外部技术的依赖性较高,接下来应坚持协同创新,构建自己的核心技术体系。此外,政府在协同创新系统的发展过程中扮演着重要角色,推动了航空装备快速发展。不过,大学和研究院所在整体系统中尚未处于较中心的位置,表明协同创新系统仍有待发展与完善。

第三章 协同创新系统中政府职能分析

政府作为协同创新系统的重要组成要素,既是创新活动规则的制定者,又是创新活动的直接参与者,它能够直接而有效地调控创新系统的运行,对市场机制无法发挥作用的地方,凭借其特殊身份完成其他创新主体无法实现的系统功能。在协同创新系统中,政府的主要职能在于提供外控作用变量,发挥协同创新系统的创建和维护功能,以创建良好的创新环境氛围。协同创新系统中政府职能转变的目的是建立一个与经济转型、社会转型相适应的、强调竞争与合作的现代服务型政府,其实质是政府角色的再生和释放,是政府职责和功能的变化、转换与发展。本章深入研究了协同创新系统的政府角色定位、政府职能转变以及政府职能优化,重点分析了政府在协同创新系统建设中的制度设计问题。

第一节 协同创新系统中政府角色分析

一、协同创新系统中政府角色诊断

协同创新系统中的政府职能主要在于纠正市场失灵、弥补市场不足。所以,政府行为应当集中在五个方面:弥补市场宏观缺陷,承接中央经济调节;提供地方公共物品和服务,维护公平竞争,做好市场监管;制定地方社会经济发展规划,搞好社会管理;培育市场主体,促进市场发育;引导创新,提高创新系统效率。从世界各国的经验来看,政府在协同创新系统中发挥的作用越来越明显,政府促进协同创新的措施更加灵活。政府往往会根据目标导向和实际情况的不同,承担不同的角色,从而使协同创新系统在国家和地区经济中发挥的作用越来越大。一般来说,政府在促进协同创新中主要扮演主导者、协调者和管理者的角色。

第一,协同创新主导者。政府的协同创新主导者角色主要是指政府制定促进协同创新的激励规则,通过协同创新计划将企业纳入协同创新中是发达国家政府承担的重要职能。在这方面,政府的职能主要是通过制定激励规则将不同主体纳入协同创新之中,这些规则主要有以下几个方面:资金补助、产权界定、立法支持等。在资金补助方面,政府往往为那些参与协同创新的企业提供大量的资金支持。例如,美国政府在制定的先进计划(ATP)中专门指出,如果是单个企业进行申请,那么资助的经费金额存在最高限制,国家只补助直接费用部分;如果由几家企业联盟申请,那么补助经费没有最高限制,但是企业要承担投入费用的一半。在美国政府制订的最新汽车合作计划(PNGV)中,通用、福特、克莱斯勒公司每年投入研发的费用大约是10亿美元,其中由政府承担3亿美元。又如在英国政府制订的联系研究计划中,政府提供的资助会因项目的不同而存在差异。政府对核心项目提供50%的经费资助;政府对开发项目提供25%的经费资助。在韩国政府制订的先导技术开发计划(HAN)中政府和企业的投资比例分别是56%和44%。而在德国政府制订的主题研发计划(Fach Programme)中规定,政府资助企业的资金不得超过研发资金的50%。在产权界定方面,对于基础技术和共性技术研究领域的协同创新计划,政府的主要责任是界定参与各方的责权利,以此来促进形成企业联盟。从各国政府的实际做法来看,除特殊情况外,政府不会占有知识产权。至于知识产权的划分问题,政府主要采用两种处理方式:一是将知识产权划归企业,目的在于方便企业进行成果转化。例如,在美国政府制订的先进技术计划(ATP)中明确规定,企业享有知识产权,但是参与各方在达成协议的基础上,学术机构和第三方组织也可以分享该专利所带来的使用费和许可证收入。二是参与各方共同享有知识产权,这种方式能够有效激励参与各方。例如,在日本的超大规模集成电路计划(VLSI)中,其知识产权归参与各方共同使用,参与方可以将技术进行转让,也可以在基础技术之上进行进一步的深入开发。在立法支持方面,发达国家制定了相对比较完善的法律法规,从而为促进协同创新计划的发展提供了完善的制度依据。例如,美国作为世界上协同创新立法较为完备的国家,先后颁布实施了《拜杜法》(1980)、《史蒂文森－威德勒技术创新法》(1980)、《国家合作研究法》(1984)等相关法律法规。日本借鉴了美国完善的法律体系，先后颁布实施了《大学技术转移促进法》(1998)和《研究交流促进法》(1998)等相关法律法规。

第二，协同创新协调者。政府在协同创新计划实施的过程中应该承担统筹及沟通的角色。协同创新计划不但包括产学研之间的合作还包括有关机构之间的统筹协调。很多国家通过设立部际协调机构和部门从宏观上更好地保证协同创新计划的顺利实施。例如美国政府设置国家科学技术委员会，其目标就是统筹协调科技战略和政策。该部门下设九个协调委员会，分别负责协调各部门、科技界以及产业界之间的利益关系。澳大利亚也有两个极为重要的科技管理与决策部门即总理科学、工程和创新理事会以及科学技术协调委员会，这两者都是跨部门的非常设机构。其中，前者是澳大利亚最高科技决策机构，联邦总理担任主席职务，而科技创新和教育有关的内阁部长以及有关部门的非部长级高级执行官担任委员。同时，还有很多国家不断强化协同创新计划实施机构的统筹和协调功能。例如美国小企业创新研究计划的协调者——美国小企业管理局(SBA)主要指导政府相关部门实施 SBIR 计划、向国会报告实施情况；搜集并发布各个参与部门的项目申请行动指南，从而为申请者提供参考。再如英国小企业研究和技术奖励计划的实施者——英国贸工部小企业服务局(SBS)主要职责包括通过无偿拨款的方式鼓励中小企业展开竞争前的商业调查以及技术研究活动；协调财政、产业、教育等相关部门之间的关系。

第三，协同创新管理者。政府应全面跟踪并监管协同创新计划的启动和落实，即对计划的项目管理和评价。首先，招标选择项目承担的单位。政府通常通过招标、同行评议以及综合评价等方式方法选择项目承担单位来保证科技计划管理的公开、公正与公平。例如美国的县级技术计划即 ATP 主要采用统计评议的方式并经过两个过程来选择项目承担单位：重点考察科学技术上的价值以及初期的商业价值、考察商业与经济上的意义和价值。其中，后一个阶段需要由 12 名专家组成的委员会对申请单位进行现场考察与面试并最终确定是否入选。与美国不同的是德国的促进创新网络计划，它是通过竞争性招标的方式来确保支持创新回报价值高的申请项目。所谓的综合评价方式即政府部门、企业的代表以及研究机构共同对项目进行综合评价,从而确定是否对项目给予支持。英国的联系研究计划(Link)采用的就是综合评价方式。其次,确定项目实施的周期。一般而言,政府推出的协同创新计划周期在 2~5 年之间,极个别的计划会在 5 年以上。例如美国先进技术计划(ATP)的联合申请项目实施周期在 5 年以内;英国的联系研究计划(Link)项目实施周期通常是 3~4 年;德国的主题研发计划的单个计划项目实施周期为 3~6 年;芬兰技术发展中心国家技术计划通常瞄准某一个特定的技术领域,进而由企业、研究机构以及大学联合承担,其周期一般为 5 年。最后,评估计划。政府应该强化对协同创新计划实施结果的重视。政府通常委托相关的评估机构对项目进行评价从而强化计划的评估。例如韩国先进技术开发计划(HAN)是由科技部的科学技术政策研究所来实施整个计划的评估的;英国早期设置的先进信息技术阿尔维(Alvey)计划进行适时评估也是在计划执行期间进行评估,而不仅仅是在计划完成后进行评估。而完成这种评估的主要是三个机构,即伦敦商学院的商业战略研究中心、曼彻斯特大学的工程科学技术研究课题组以及苏塞克斯大学的科技政策研究所。

一般来说,政府职能在实施过程中可能出现政府越位和政府缺位两种极端状况。这两个极端都会导致创新系统中政府与市场关系的失调,创新活动运行的绩效低下。现实中政府职能往往是两个极端之间的合理定位,即在通过市场机制进行配置资源的基础上,政府发挥宏观调控的职能作用,是一种干预适度、有限有效的模式。与政府职能的越位、缺位、有限有效三种状况相对应,分别存在包容型、并行型和交叉型三种政府职能模式。

一是包容模式。包容模式即全能越位型政府职能模式,这种模式使得创新系统中企业、高校科研机构所进行的相关创新活动限制在政府计划、政府规划范围之内,企业与政府以及高校科研机构与政府之间没有自主的创新联系。从创新活动和创新联系来看包容模式,企业与高校科研机构是政府的附属机构,难以适应创新系统长期发展的需要。高校科研、企业之间没有充分交融互动、促进提高,存在互相隔离的问题,没有充分利用相互之间的资源和发展机会,没有在科技经济结合方面形成互动学习的能力,也就是没有制造创新机会的能力。即便是高校科研机构、企业的边界也在政府的"规划"中,因此创新多是单向的、外生的、被动的,相应的创新绩效不高,驱动力不强,自组织、自协调状态不佳。这种全能型政府模式，使得政府在创新中过多地替代了高校科研机构与产业之间的创新互动和学习，养成高校科研机构、企业依赖政府的习惯，科技经济结合成为一种由外在力量推动的状态，科技经济结合的载体和实施者没有主动性、积极性，市场对创新活动主体的能力构建机制被取消。由于没有市场机制，也相应地缺乏创新赖以生成的竞争机制，全能型政府职能模式往往是与不完善的市场机制相联系，因而处理好政府与市场的关系，建设和完善市场机制而不是替代市场成为模式重构的一项重要任务。对于那种由于种种原因而对政府产生依赖状况的创新活动者，则要求政府在完善市场机制的基础上，对政府管理活动采取市场化的办法，引入竞争，强化政府对创新能力建设的责任意识，转换政府职能定位。

二是并行模式。并行模式即缺位型政府职能模式，这种模式使得创新系统中企业、高校科研机构和政府之间呈现并行的状况。其中，政府缺乏有效的创新政策，政府和高校科研机构没有有效地介入企业发展之中，企业的技术创新活动也是自行其是，没有形成一体化的技术创新模式。政府缺位引起了技术创新体系运行不畅和发展断裂的问题，整个社会经济发展的潜力没有充分发挥出来，科技对经济的贡献和驱动没有达到应有的状态。对我国来说，缺位型政府职能模式表现在政府政策措施不得力、政策重心偏离技术创新，追求一种粗放式发展道路，对高校科研机构与经济结合的一些措施办法没有有效实施，对企业走依靠科技求发展的政策执行没有到位。对此，政府需要进一步建立健全市场机制，确立企业的主体地位，把竞争引入高校科研机构的发展中去，等等。

三是交叉模式。交叉也就是说在推进技术创新过程中，各种机构之间相互作用、协力合作。这种相互作用是在推进技术创新过程中应技术创新的要求而产生的、并且使得各个创新活动者之间产生一种紧密的联系。各方面有效的相互作用，一方面顺利地推进了卓有成效的技术创新，另一方面使得整个系统成为紧密联系的整体。交叉、互动、学习、交融为技术创新构建了较好的推进平台。有效政府职能模式的形成需要遵循一定的前提：技术创新成功与否的标准是产品的市场实现，因而是否有利于产品的市场实现就成为政府介入、参与创新活动是否成功的标准。此外，处理好与市场的关系是有效政府职能模式运作的一项基本要求。实践证明，市场经济体制及其形成的社会制度，是高绩效创新体系中有效政府职能模式的制度基础,因此,政府应该积极地建设市场经济体制,为有效政府职能模式的形成创设基本的制度条件。

在有效政府职能模式的形成与运作中,一个重要目标就是要充分发挥出市场竞争对创新的基础性促进作用,政府需要采取经济的、政策的、法规方面的措施,抑制垄断,保护竞争。并且在政府机构内部引入竞争,提高政府在促进创新活动方面的能力,充分发挥竞争在政府职能模式形成运行中的作用。互动学习与合作创新是协同创新系统形成运行的一种表现,因此形成协同创新的自组织机制是有效政府职能模式运作的目标之一。政府需要在创新项目、计划、政策实施过程中,倡导合作、进行合作;在创新活动中加强与企业、高校科研机构的合作,以及对各种创新合作的引导与鼓励,并在全社会营造一种协同创新的文化环境。对创新体系的研究揭示出协同创新活动的进行离不开多个相关部门、不同行业人员的参与和协助,因此,把各相关部门整合起来,对协同创新体系运行来说非常重要。形成有效政府职能模式必须遵循协同与整合发展原则,使经济部门、科研部门、教育部门协同起来,最大程度地激发出政府各方面的潜力,以更好地促进协同创新系统的运行。

二、协同创新系统中政策体系分析

从协同创新系统的动力机制来看,政府在整个协同创新系统中扮演着极其重要的角色,而相关的法律法规和政策环境则构成了政府发挥作用的重要平台。协同创新系统中技术创新政策一般可分为激励型政策、引导型政策、保护型政策和协调型政策。激励型政策包括金融政策(如优先贷款和优惠贷款、设立创新风险基金等)、财政政策(如对创新的奖励、对研究与开发的投入、拨款等)、税收政策(如减免税等)、分配政策(如从利润中提取创新基金等)、信息政策(如建立区域信息化基础结构、为创新主体及时提供准确的信息)、专利政策(如保护创新成果和知识产权的专利制度等)和其他政策(如提供创新所需的基础设施等)。引导型政策包括产业政策(如优先发展高科技产业政策、产业结构调整政策、高新技术产业开发区政策等)、科技政策(如技术进步政策、技术市场政策、人才交流政策、技术引进政策、对研究与开发支持政策等)。保护型政策包括政府购买政策、专利制度等。协调型政策包括协调创新矛盾的政策、促进产学研合作政策等。协同创新系统中政策体系一览表如表 3.1 所示。

表 3.1 协同创新系统中政策体系一览表[①]

政策类型	政策细分	政策实施
激励政策	金融政策	优先贷款和优惠贷款 外贸外汇方面的支持 设立企业创新风险基金
	财政政策	对 R&D 的投入拨款 对创新的奖励
	税收政策	给予新产品减免税 给予 R&D 活动以税收优惠
	分配政策	从利润中提取创新基金
	价格政策	自主定价
	信息政策	建立国家信息化基础结构 提供给创新企业及时准确的信息
	专利政策	保护创新成果和知识产权
	其他政策	对创新者的奖励 提供创新所需基础设施 消除既得利益集团对创新的阻力 减少创新过程中的政府官僚程序 劳动力的培训(包括再就业的培训)
引导型政策	产业政策	科技产品优先发展政策 科技产业开发区政策 高新技术产业政策 产业结构调整政策
	科技政策	技术进步政策 技术市场政策 技术中介政策 技术人才政策 技术转让政策 技术合作和交流政策 技术引进政策 技术改造政策 技术进步和技术成果评价政策 对 R&D 机构支持政策

---

① 万兴亚.中小企业技术创新与政府政策[M].北京:人民出版社,2001:220.

续表

政策类型	政策细分	政策实施
保护型政策	关税保护政策 政府购买政策	
协调型政策	协调自主创新与技术引进、技术转让关系的政策 协调跨地区、跨行业、跨企业技术创新矛盾政策 完善官－产－学－研合作政策	

　　从协同创新系统中的政策体系分类可以看出,激励型政策的目的在于激发创新主体创新的欲望,为创新主体创造良好的外部环境。引导型政策着眼于产业结构调整、优化、升级,使企业明确国家倡导的技术发展领域和鼓励方法。保护型政策致力于对新兴产业和高新技术的扶持。协调型政策主要是协调创新过程中,创新主体之间的关系及创新过程中出现的矛盾。从创新活动的过程看,创新政策支持系统包括四个方面:投入调控政策、运作调控政策、产出调控政策和转化调控政策。投入调控政策包括科技进步政策法规、自然科学基金、科技开发贷款、风险投资基金、科研拨款制度等;运作调控政策包括发展高新技术计划、发展高科技产业政策、"星火计划"等;产出调控政策包括科技进步奖、自然科学奖、发明奖、星火奖、地区重点新产品试制鉴定计划、科技成果鉴定办法、重点技术发展计划、技术改造计划、高新技术研究发展计划等;转化调控政策包括技术推广政策及法规、技术市场交易法规、科技成果重点推广计划、产学研联合开发工程计划等。投入调控创新政策是国家及政府对创新所需的资源进行配置,使创新必需的科学技术经费和研究与开发投入有保证。运作调控的创新政策主要是创造一种机制来促使创新围绕其特定的目标组织运转起来。产出调控的创新政策是对创新的成果进行评价,从创新成果的数量和质量判断创新能力,从创新的投入产出比判断创新活动的效率,从而对创新活动进行调控。转化调控的创新政策是对创新成果如何转化成生产力的过程进行引导、规范、调节,它是将创新活动与经济社会发展整合的关键。只有将创新成果迅速应用于生产才能有效地促进经济增长和社会发展。

三、协同创新系统中政府角色转换

协同创新系统空间联系的本质特征是系统中广泛存在的由自然联系、经济联系、人口联系、社会联系、服务联系、信息联系以及组织联系等组成的复杂网络。协同创新系统内各产业之间密切的经济、政治、文化、社会等多维联系通过人流、物流、资金流、信息流和技术流等空间流动得以实现,成为协同创新系统功能联系的表现形式。政府角色转换实际上是一个行为模式创新和变异、接受和选择,使接受者到达一定临界值后,成为具有规范力量共同体准则的过程。政府角色转换本质上是政府或政府中的个人在基本价值观和元规则范围内分散化的自发选择过程。

当地方政府逐渐成为独立利益主体的时候,容易引发地方政府之间的制度竞争;资本和人才等生产要素往往倾向于转移到能够带来更高回报的地方;政府在协同创新系统中的角色定位应该是更少的控制、更低的税收、更多的协调和服务。这样才能够为可移动生产要素创造一个更加自由、广阔和安全的谋利空间,并有效降低交易成本,进而降低生产要素谋利活动的成本,吸引可移动生产要素向该地区流动。在一个开放的环境中,各地方政府都纷纷重塑自身的行为模式,吸引可移动生产要素。政府角色转换动力机制如图3.1所示。

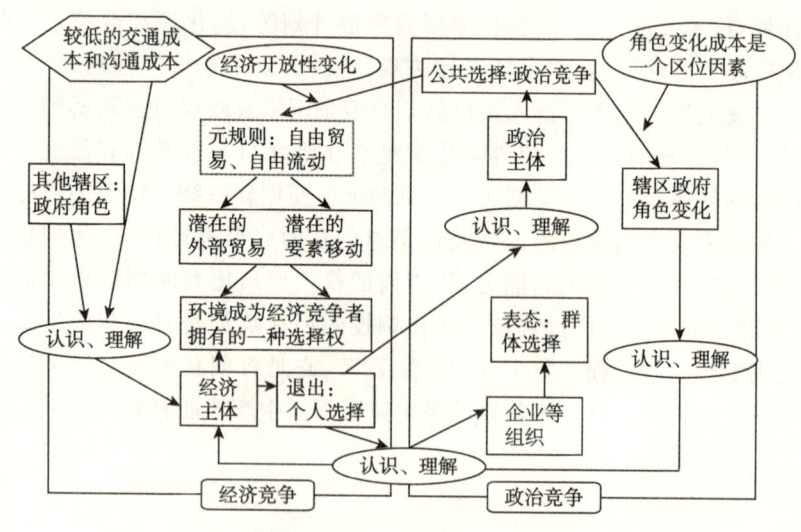

图 3.1 政府角色转换动力机制

从图中可以看出，地方政府竞争是一种客观存在，趋利避害的出路是完善制度架构，协调处理好代理人与委托人之间的利益关系，既在软环境如制度、政策、管理体制及发展规划方面进行协调，又在硬环境如产业结构、基础设施、环境治理与保护方面进行协调，通过这两方面的有效协调，建立起产业发展所要求的地方政府竞争秩序，促进协同创新系统的有序运作和经济协调发展。地方政府竞争的主要内容是围绕改善发展环境来进行的。一般来说，地方政府的竞争主要体现在两个方面：一是"开拓市场"；二是"集聚资源"。地方政府经济工作的着力点一方面是努力构造产品（包括劳务竞争）高地，形成高屋建瓴之势，即产品竞争力；另一方面是千方百计地构造吸纳要素的盆地，以形成百川汇集之态，即环境竞争力。一个好的发展环境，对要素的吸纳有极其重大的影响。地方政府改善发展环境的竞争，包括基础设施等硬环境和制度等软环境的竞争，是地方政府追求利益集合最大化的竞争。硬环境竞争主要包括基础设施建设和产业配套环境的改善，基础设施建设是指高速公路、港口、航空等交通条件，电力、天然气等能源，光缆等信息化硬平台，污水处理厂等环境治理手段等，旨在通过建立完善的基础设施支撑体系，为协同创新创造便捷、高效的基础设施服务环境；产业配套环境是指围绕一个地区已有的主导产业培育营造良好的上下游产业配套环境。

第一，基础设施建设对系统的影响。基础设施对经济社会发展具有双重功能：支撑功能和引导功能。支撑功能表现为基础设施体系必须能够支撑经济社会发展，根据其支撑程度划分为超前型、适应型、滞后型三种基本类型。超前型指基础设施供给水平超前于经济社会发展的需求，造成基础设施供给过剩；适应型指基础设施供给水平基本适应经济社会发展的需求，既不会造成基础设施供给水平不足，也不会造成基础设施供给水平过剩；滞后型指基础设施供给水平滞后于经济社会发展的需求，造成基础设施瓶颈制约经济社会发展。政府在改善基础设施环境方面进行竞争，就是要使基础设施建设水平基本适应经济社会发展的需求，如果考虑经济社会发展潜力的充分发挥，基础设施建设水平适当超前于经济社会发展水平是合适的。但如果过于超前，就会使基础设施供给严重过剩，部分基础设施的供给能力处于闲置状态，造成基础设施供给的边际效益和资源的利用效率下降；如果过于滞后，就会使基础设施供给不足，使得经济社会发展能力得不到充分发挥。引导功能是指基础设施体系在市场竞争机制和产业关联机制的作用下通过其提供的服务对经济结构、规模和空间布局起引导与反馈作用,如信息化基础设施的建设就能引导信息技术改造传统产业、发展高新技术产业和现代服务业等。基础设施的支撑功能和引导功能通过提高生产率和改变生产环境来实现对经济增长的贡献。基础设施服务,如运输、供水、电力、信息等是生产的中间投入,任何这种服务成本投入的减少都会提高生产的效益。基础设施服务的改善能够提高其他生产要素的产出率。例如,交通基础设施条件的改善缩短了人们的通勤时间和提高了物流效率等,由此导致生产要素产出率的提高。基础设施条件如何,直接影响经济增长速度和经济增长质量以及预算收入最大化的实现程度,而且为此追求预算收入的最大化带来的是正外部性,因而有利于实现政府利益集合的最大化和促进经济的协调发展。

第二,产业配套环境对系统的影响。预算收入最大化的实现程度取决于产业竞争力的强弱,而产业竞争力主要表现为两个方面:以较低的生产成本取得最低价格;以与众不同的产品特性来获取差异化的竞争优势。产业要在这两方面获得竞争优势,主要取决于企业内部的科技创新能力、管理水平、内部制度因素、人力资源素质等。政府在构筑产业竞争力方面的作用十分明显,最有说服力的是迈克尔·波特的政府对"钻石体系"的影响。"钻石体系"中相关产业和支持产业的表现,与政府的作用密切相关。因为相关产业和支持产业的表现涉及多方面的因素,仅靠单个企业是营造不出来的。而相关产业和支持产业的表现在很大程度上表现为产业配套环境,即指企业寻求投资地及投资后的成长过程中,与企业生产、经营、销售过程具有内在经济联系的上游和下游的相关产业、产品、人力资源、技术资源、消费市场主体等支撑条件在同网络内自觉高效凝集。这种产业配套环境引导着同种性质的企业以及关联度高的产业集聚,呈现出集群化的发展趋势,这种集聚有利于交流信息、减少交易成本、增强互补和激励、提高产业竞争力。正因为产业配套环境的重要性,使得投资者选择投资地时,其关注的重点正在从税收优惠等直接显性环境转向产业配套等间接隐性环境。因此,政府为了吸引资本等要素集聚,靠税收优惠等政策已经很难奏效了,必须在增强产业配套能力方面下功夫。产业配套能力的差异,主要取决于原有的资源禀赋和产业基础,除此之外,还取决于人力资本的素质、储备以及对外来流动人力资本的吸引力。即使企业能够与制造业资本形成产业配套,配套厚度的提升还需要政府在信息交流、技能培训、产业组织和协调等方面做进一步努力,以提升企业和人力资本的技术学习能力。

第二节　协同创新系统中政府职能转变

在经济学领域中,政府职能如何定位是长期以来争论的焦点之一。许多学者认为,政府是经济发展必不可少的扶持者和保护者,政府力量能够有效解决社会发展中存在的一系列问题。也有许多学者推崇"自由市场"的观点,认为经济乃至整个社会的发展都应在所谓"无形的手"的调控下运作,无须政府的参与。这两种看法显然都有失偏颇。若政府直接插手企业内部机制,对企业进行扶持或用国家强制力对经济进行干预,在短时间内或许会很有效,但从长远来看,会使企业逐渐丧失竞争力,破坏市场的运行规律。相反,若听任"无形的手"对市场的盲目作用,忽视政府宏观调控作用,则将不能形成良好的创新环境。创新主体所处的环境直接影响创新网络系统的效率。最有效的制度环境是政府与市场互补,在市场机制能够发挥作用的领域,充分发挥市场的作用;而在市场机制不能发挥作用的方面则由政府职能加以补充。

协同创新系统必须建立在市场经济基础之上。市场是配置创新资源的基础力量,企业作为市场主体,应以盈利为目标,根据市场需求从事技术创新和知识应用,并力求在最短时间内收回其研发投资成本。政府则应从竞争性技术创新活动中退出,成为创新活动的宏观管理者和市场失效、低效领域的知识供给者。承担市场失效、低效领域的知识供给的主要机构应该是政府支撑的科研机构,包括受政府委托的教学科研型大学等。其中,国立科研机构的作用与政府职能紧密联系在一起,原则上不与企业、高校重复研究,主要承担与国家利益和国家安全相关的战略性重大科技问题研究;耗资大、风险高的基础科学研究;履行政府职能所需的技术监督、计量标准、质量检测、环境控制等方面的研究。教学科研型大学承担着培养人才和开展科研的双重任务,主要开展与教学相适应的自由探索性基础研究,同时也接受政府和企业委托的合同任务。可见,在协同创新系统中政府不仅仅是创新活动的管理者、市场失灵领域知识的供给者,而且还是以企业为核心的创新主体的培育者。

政府职能在协同创新系统中的定位决定了它既要营造良好的创新环境,又要协调好各结点、各环节的利益关系,以充分发挥各方面的积极性和创造性;既要承担起信息网络、通信网络和交通网络等基础设施"硬件"建设工作,又要做好制定法律、法规、制度等"软件"建设,为创新营造一个良好的发展环境,从而提高创新能力,促进经济协调发展。

一、健全政府监管,推动协同创新系统有序演进

资源禀赋、产业基础的不均衡分布以及区域政策的显著差异等,使得我国各个区域之间在协同创新系统动态演进过程中存在相当大的差异。有的地方政府经常出现围绕产品在市场的波动、企业在竞争中的困难等情况调整产业政策,或者制定出台相关调控措施等。这种缺乏系统动态演进理念的政策举措,既可能导致企业或区域的某个产业发展陷入困境,又可能有意无意地抑制或破坏市场机制的自身调节作用,更可能导致那些潜在的优势产业无法发展起来。因此,政府需要按照系统动态演进的客观规律和趋势,选择和发展具有竞争优势的产业或某个重要产业环节,并通过相应的系统动态演进模式实现产业集聚发展,进而增强企业、区域或国家竞争实力。

协同创新系统中各个企业进行生产经营的目的是追求自身利润最大化,企业经营管理者关注的是企业的经济利益而非生态产业链的整体利益。因此,系统中企业相互之间存在着目标差异和利益冲突。由于"环境"具有"公共物品"性质,目前的自然资源价格还不能反映其真实价值。因此,在构建初期,为了保证协同创新系统连续、稳定地运行,政府有关部门除了采取一定激励措施外,需要制定和完善相关法律法规、经济政策,改变环境的"公共物品"性质,建立有效的监督、管理机制,加强对协同创新系统中各"节点"企业的监管。

(一)上下游企业博弈关系分析

协同创新系统中各生产企业代表协同创新系统的每一个节点,我们将联系最紧密的两个相邻节点所对应的企业分别称为上游企业和下游企业。上下游企业之间的合作是构建协同创新系统的首要条件。这里所谓合作,对上游企业而言,需要将创新过程中的技术知识部分提供给下游企业使用。但由于上游企业的技术研发需要消耗创新能源,可能需要新增设备和技术投资,其直接经济效益可能要低于投资成本。因此,上游企业的另一种选择是不合作。当然,这种行为不会受到政府部门的创新政策扶持。对于下游企业,由于上游企业协同创新初期的直接经济效益低于投资成本,这两者的差额实际上转化成了社会效益或外部效益。由此换来的外部效益完全由上游企业支付成本显然是不合理的,政府需要采取一定激励措施予以补偿。上游企业将研发技术知识提供给下游企业使用,设成本为 C_0,从下游企业得到的收益为 C_i(因此 C_i 也是下游企业接受上游企业提供技术知识所支付的成本)。上游企业协同创新初期支付的创新成本为 C_0^*($C_0^* < C_0$),下游企业单独研发支付的成本为 C_j($C_j < C_i$)。此外设上下游企业选择协同创新策略得到政府的优惠分别为 U_i 和 U_j;反之,选择不合作策略损失的创新收益分别为 F_i 和 F_j。根据这些假设,上下游企业博弈的创新支付矩阵如图 3.2 所示。

		下游企业			
		合作		不合作	
上游企业	合作	$U_i+C_i-C_0$	U_j-C_i	U_i-C_0	$-F_j-C_j$
	不合作	$-F_i-C_0^*$	U_j-C_j	$-F_i-C_0^*$	$-F_j-C_j$

图 3.2 上下游企业博弈的创新支付矩阵

在短期均衡中,可将图中博弈作为完全信息静态博弈处理。根据上下游企业选择不同策略时支付(效用)的相对大小,图 3.2 的博弈会有不同的均衡,但唯有(合作,合作)这一纳什均衡才能维持协同创新系统的正常运行。从社会发展的角度看,只有上下游企业(合作,合作)这一策略组合才是满足社会利益和公众利益的均衡,因而是可以实现"帕累托最优"的均衡。因此,我们不必考虑其他各种可能的均衡,只关心实现(合作,合作)这一纳什均衡需要满足的条件。可以看出,上下游企业博弈实现均衡的条件为:

$$U_i + C_i - C_0 > -F_i - C_0^* \quad (1)$$

$$U_j - C_i > -F_j - C_j \quad (2)$$

(二) 政府部门与企业博弈关系分析

在市场经济体制下,市场中存在各种信息不对称问题。因此,要使协同创新成为企业的自觉行动,政府需要制定和完善相关法律法规、经济政策。尤其在协同创新系统建设的初期,为了保证其连续、稳定地运行,政府有关部门除了采取一定激励措施外,更需要建立有效的监督、管理机制,加强对协同创新系统上各"节点"企业的监管。由于监管需要支付成本,基于理性的考虑,政府部门也可能疏于监管或不监管。因此,政府部门的行为集合是(监管,不监管);企业的行为集合仍然是(合作,不合作)。这里的企业具有一般性,既可以是上游企业,也可以是下游企业。在上下游企业博弈的基础上再考虑政府部门和企业的博弈。政府部门和企业博弈的创新支付矩阵如图3.3所示。

		企业	
		合作	不合作
政府部门	监督	$-U-C, U_j-C_i$	$F-C, -F-C_2$
	不监督	$-U, U-C_1$	$0, -C_2$

图 3.3 政府部门和企业博弈的创新支付矩阵

表中 C 为政府部门监管规制支付的成本。C_1 和 C_2 为广义的企业创新成本,例如,对前面所指的上游企业,$C_1 = C_0 - C_i, C_2 = C_0^*$;对下游企业,$C_1 = C_i, C_2 = C_j$。$U$ 和 F 分别表示政府部门对企业合作创新行为的优惠和不合作创新行为的规制。政府部门和企业的策略取决于表中各项收益的相对大小。考虑满足前面均衡条件式(1)和(2)的情况,则意味着下式成立：

$$C_1 - C_2 - U < F \qquad (3)$$

由式(3)可以导出：

$$U - C_1 > -F - C_2 \qquad (4)$$

根据上下游企业的博弈关系可知，为了构建稳固的协同创新系统，企业初始创新成本的增加通常大于早期直接创新经济效益的增加。这意味着下式成立：

$$C_1 - C_2 - U > 0 \qquad (5)$$

由式(5)可以导出：

$$U - C_2 < -C_2 \qquad (6)$$

根据式(4)和式(6)，由图中博弈支付矩阵可以看出，政府部门监管给定，企业的最优策略是合作；在企业合作给定前提下政府部门的最优策略是不监管；而在政府部门不监管假定前提下，企业的最优策略是不合作；等等，没有一个策略组合构成纯策略的纳什均衡，因而只存在混合策略的纳什均衡。为求解该博弈的混合策略纳什均衡，假设政府部门采取监管规制的概率为 $P(0<P<1)$，不监管规制的概率则为 $(1-P)$；企业采取合作策略的概率为 $Q(0<Q<1)$，不合作的概率则为 $(1-Q)$。给定企业采取合作策略的概率 Q，政府部门的期望效用函数为：

$$S_z(P,Q) = P[Q(-U-C) + (1-Q)(F-C)] \\ + (1-P)[Q(-U) + (1-Q(0)]$$

对上述效用函数求微分，得到政府部门最优化的一阶条件：

$$\frac{\partial S_z(P,Q)}{\partial P} = Q(-U-C) + (1-Q)$$

$$(F-C) - Q(-U) - (1-Q)(0) = 0$$

由此可以得到：

$$Q^* = \frac{(F-C)}{F} \qquad (7)$$

给定政府部门监管规制的概率 P,企业的期望效用函数为:

$$S_q(P,Q) = Q[P(U-C_1)+(1-P)(U-C_1)] \\ +(1-Q)[P(-F-C_2)+(1-P)(-C_2)]$$

企业最优化的一阶条件为:

$$\frac{\partial S_z(P,Q)}{\partial Q} = P(U-C_1)+(1-P)(U-C_1) \\ -P(-F-C_2)-(1-P)(-C_2)=0$$

由上式可以得到:

$$P^* = \frac{C_1-C_2-U}{F} \tag{8}$$

式(7)和式(8)构成了政府部门与企业博弈的混合策略纳什均衡。即政府以 $(C_1-C_2-U)/F$ 的概率进行监管规制,企业以 $(F-C)/F$ 的概率采取合作。由式(7)可见,为使 Q^* 有意义,应使 $F>C$,即政府部门对企业不合作行为的处罚应高于监管规制的成本。式(7)的意义是,如果企业选择合作策略的概率小于 $(F-C)/F$,则政府部门的最优选择是监管规制;如果企业选择合作策略的概率大于 $(F-C)/F$,则政府部门的最优选择是不监管规制;若企业选择合作策略的概率等于 $(F-C)/F$,则政府部门随机地监管或不监管。

由式(8)可见,为使 P^* 有意义,应满足条件 $C_1-C_2-U>0$ 和 $C_1-C_2-U<F$。这两个条件不等式恰好是前面的式(3)和式(5)。式(8)代表的意义是,当政府部门监管规制概率大于 $(C_1-C_2-U)/F$ 时,企业的最优选择是合作;当政府部门监管规制的概率小于 $(C_1-C_2-U)/F$ 时,企业的最优选择是不合作;仅当政府部门监管规制的概率等于 $(C_1-C_2-U)/F$ 时,企业随机地选择合作或不合作。在满足不等式(1)和(2)的条件下,上下游企业的最优策略组合(合作,合作)对整个社会是最优的,因而实现了纳什均衡和"帕累托最优"的统一。从上下游企业博弈关系分析可以看出,只需政府部门对下游企业的不合作行为给予一定处罚 F_j,即可满足 $C_i-(C_j+U_j)<F_j$。进而得到 $U_j-C_i>-F_j-C_j$,这就满足了不等式(2)。

为了满足条件不等式(1),除了政府部门采取一定的激励措施和加大对不合作行为的规制力度外,应当最大限度地降低上游企业的初始创新成本 C_0,从而相应减小 U_i 和 C_i 的值。政府相关部门应积极帮助企业引进技术和装备,为企业构建技术支撑体系提供保障,并拓宽环保融资渠道,从多方面降低成本 C_0。由博弈分析结果可以看出,代表政府部门惩罚力度大小的 F_i、F_j 和 F 对博弈的各种均衡有着重要影响。这就意味着政府部门的监督管理对构建协同创新系统起着至关重要的作用。制度安排就是博弈的规则,制度安排可以决定博弈中各参与人的行为策略和博弈均衡的结果。鉴于此,政府应当组建风险投资基金,但不介入基金的商业运作。同时,政府应当优先采购创新系统参与企业的创新产品,完善现行的法律法规,促进协同创新系统稳定、健康发展。

二、实施制度创新,促进协同创新系统效率提升

合理制度安排会刺激企业产生一定的技术创新冲动以及增强对资源流入的吸引力,从而促进当地经济增长。在现有的经济结构和政治结构下,地方政府在地区制度创新过程中发挥着重要作用,地方政府可以通过制度创新来吸引资源流入、促进技术创新。

制度作为提供激励和减少经济活动不确定性的因素,越来越被人们认识到其在经济发展中的作用。诺斯教授认为,对经济增长起决定性作用的是制度性因素而非技术性因素。当然,有效率的经济组织的产生需要在制度上做出安排和确立产权,以便对人的经济活动形成一种激励效应。一个社会如果没有实现经济增长,那是因为该社会没有为经济方面的创新活动提供激励,也就是没有从制度方面去保证创新活动的行为主体应该得到的最低限度的补偿或好处。制度所发挥的作用,即制度绩效,从经济学上理解,就是由于重新组合生产要素所产生的动态效率。经济效率表示一种经济制度在某一时间点上或一段时期内利用其现有资源(包括知识等无形资产)的有效程度,前者为静态效率,后者为动态效率。可以利用生产可能性曲线图进行说明,生产要素的动态效率如图 3.4 所示。

代表初始点的可能性曲线(AB)表示:一个特定的经济制度在一定时点上按最高效率利用一切现有资源所能够生产的生产资料和消费品的各

种可能组合。生产可能性曲线凹向原点说明经济生活中一个事实:当人们打算增加生产消费品的数量时,为了获得消费品的等量增加,必须摈弃的生产资料数量就越大,即消费品的生产和生产资料的生产之间的边际技术替代率是递减的。AB 表示在一个特定时间点上的生产能力,静态效率要求经济制度在其生产可能性边界上运行,AB 曲线以外的各种组合是不可能的;AB 曲线以内虽

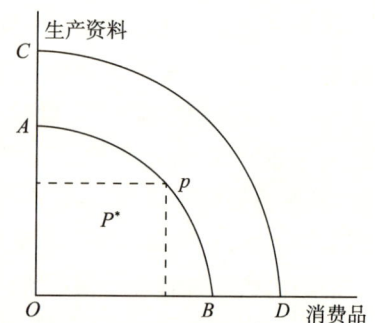

图 3.4　生产要素的动态效率

然可行,却是无效率的。一个经济制度具有生产能力 AB,却在 P^* 上进行生产,那它在静态上是无效率的,因为它可以移到 p 点,并且无须增加现有资源便可生产更多的两类产品。所谓动态效率,表示一个经济制度在不增加资本和劳动投入的情况下,随着时间的推移,提高了其商品和劳务的生产能力。动态效率可用边界 AB 向外移动到 CD 表示(现有的资源没有增加)。这种增长率是依靠制度自身创新完成的,即时间推移过程实际就是制度创新完成的过程。这也从另外一个方面说明,制度创新的绩效是尽可能大地扩大生产可能性曲线。

国家社会能力就是组合生产要素的制度能力,很大程度上取决于政府的制度创新。如果经济增长是各种生产要素综合作用的结果,那这个结果需要政府创造制度性的基础条件去实现最优配置。

(一)制度创新的实施路径

制度创新的目的是形成更加高效的政府治理结构以满足社会对公共物品和服务的需求,通过自身的行政体制改革,提供更加有效的产权安排和激励经济发展的公共政策,合理界定政府与企业之间在经济活动中的行为边界,降低市场经济主体之间的交易成本。通过对政府制度创新行为的分析,有助于提高地方政府的治理效率,降低行政管理的运行成本,并在政府治理变革中寻找到效益递增的发展路径。

地方政府推动的制度创新,实际上就是提供更加有效的产权安排和公共政策,减少因制度供给不足而造成利益主体之间界定契约和制

定规则而增加的交易成本，减少因存在制度成本而造成的经营风险。同时，合理界定地方政府与企业之间在经济活动中的行为边界，在委托—代理的社会治理结构中约束地方政府的治理行为，使地方政府更加有效地履行自己的公共事务管理职责，降低行政成本，提供能够满足民众社会需求的公共物品和服务。地方政府是制度创新的主体，具有利益最大化的行为动机和创新的风险意识。地方政府作为制度创新的主体，发起制度创新行为，是出于地方政府作为利益主体需要追求利益最大化的行为动机。同时，地方政府直接管理当地的社会资源，能够及时把握新制度安排的预期收益，在解决具体发展问题中推进制度变迁。将地方政府视为被动的制度供给者和市场经济的"守夜人"角色，显然不能解释地方政府主动参与市场经济活动和进行政治体制改革的趋利行为。地方政府的制度创新，不仅可以形成效率更高和成本更低的政府治理结构，而且还可以提高地方政府的公共财政能力。因此，地方政府主导的制度变迁具有收益大、风险小的优点，有利于制度安排的供求达到最优的社会均衡状态。

地方政府、社会中介组织、高校科研院所以及企业等共同参与形成协同创新网络。地方政府实施制度创新的目的，不仅是为了政府管理效能的提高和政府治理行为的利益最大化，还必须为经济社会发展提供新的发展路径和公共政策，实现地方政府制度创新的预期目标。地方政府的制度创新必须有社会其他利益主体的参与并共同推进，才能实现制度创新的交易成本减少和收益递增的行为预期。具体而言，就是要形成由地方政府引导，其他利益主体，如企业、高校科研院所以及社会中介组织等共同参与的协同创新网络。协同创新网络能够克服制度变迁中的路径依赖和创新行为的异化，创新主体在长期的正式或非正式的利益博弈、制度创新合作中形成相对稳定的关系网络，它们能够自觉地参与创新活动并进行合作分摊成本。在改革开放早期的制度创新过程中，这种以寻求利益最大化和寻找新的发展路径的创新网络，曾在突破中央与地方权力二元结构阻碍的制度创新过程中发挥了重要作用，增强了地方利益主体合作博弈和承受制度风险的能力。

地方政府的制度创新受到特定制度环境的支持和约束。地方政府制度创新能否取得预期收益并克服实践中的行为异化，取决于地方政府对整个制度环境的把握。制度环境是地方政府制度创新的制度基础和逻辑起点,制度创新行为既可以得到制度环境的支持,同时也受到现存制度环境的限制和约束;地方政府的制度创新行为既是对现存制度环境的合理超越,又是对现存制度环境规制行为边界的合理调整,这是制度创新行为合理性和合法性的体现。地方政府的制度创新不仅需要在既有的制度环境中进行调整和超越,又要立足于区域文化的特色,尊重民众的公共需求和行为选择。路径选择影响着地方政府推动制度创新的效果。

地方政府推动的制度创新,不仅有利于克服由于固有制度安排存在的路径锁定状态,为地方政府治理寻求新的制度空间和治理手段,在区域社会营造效率更高而成本更低的制度环境;而且也有利于实现地方政府公共管理的现代化,推动地方政府治理的廉洁高效运行,实现区域经济社会全面可持续发展。

(二)信息不对称与道德风险

利益主体信息是不完备的,而且利益主体之间拥有信息量的质与量是不同的,即利益主体的信息不对称,其关键原因在于信息传递遵循空间距离衰减原理。根据原理,空间距离和传递层次是影响信息传递质与量的主要因素。就空间距离而言,从信息源中传递出信息的接受率与距离呈反比关系,即信息的空间距离衰减原理,可用图 3.5 表示。

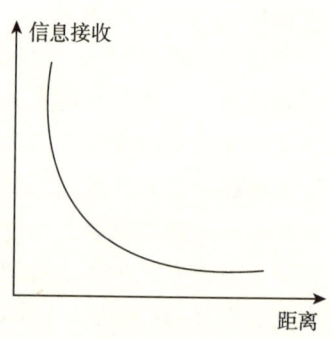

图 3.5 信息空间距离衰减示意图

信息的空间距离衰减导致协同创新系统中利益主体的信息不对称。在协同创新系统中,空间距离始终是存在的,利益主体所具有的关于另一个竞争对手的特征与行动的知识与该竞争对手对自身的了解显然存在差异。对于"利益人"而言,隐瞒信息以获取利益的机会主义行为倾向始终存在,相关倾向更加剧了距离阻隔对信息传递的抑制作用。这一逻辑推理可归纳为:距离导致信息衰减,信息源利益主体与信息接收利益主体信息不对称;属于不同空间的利益主体间客观上存在距离摩擦。因此,不同经济利益主体间的信息是不对称的。根据委托—代理理论,拥有信息优势的信息源属代理方,而信息接收方由于接收的是过滤信息而处于相对劣势,属于委托方。

本书研究认为,正是因为经济利益获得机制与规则不完善,才导致相关经济矛盾和冲突。经济利益获得机制是指在协同创新系统中各利益主体之间相互作用的过程与方式,其形成与变迁的主要功能是保证协同创新系统中利益主体具有充分的自利激励;经济利益获得规则是一系列既能激励协同创新系统中利益主体自利,又能约束其逐利行为以使其符合社会整体利益增进要求的规章制度。而经济利益获得机制与规则只能处于一个相对完善的进程之中,在不断完善的制度框架下加强合作,以实现个体利益与整体利益趋于最大化。

(三) 地方政府制度创新的动力机制

在市场经济条件下,特定经济区域总是力图追求本区域利益最大化。这里的区域利益通常是指本区域通过产业发展带来最大可能的吸纳劳动力就业、创造最大可能的附加价值、占领最广阔市场或在市场既定情形下占据最大市场份额。地方政府制度创新的动力机制来自系统内部的竞争与合作关系。竞争使系统不断趋于非平衡,合作则使系统某些趋势联合起来并加以放大,支配着系统的整体演化。特定经济区域的利益最大化由于区域制度环境不同,其博弈结果各异。这里以地区分割与地区开放两种情形为例深入研究地方政府制度创新的动力机制。

第一,地区分割情形。设相互分割情形下存在两个区域:地区 1 和地区 2,每个地区分别存在唯一的一家企业,以 1 和 2 表示;两个企业生产同质的产品,以 q 表示企业 i 的产量。相互分割情形下的每个地区都由该地区的企业垄断产品供给。设每一地区的需求函数存在如下线性形式:

$$p_i = a - 2q_i, i = 1, 2 \tag{9}$$

假定每个企业的单位成本为:$C_i(q_i) = c_i q_i, i = 1, 2$。企业的单位成本 c_i 是地区制度转型进程 J_i 的函数:

$$c_i = c_0 - bJ_i, 0 < J_i \leqslant 1, 0 \leqslant b < c_0, c_0 - b < a \tag{10}$$

地方政府 i 进行制度创新需要支付一定成本 T_i，设 T_i 满足如下关系：

$$T_i = d(J_i - J_{0i})^2 \tag{11}$$

其中，$d > 0, 0 < J_{0i} \leqslant J_i$，$J_{0i}$ 为地区 i 的初始制度状态。

进而设地方政府的净收益函数为

$$R_i = sq_i - T_i \tag{12}$$

其中，$0 < s < 1, T_i > 0$。式中第一部分是政府进行制度创新的收益，第二部分是政府进行制度创新的成本。设企业的行为目标是追求自身利润的最大化。地方政府的行为目标是追求包括自身净收益在内的利益集合最大化。封闭状态下不同地区的地方政府之间和企业之间不存在相互竞争。但是，同一地区的政府与企业之间进行完全信息动态博弈：

阶段1：地方政府 i 选择地方制度转型进程 J_i，以使包括自身净收益在内的利益集合最大化。

阶段2：企业 i 选择产量。给定地方政府选择的制度转型进程，企业 i 选择 q_i 以使利润最大化。

为了便于分析和比较，在此需要对模型的参数予以假定。具体来说，要求等式 $sb < 3d(1 - J_{0i})$ 成立。这一假定使得模型的解不会取角点解。该等式的含义是，地方政府从制度创新中可获得的收益较少，而制度创新的成本较大。这一条件意味着制度转型是一个渐进的过程。

先分析企业行为，厂商利润最大化的一阶条件分别为：

$$\frac{\partial \pi_i}{\partial q_i} = a - 2q_i - 2q_i - c_i = 0, i = 1, 2 \tag{13}$$

求解得：

$$q_i^* = \frac{a - c_i}{4}, i = 1, 2 \tag{14}$$

再分析地方政府的行为。给定企业的最优产量，地方政府利益集合最大化的一阶条件为：

$$\frac{\partial R_i}{\partial J_i} = s \frac{\partial q_i^*}{\partial c_i} \frac{\partial c_i}{\partial J_i} - \frac{\partial T_i}{\partial J_i} = \frac{sb}{4} - 2\mathrm{d}(J_i - J_{0i}) = 0 \qquad (15)$$

求解得:

$$J_i^* = \frac{sb + 8\mathrm{d}J_{0i}}{8\mathrm{d}} \qquad (16)$$

$$q_i^* = \frac{8\mathrm{d}(a - c_0 + bJ_{0i}) + sb^2}{32\mathrm{d}}, i = 1,2 \qquad (17)$$

第二,地区开放情形。假设地区之间相互开放,产品市场一体化。根据前面的需求函数,可得到统一市场的需求函数为:

$$P = a - (q_1 + q_2) \qquad (18)$$

在开放条件下,企业之间和地方政府之间的竞争博弈可以描述为:

阶段1:两个地方政府进行转型进程博弈。给定其他决策人的决策,每个地方政府选择本地制度转型进程以使利益集合最大化。

阶段2:两个企业之间在产品市场进行古诺博弈。给定其他决策人的决策,每个企业选择本企业的产量以实现利润最大化。

为求解子博弈精炼纳什均衡,可从第二分阶段的古诺博弈开始求解。在开放条件下,企业利润最大化的一阶条件分别为:

$$\frac{\partial \pi_j}{\partial q_i} = a - q_j - 2q_i - c_i = 0, i \neq j \qquad (19)$$

反应函数分别为:

$$q_i^* = R_i(q_j) = \frac{1}{2}(a - q_j - c_i), i = 1,2, j = 1,2 \ i \neq j \qquad (20)$$

求解反应函数可得:

$$q_i^* = \frac{1}{3}(a + c_j - 2c_i), i = 1,2, j = 1,2 \ i \neq j \qquad (21)$$

给定企业的最优产量,地方政府利益集合最大化的一阶条件为:

$$\frac{\partial R_i}{\partial J_i} = s \frac{\partial q_i^*}{\partial c_i} \frac{\partial c_i}{\partial J_i} - \frac{\partial T_i}{\partial J_i} = \frac{2sb}{3} - 2d(J_i - J_{0i}) = 0 \quad (22)$$

求解得:

$$J_i^{**} = \frac{sb + 3dJ_{0i}}{3d} \quad (23)$$

$$q_i^{**} = \frac{3d(a-c_0) + sb^2 + 3db(2J_0 - J_{0i})}{9d}, i=1,2, j=1,2 \ i \neq j \quad (24)$$

比较式(24)和(16),可以看出:$J_i^{**} > J_i^*$。

由式(14)可得:

$$\frac{\partial(sq_i^*)}{\partial J_i} = \frac{sb}{4} \quad (25)$$

由式(21)可得:

$$\frac{\partial(sq_i^{**})}{\partial J_i} = \frac{2sb}{3} \quad (26)$$

$$\frac{\partial(sq_i^{**})}{\partial J_i} = \frac{sb}{3} \quad (27)$$

式(25)和式(26)反映的是在封闭条件和竞争条件下,地方政府进行制度创新的边际收益。比较上述两式可知,在开放条件下制度创新的边际收益大于封闭经济条件下制度创新的边际收益。式(27)表明在开放条件下,当一个地方政府固守原有制度,而另一个地方政府进行制度创新时,固守原有制度的地方政府的收益便会减少。地方政府竞争之所以会促进制度变迁,是因为在开放条件下,产品市场的竞争改革了地方政府制度创新的成本和收益状况,使制度创新的收益增加,而固守原有制度的成本也增加,因而增加了地方政府进行制度创新的动力和压力。从另一个角度来看,风险和外部性是制度变迁的重要源泉。在开放条件下,地方政府的竞争增加了各自面临的风险和外部性。因此,理性的地方政府会进行制度创新以减少风险和外部性,从而加快制度转型进程。

由式(16)可以看出,当制度创新的边际成本超过$\frac{sb}{4}$时,该项制度便不会被推行。然而,由式(24)可知,只要制度创新的边际成本不超过$\frac{2sb}{3}$时,该项制度便会被推行。这一比较的意思是,一些在封闭条件下不可能选用的制度,在竞争条件下,由于地方政府的竞争有可能被选用,原来难于进行的改革,在开放条件下便可能会容易进行。这是因为开放条件下,一方面会使收益增加,另一方面也可能转嫁制度创新的成本。当地方政府能从本地产出中获得更多的收益份额时,地方政府制度创新的积极性便会提高。

地方政府提供的制度安排是影响企业生产效率和成本的重要因素之一。然而地方政府进行制度创新也取决于制度创新的收益和成本的比较。在开放条件下,企业之间在产品市场中的竞争会增强地方政府间的竞争。与封闭条件相比,地方政府竞争会加快区域制度转型进程。这是因为在竞争条件下,制度创新的收益增加,维持现状的成本增加。在竞争压力下,地方政府更加倾向于进行制度创新。分析表明,竞争使地方政府所能接受的制度创新成本增加,因而在封闭条件下不可能实现的制度创新,在开放条件下便可能实现。开放度越高,地方政府的竞争与区域经济协调发展的空间越大,市场竞争越激烈,地方政府制度创新的积极性越高。在开放条件下,地方政府对于其他变量发生变化的反应相对更加敏感,在变量发生同样程度的变化中,开放经济条件下所导致的制度变革会大于封闭经济条件下的制度变革。

三、建立互助合作机制,促使协同创新系统完善

地方政府合作的过程是各参与方获得共同利益的过程,在实现共同利益的基础上,各方凭借自身参与协同创新系统发展所投入的成本获得收益。政府作为地方利益的代表,建立互助合作机制能够获得更多的财政收入,进而提升地方经济实力和增加社会福利。在地方政府合作的初始阶段,协同创新系统不是很完善,政府与企业之间的互动成为系统发展的主要动力。一方面,企业在生产要素优化配置基础上实现利益共享,推进不同产业价值链上的企业扩展链条宽度、延长链条长度,实现企业跨地域重组,在垂直分工体系的基础上共同获取利益。另一方面,政府宏观主导下的创新环境,有

利于创建协同创新市场、实现信息要素的区域共享,进而化解行政壁垒,降低区域交易成本,为企业实现要素优化组合创造条件。

地方政府间的合作机制通常是指在中央政府的政策引导下,各地方政府基于共同利益达成共识,运用制度资源、组织载体和相关运行准则来保证各种合作行为达到预期目标的配套制度安排。互助合作机制可以有效地提升区域创新能力,促进协同创新系统的不断完善。

(一)地方政府的合作前提

地方政府合作既是两个或多个行政区相互协调的共同行动,更是一种政治经济行为。推动地方政府合作的基本动力是谋求经济利益和社会效益。众所周知,生产要素禀赋在区域间存在较大差异,生产要素禀赋的差异性通常会直接反映到生产要素的价格体系和收益体系之上。禀赋充裕的要素在一个区域价格较低,密集使用该类要素的收益也较低;相对稀缺的要素价格较高,收益也相对较高。因此,生产要素一般总是从价格较低的地区流向价格较高的地区,从收益较低的地区流向收益较高的地区,从而促使合作的产生。在当前我国市场经济不断深化的条件下,这种利益诱导机制通过民间渠道逐渐形成;与利益诱导机制相呼应的是地方政府对经济发展目标的追求,尤其在工业化发展进程中,区域内的经济协调联系不断加强,形成了共同目标愿景。从这个角度来说,地方政府合作的根本动因在于通过生产要素跨区际流动和资源优化配置实现更大的经济利益和社会效益。生产要素的跨区际流动目前主要表现为劳动力要素的流动、资本要素的流动和技术要素的流动。

1. 劳动力要素流动

目前,区域之间的劳动力流动主要存在两种形式:一是居住地变更,即人口迁移;二是居住地不变而工作地点变动,即跨区域就业。影响劳动力迁移或跨区域就业的原因主要包括主体的行为、来源区域和目标行政区域所具有的环境条件以及行政区域之间存在的进入障碍等。工作地和居住地流动决策的前提是个体对所在行政区域的经济、社会状况不满和对所选择区域的认识,他们期待在另一区域能够更好地实现个人需求。对区域收益差别的认识能力取决于行为主体掌握信息的状况,这通常受现有通信联络系统的影响,也就是接受相关信息的意愿、开辟联络渠道的能力和来自另外区域的信息刺激强度的影响。一般来说,对所在区域的劳动和生活条件的不满程度越大,对区域之间收益差别了解越多,空间流动的可能性也就越大。在经验研究和理论研究中,确定区域之间的收益差别的主要指标有:收入、工资水平、生活成本、就业结构、提供的工作岗位、区域化水平、居住状况、文化设施、社会地位等。在经济理论研究中,更多地把工资水平或提供的工作岗位视为劳动力空间流动的决定因素。一般认为,劳动力通常从工资水平低的区域向工资水平高的区域流动,或者说从劳动力过剩区域向劳动力稀缺区域流动;区域之间的差别越大,流动程度就越高,而经济以外的因素如距离等流动的空间障碍影响相对较小。

2. 资本要素流动

资本要素的流动在生产要素的流动中占据重要位置,因为资本是产业发展的主要驱动力。一般来说,资本具有两种存在形式:一种是实物形式的资本,如厂房、设备等;另一种是货币形式的资本,是为转换实物资本所准备的资金。同劳动力流动的影响因素类似,影响资本流动的原因主要包括投资主体的行为、来源区域和目标行政区域的投资环境以及现存的流动障碍等。投资者追求的是利润最大化,区域之间的利润率差别是资本空间流动的决定性因素。因此,资本往往从利润率低的区域流向利润率高的区域。

3. 技术要素流动

除了劳动力和资本要素外,技术进步是决定协同创新系统发展的重要因素。新技术知识的形成、运用(创新)及推广(扩散)本质是一个时空演化过程。技术要素在区域间的流动取决于来源区域发明者的输出愿望、目标区域潜在接受者的接受意愿以及信息渠道的提供能力。技术要素在区域间的扩散通常存在三种类型:波浪式扩散、辐射式扩散和等级式扩散。波浪式扩散与距离有关,技术要素首先从发源的中心地向腹地扩散,并通过人际联系进一步深入。技术要素也可以沿着创新中心向外离心的联络路线扩散,这种空间扩散模式表现为一种辐射形式。等级式扩散是以依赖于等级为特征的,其技术要素的扩散呈现为跳跃式,并遵循中心地等级体系。

(二)地方政府的合作策略

以 A、B 两个地方政府作为博弈的双方,将地方政府是否选择合作行为视为一个博弈过程。假设在博弈中,双方具有完全的行为理性,且具有完全的信息,即各自不仅完全知道自己每个行为的收益,而且也完全知道当对方选择某种行为策略时的收益以及应对策略。另外,双方具有相同的行为策略空间:合作与不合作。合作行为表示 A、B 双方愿意为赢得发展机遇共同利用开发资源、优势互补,不损害对方的利益。不合作行为表示各方为自己暗地谋取利益。因此,双方可能存在四个行为策略组合,地方政府博弈得益矩阵如图 3.6 所示。

		B 地方政府	
		合作	不合作
A 地方政府	合作	r_1, r_1	r_2, r_3
	不合作	r_3, r_2	r_4, r_4

图 3.6　地方政府博弈得益矩阵

在得益矩阵中,当一方不合作而另一方合作时,不合作的一方不仅获得比合作方高的收益,而且由于不合作一方在对方合作的同时,利用对方的合作谋取了额外收益,因此不合作方的收益 r_1 不仅高于合作方的收益 r_2,而且也高于双方都合作时的收益 r_3。如果合作的一方采取合作行为,当对方不合作时,会导致自己利益受损,因此 $r_3 > r_1 > r_2$;均不合作时收益为 r_4,且 $r_1 > r_4 > r_2$,这可以理解为如果双方均不合作,均可以有防备地保护自己的利益,虽然收益不高,但不至于在自己未采取防备策略时因对方不合作而侵占自己的利益。上述 A、B 双方博弈组合策略是一个典型的囚徒困境类博弈。一次博弈的结果只有唯一的一个纳什均衡,策略组合为(不合作,不合作),收益为(r_4, r_4),不会出现(合作,合作)策略。如果将一次博弈扩展为有限次完全且完美重复博弈,根据博弈理论对有限次完全且完美重复博弈定理,对存在唯一纳什均衡的博弈而言,有限次完全且完美重复博弈的结果是一次博弈均衡结果的简单反复。如果将这个博弈扩展为无限次重复博弈,由于无限次重复,此将涉及对未来价值的时间价值判断问题,存在时间因子。

设 A、B 两个地方政府的时间因子相同,都为 $\lambda(0 < \lambda < 1)$。λ 越接近 1,表示博弈方对未来收益的价值评价与当前收益相近;λ 越接近 0,表示

博弈方对未来收益的价值评价不高。假设博弈双方先选(合作,合作)策略组合,如果有一方在某一阶段选择了不合作策略,将引起"触发策略",从下一阶段开始以后所有阶段中,对方肯定也选择不合作策略,双方只能以不合作策略应对对方的不合作策略。因此,一旦有一方某次选择不合作策略,以后将永远选择不合作策略,即双方此后均衡的策略组合为(不合作,不合作)。从而,A、B 双方将会在对选择合作与不合作策略下所得收益进行比较之后加以选择。

如果选择(合作,合作)策略组合,则一方的总收益 R_1 为:

$$R_1 = r_1 + \lambda r_1 + \lambda^2 r_1 + \lambda^3 r_1 + \cdots$$
$$= r_1 + \lambda(r_1 + \lambda r_1 + \lambda^2 r_1 + \lambda^3 r_1 + \cdots) = r_1 + \lambda R_1$$

所以,$R_1 = r_1/(1-\lambda)$

如果某一阶段有一方选择不合作策略,从而引发"触发策略",另一方以后也选择不合作策略,先选择不合作策略的一方的总收益 R_2 为:

$$R_2 = r_3 + \lambda r_4 + \lambda^2 r_4 + \lambda^3 r_4 + \cdots$$
$$= r_3 + \lambda r_4(1 + \lambda + \lambda^2 + \cdots) = r_3 + \lambda r_4/(1-\lambda)$$

当 $R_1 > R_2$ 时,将选择(合作,合作)策略,解上式得:

$\lambda > (r_3 - r_1)/(r_3 - r_4)$ 时,双方采取(合作,合作)策略组合。

上述 λ 取值特点说明,只要 λ 足够大,双方就能够采取合作行为,从而取得合作收益。因此,博弈走出了不合作困境。由分析可知,合作之所以能够出现,主要原因是 A、B 双方可能再次相遇,同样或类似情形将再次出现在双方未来的博弈之中。对未来的这种期望或担心意味着现在做出的选择不仅决定当前的博弈结果,而且还影响着地方政府 A、B 未来的选择。因此,未来影响当前博弈的局势,即存在一个时间因子 λ,只要 A、B 双方看重未来得益,看重合作能够给双方带来较大的得益,当前合作就成为可能。

(三)地方政府的合作机制

政府合作机制是协同创新系统有效运行的重要途径。在政府利益独立化的制度背景之下,合作行为是一种利益驱动下的战略选择。政府合作框架必须是基于各地的共同利益之上,并且使地方政府意识到只有选择合作策略才能增进和分享共同利益。因此,基于共同利益的追求,政府合作机制的建构应围绕以下领域进行。

1. 构建统一协调的市场竞争规则

统一协调的市场竞争规则对协同创新系统的有效运行至关重要。如果没有规则的支撑,就无法在大市场范围内协调政府行为,无法限制地方政府主导的盲目重复建设冲动,无法使市场主体进行充分、有效和公平的市场竞争,无法防止市场竞争被行政权力和垄断势力扭曲,无法实现资源的有效配置。因此,政府应建立统一的非歧视性原则、市场准入原则、透明度原则、公平贸易原则;逐步取消妨碍市场一体化的制度与政策规定,取消妨碍商品、要素自由流动的壁垒和歧视性规定,促进市场经济体制的发展和完善。

2. 建立制度性的组织协调机构

为了消除局部利益对区域共同利益的侵蚀,必须在行政区分立的基础上建立区域协调机制,在保障共同利益的前提下制定具有约束力的政策和制度规范,实现组织体系内的协调与管理。缺乏统一的跨区协调管理机构,区域合作很难进入实质性阶段;没有明确的协议或制度,很难保证地方政府在追求地方利益的同时不会对共同利益产生影响。框架性制度结构必须建立在相关地区自愿合作的基础之上,是一种对各地均具有明确约束性的协调机制。

3. 实现基础设施建设的一体化

基础设施是推进协同创新系统发展的前提。没有基础设施的一体化,不仅使现有的资源与设施空置浪费,而且也极大地影响生产要素的自由流动,增加交易成本。目前,由于受条块分割体制的影响,基础设施很难实现"无缝隙"衔接,甚至地区之间竞相追求大而全、小而全,严重制约了区域经济效率的提升。地方政府合作机制可以通过数理方式进行说明。假设在市场竞争合作过程中,己方收益为 x,对方收益为 y。

$$\begin{cases} x \geqslant 0 \text{ 且 } y \geqslant 0, \text{赢利} \\ x < 0 \text{ 且 } y < 0, \text{亏损} \end{cases}$$

一般而言,竞争与合作是同时存在的。以 $x+y$ 代表双方的合作,以 $x-y$ 代表双方的竞争。如果己方与对方都是理性的,依据不同的条件,可以对竞争合作结果进行如下分析：

己方可接收空间 $\begin{cases} x \geqslant 0,己方赢利 \\ x+y \geqslant 0,双方合作取得成功 \end{cases}$

己方理想空间 $\begin{cases} x+y \geqslant 0,双方合作取得成功 \\ x-y \geqslant 0,己方取得相对竞争优势 \end{cases}$

在竞争合作过程中,己方赢利是最基本的底线。在此前提条件下,如果双方总收益大于零,则合作可以继续;而己方的理想空间,则不但要求双方合作取得成功,还要求己方相对于对方获得更大的收益。显然,对方的分析结果也必然如此。对于理性的己方,也必然要考虑到对方收益大于零的基本底线。

己方最优空间 $\begin{cases} x+y \geqslant 0,双方合作取得成功 \\ y \geqslant 0,对方赢利 \\ x-y \geqslant 0,己方取得相对竞争优势 \end{cases}$

地方政府合作的共赢目标实质上是达到一种平衡,范围内的成员在能量交换过程中寻找稳定均衡点。根据地方政府合作机制的仿生性和特异性,地方政府合作的系统非均衡模式可以表示为图 3.7。

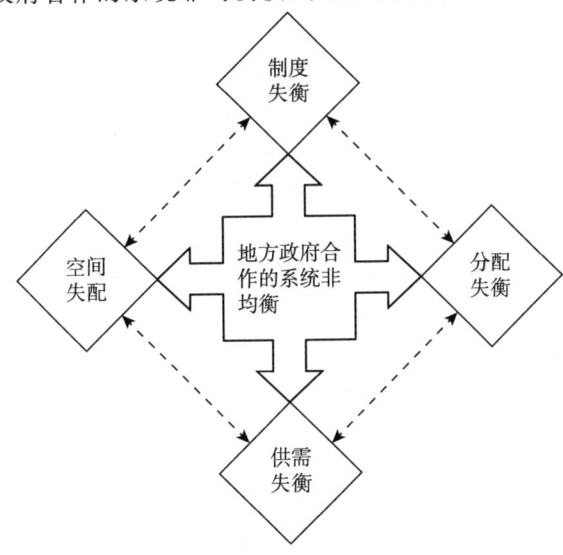

图 3.7　地方政府合作的系统非均衡性模式

一般来说,地方政府合作形式比较复杂,而制度失衡增加了管理上协调的难度,参与方的管理水平需要达到一定的水平才能够适应。地方政府合作的供需失衡问题主要表现在主体和客体之间的供给和需求没有达到均衡,这需要双方在合作基础上对市场进行有效分析和引导产业健康发展。空间失配主要表现为与自然环境的关系非均衡。在分配失衡方面,回报率可能成为双方颇有争议的问题,这需要双方合同约束和不断地沟通协调。地方政府合作的系统管理路径选择如图3.8所示:

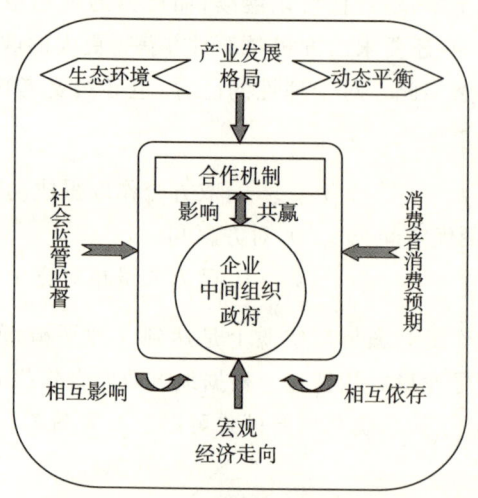

图 3.8 地方政府合作的系统管理图

地方政府合作的系统管理路径可以从两个方面实施:首先,柔性化其合作边界。柔性能根据环境的变化迅速调整思路,避开威胁,并具有适应不同情况的能力。合作边界的柔性化是指地方政府可以根据自己的比较优势和比较劣势来调整行动范围,使各方达到资源的最优配置和高效率。其次,构建合同网络平台。合作中很多细节需要合同来约束。合同网络平台是一种组织分析结构(OBS),其功能是具体展示合作单位的工作要素。此外,失败案例也是资源,需要从中总结经验和教训,建立相应案例数据库,对案例进行分类,并进行案例总结,在合同签订时,可以在相应的数据库里找到对应的内容,作为参考数据和计算模型。同时,随着现代信息理论和技术的不断发展,信息技术在合同管理中的应用不断深入,信息系统和专家理论系统的建立和不断完善为建立模型及相关的数据库提供了方便和参考。

第三节 协同创新系统中政府职能优化

协同创新与一般意义上的技术创新相比,更强调各种创新主体之间的合作,因此协同创新系统的重要特征就是网络化。政府、企业、高校与科研机构是协同创新系统的重要节点,各种服务机构和中介机构是连接各个节点的联络者。协同创新系统中政府职能优化要求建立一个与经济转型、社会转型相适应的、强调竞争与合作的现代政府,其实质是政府角色的再生和释放,是政府职责和功能的变化、转换与发展。

一、营造创新环境

(一)转换政府职能

政府的职能需要从直接组织创新活动为主转向以宏观调控、创造条件和环境及提供服务为主,以多种方式扶持、引导创新。为此,政府应该加快机构改革,梳理管理体制,进一步明确职责,减少部门垂直组织的层次,增加组织中要素的网络化联系。做好规划指导、财力支持、政策激励、培育市场、提供保护、聚集人才、综合服务等方面的工作,强化政府的指导作用。与此同时,政府需要完善市场激励机制,优化创新资源配置。市场的发育程度、规范程度和运行效率对创新活动具有重要影响。发挥市场机制对创新的激励作用应从以下四个方面入手:一是完善投融资体制,建立风险投资机制,扶持科技型中小企业发展。二是改革人才流动机制,以人才流动带动知识流动。三是建立和健全包括人才市场、技术市场、信息市场、生产力促进中心和成果推广机构在内的创新服务体系,强化各类市场的宏观管理,加强各类中介机构之间的联系与合作,使之为协同创新系统要素之间的互动起到桥梁作用,为知识和人才的流动、科技成果的转化提供有效途径。四是政府需要加强组织体系的建设,为协同创新提供组织保障;通过宣传协同创新政策,奖励技术创新示范企业,以调动创新主体的积极性和热情,为协同创新提供舆论保障;健全市场机制条件下的创新投入机制,不断完善以财政为引导,企业为主体,金融为支持的全社会多层次、多形式的科技投入、创新投入体系,为协同创新提供物质保障。

(二) 构建创新平台

协同创新平台实质上就是产学研合作的空间。构建协同创新平台的主要内涵就是产学研合作机制的建立。协同创新过程是多个组织合作的过程,其中产学研合作是创新活动的最重要的一种形式。产学研合作机制的建立,能够使企业与大学、科研机构之间依靠双方的利益驱动机制使各自创新能力得以充分发挥,使产学研密切合作的创新体系在创新政策的支持下高效运作。同时,产学研合作机制的建立和运作,为协同创新系统充分发挥效用奠定了基础。

一是技术平台。技术平台的原意是指在某一产品领域内,设计、生产和制造一系列相关产品可以共同利用的技术,包括技术原理、设计方法、生产工艺及关键设备等,它是技术因素占据主导地位的平台。由于协同创新的最大特点表现为多种科学技术的集成和多种设计方法的集成,以技术为核心的产品创新能够使企业源源不断地推出档次更高、质量更优的新产品,持续不断地提高企业的技术开发能力和水平。因而,产品开发中多技术的集成界面就构成了协同创新活动的技术平台。

二是信息平台。协同创新活动是建立在整体概念基础上的以市场为导向的系统工程,它贯穿经济活动的全过程。协同创新需要集成管理各种产品构思、设计、制造和销售过程中需要和产生的全部数据,并通过信息模型和数据库管理系统实现数据交换和共享。信息平台是协同创新的支撑系统和工作平台,它将分散在每个环节、每个部门、每个员工中的信息,以及隐含在企业与外界包括供应商、经销商、顾客、社会媒体、政府部门等机构和群体交流中的信息进行编码化,能够促进开发过程中内部信息的交流、各部门之间以及部门与外界之间的信息交流。

三是创业平台。创业平台是协同创新体系的核心。提升产业发展水平,推动国民经济"主战场"的发展是协同创新系统建设的最终目标。因此,搭建创业平台,积极推进科技产业化是建设协同创新体系的核心内容。由于中国企业的创新能力相对较弱,未能在国家创新体系中起到主体作用,无法承担应有的责任。高校通过实施高新技术产业开发和大学科技园区模式,以提供咨询服务、专利授权、合作研究开发、建设高校科技园、企业孵化器等多种技术转移、技术服务形式,积极同产业建立紧密联系,取得了令人鼓舞的成就。现在已有40余家国家大学科技园挂牌,涌现出北大方正、清华紫光等一大批知名企业。尽管如此,与发达国家的大学相比,我国高校科技成果的转化率并不理想。高校科技成果转化必须强化市场概念,即按照现代市场规律办事,它是创新平台建设的目的和方向,是中国高校建设科技创新产业化平台的必由之路。

四是管理平台。管理平台主要是指从事协同创新活动的工具、设备、技术手段、组织结构以及指导产品创新活动的思想、观念、方法以及管理实施程序等。它可以通过基础体系过程中单元的合理组合,构建具有高集成度的集成界面和相应集成环境来推动协同创新活动。协同创新的成败很大程度上取决于管理平台的运作效率。它集成各种管理职能、管理方法和管理行为,是促进协同创新活动系统有序运行的基础载体和影响开发过程效率的最大的环境背景要素。

(三)加强宏观调控

在协同创新系统演化过程中,仅靠市场机制的调节是不够的,需要加强政府的宏观调控,增强协同创新系统的牵动力。在产业发展过程中,政府作为理性的"经济人",出于对地方利益的追求而形成的重复建设、恶性竞争问题,基础设施不协调问题,生态保护与环境污染等问题,单纯依靠市场机制的调节往往很难奏效。因此,应当坚持"市场主导、政府推进"的原则,加强政府对协同创新系统的宏观调控。从宏观调控的职能来看,适度的宏观调控能够有效增强协同创新系统的牵动力:一方面,政府可以通过制定有利于产学研合作的产业政策、财政税收政策和货币政策为协同创新系统提供诱导力;另一方面,政府通过制定产业发展规划、规范市场秩序、提高政府服务水平、创造经济协调发展的良好环境等措施推进协同创新系统发展。同时,政府通过出台和完善协同创新的相关法规等方式,增强协同创新系统的驱动力。从中国现有宏观调控体系及调控效果看,政府对协同创新系统的宏观调控有待进一步加强和完善。产业合作方面,尚没有形成合理的分工体系,产业结构雷同现象仍很严重。除此之外,金融合作体系还不完善,基础设施协同建设很难落实。国家在宏观政策上应鼓励企业进行以资本为纽带的跨地区、跨行业的联合兼并,引导企业按市场规律进行跨行政区的优化组合以形成能够充分发挥区域优势的产业分工格局。

二、优化产业布局

政府在进行职能转变的过程中,应从增强产业创新能力的角度出发,开发和扶持具有竞争力的产业,注重企业联系和企业横向结网,增强协同创新系统的内生力量;在引进外资和技术时,应着眼于增强产业结构的层次和水平,鼓励资金投向创新能力强的产业和企业,不能仅仅关注于开发多少个新的产业项目、创造多少新的就业机会。鉴于此,政府应当在加快产业结构调整、重塑产业发展模式、完善产业政策体系等方面有所作为。

(一)加快产业结构调整

一方面,需要引进先进技术改造传统产业,积极发展现代制造业,重视发展零部件专业化生产体系,加强产业集群化建设;依托科技优势,完善技术创新机制,以高新技术改进电子信息、石油化工、车辆制造等传统优势产业,促进高新技术与传统产业的融合,提高产品的科技含量和附加值。同时,建立高新技术产业化创新体系,积极发展电子信息、通信设备、生物医药、新材料等产业,实现大学研究机构与企业生产协同创新,建设"高新技术研究开发—产品生产—市场销售"的完整高新技术产业链。另一方面,需要改造传统服务业,积极发展面向协同创新的现代服务业,培育物流中心、现代服务中心和科技研发中心,将制造业和服务业共同作为经济增长的引擎。同时培育高端核心产业,形成核心技术产品和优势产品,提高产品在市场上的占有率和竞争力,最终提高企业组织化程度,形成一批具有品牌效应并对经济具有持久支撑能力的大企业、大集团。

(二)重塑产业发展模式

通过采取集群政策这种介于市场与等级之间的新型经济发展组织形式,把关注的目标从一般的产业部门拓展到产业链,提升产业群综合竞争力。消除妨碍生产力成长的障碍，强调通过竞争来提升企业效率。政府需要从支持企业或产业，转变为支持产业链和产业群，通过改善各种软硬环境，支持发展产业链、产业群中的配套产业、服务业及下游产业，为相关或相近企业形成产业链创造条件，推动本地单一产业形成产业群，推动产业链的纵向横向扩张和延伸，形成跨市跨省的产业群。在培养大企业、大集团的同时，重视培养中小企业集群。国内外经济发展的历史经验表明，中小企业是经济发展活力之源，中小企业集群是一种有效的产业发展组织形式。制度设计的目标是为企业、高校、科研机构、中介组织等分工协作创造必要的条件，尊重其市场经济主体地位，而非以行政强制手段"拉郎配"；政策设计的方向应以诱致性政策代替强制性政策，充分发挥市场机制的决定性作用，将政府职能定位于提供基础设施和公共服务设施以及优质服务，弥补市场缺陷和纠正市场偏差。

（三）完善产业政策体系

在当前国际市场竞争激烈、产业转移加速的背景下，协同创新系统需要通过政府的干预和宏观调控机制加以规范和推动，才能实现产业结构的合理调整、技术创新的有效进行。因此，建立完善的产业政策机制迫在眉睫，这需要政府在以下政策领域有所作为：第一，产业组织政策融合。由于协同创新系统内部各产业资源禀赋和发展水平存在差异，导致各企业生产要素构成比例不尽相同，这决定了比较成本优势上的差异，产业组织政策的融合使不同地区不同规模企业之间交流与合作的障碍减少，可以增强产业内部联系，有利于形成规模经济和范围经济。跨区产业网络使大型企业集团和跨国公司可以集中力量于主要工序或核心技术，中小企业为核心企业进行配套生产的同时参与国际竞争，跨区网络有利于协同创新系统整体竞争力的增强。第二，产业结构政策融合。产业结构政策的融合可以使地方政府集中力量发展具有比较优势的产业，促进产业分工专业化，避免单个产业选择的盲目性，同时有利于实现不同发展程度的产业之间的转移。

三、提高创新能力

创新是一项具有巨大外部经济性的活动，由于创新投入高、周期长、风险大,创新主体在没有足够大激励和足够强风险承受能力的情况下,不会贸然实施创新。因此,政府应制定相关科技、经济、产业、财政、税收、教育、知识产权保护等政策法规,激励和规范创新主体行为,促进创新活动的有效进行。鉴于此,政府需要推行一系列创新举措,提高创新能力。

(一)提升协同创新系统要素创新能力

协同创新系统各要素自身的创新能力是决定系统整体创新能力的基础。企业、科研机构、大学和政府具备良好的运行机制,才能提高自身的创新能力。为此,一是要建立现代企业制度,使企业真正成为技术创新主体,自主进行创新决策,分享创新收益,承担创新风险。二是要转变政府职能,采用以间接方式为主的宏观调控手段,减少政府对企业的行政干预,同时加强法制建设,为创新活动提供制度保障。三是要加大对知识创新的投入,有重点地建设一批知识创新基地,包括科研机构和教学科研型大学,使其为经济发展提供强大的知识支撑和科技储备。

(二)加强协同创新系统要素间互动

协同创新系统要素间的互动能够有效促进知识融合,降低创新风险,减少创新成本,加快创新速度,提高创新效益,提高协同创新系统的整体效率。创新要素间的互动关键在于加强企业之间、企业与科研机构、企业与大学之间的联系,发挥中介机构的桥梁作用,促进政府各部门间的协调。产学研合作创新可以将企业、大学、科研机构的优势有机结合起来,是推动创新活动的一种有效方式。企业需要针对自身需求和条件,充分利用外部技术优势,弥补自身创新能力的不足,避免盲目投入和重复开发,降低创新风险。科研机构应该自觉面向市场,加强与企业的合作,针对企业的技术需求,组织技术攻关,促进科技成果快速转化;同时,深化内部改革,引入竞争机制,促进相关科技力量进入企业,鼓励应用型科研机构与企业联合或直接创立科技企业,改变科技力量游离于市场之外的局面。

(三)建立以企业为重心的协同创新系统

在协同创新系统中,创新主体包括企业、科研机构和高等院校等,但企业是技术创新和科技投入的主体,企业创新是重心。然而,我国传统科技创新体制是以政府为投资主体,高等院校及研究机构依照政府下达的任务从事科学研究,取得成果后再转让于生产企业以实现其经济价值。这种体制使投资、研究开发与生产三方彼此独立、相互分离,造成了企业创新动力与创新能力匮乏,科技与经济脱节。协同创新系统就是要确立企业、科研机构和高等院校的创新主体地位,理顺创新主体之间的关系,建立以企业为重心的科技创新体制。其中,企业不仅应是知识应用的主体,而且应成为技术创新活动的主要承担者,其他要素以企业为重心开展广泛联系,科研机构和高等院校的知识创新为企业的技术创新提供基础和源泉,高等院校等机构传播知识,为企业和社会输送高素质人才。

第四章　政府引导下协同创新系统运行分析

政府引导下协同创新系统的运行具有战略性、前瞻性以及区域性,能够有效地将合作目标聚焦于区域经济发展和企业科技成果转化。在协同创新系统运行过程中,企业和高校或科研院所首先要选择合适的协同创新伙伴、签订符合双方利益的合作契约和协议,该过程不可避免地产生交易成本,而双方在知识技术资源转移和共享中存在机会主义风险,利益分配矛盾难免。此时需要政府的制度安排和规制,具体包括政府政策、法律规章、产权保护等。政府政策引导与扶持能够有效改善创新收益外部性和成本内部性等问题。本章重点分析了政府引导下协同创新系统的知识转移、基于战略联盟的企业协同创新模型,深入研究了政府引导下协同创新系统路径锁定与解锁、风险控制等问题。

第一节　政府引导下协同创新系统知识转移

一、协同创新的分工与合作

近年来,中国创新项目立项数量逐年增多,但是在合作创新成果应用方面却没有取得突破性进展。综合研究现状分析,本书认为导致这种现象存在的主要原因之一是产学研内部的运行机制问题,即企业、高等院校、科研院所之间的分工与合作机制需要优化。经过若干年的探索与尝试,国内协同创新在组织模式上已经基本形成符合中国基本国情、满足创新基本要求的一系列形式,但是协同创新的分工与合作机制亟须进一步完善。

在以企业为主导的协同创新过程中,企业基于对经济利益的不懈追求,通常居于协同创新的强势地位,其在协同创新主体选择、合作组织内部结构、协同创新成果转化以及利益分配机制设计等环节都发挥着决定性作用。高等院校和科研院所以企业要求为基础,利用自身的人才和技术优势,开展科技创新活动,并最终交付研发成果,同时获取相应的报酬。除明确分工,产学研各合作方之间同样需要协调合作,各取所需。首先,需要由企业牵头,就协同创新活动的目标、期限、费用、知识产权归属等问题达成一致意见。其次,需要由高等院校和科研院所与企业合作,通过有效的方式将创新成果顺利转移到企业,通过企业来实现成果的市场化和产业化。这种组织模式的协同创新行为类似于市场行为,各合作主体的行为以诚信为基础,以契约为纽带。但是,在企业与学研方之间存在一定程度的信息不对称,缺少较为安全和高效的平台进行相关信息交流,这就需要第三方从外部进行支持,而政府是促使企业与研究机构实现快速有效地对接、解决信息不对称问题的最佳选择。当协同创新以提升产业整体技术创新能力为目标,围绕国家战略性产业的关键共性技术开展科技研发活动时,由于课题难度大、研发周期长、资金需求多,仅靠企业及研究机构的力量难以支撑整个项目,此时政府的外部支持更是必不可少。

在以科研单位为主导的协同创新中,高等院校和科研院所充分利用自身人力资本、知识、技术以及信息资源优势,承担科技创新活动的职责与风险,提供企业发展所需要的核心技术,因而居于协同创新的强势地位,能够直接干预协同创新活动的部分环节或者全过程。简单来说,高等院校和科研院所负责研发和技术支持,而企业在合作中的职责较为简单,主要是充当业务实习基地或成果实验基地,为协同创新的研发活动以及高等院校和科研院所的人才培养提供便利和条件。这种模式下的运行特点可以归纳为:协同创新、双向交流、互利互惠。这种合作模式的途径和方法主要是工学结合、定岗实践。在产学研各方的合作下,知识共享和技术转移得以顺利进行。尽管此协同创新模式的利益分配较清晰,不易产生分歧,但是对高等院校和科研院所的运行体制和机制要求较高。因此,以科研单位为主导的协同创新在中国的发展仍然处于探索阶段,亟须政府对其发展进行相应的支持和引导。

在以政府为主导的协同创新中,政府决策是第一要素,不仅为协同创新活动营造良好环境,更从顶层设计入手,发挥宏观引领作用。政府作为协同创新的主导者,负责确定协同创新活动的方向,协调产学研各合作方之间的关系,监督协同创新活动的整个过程,评估协同创新成果,并且在各个环节中不断提供必要的政策支持和信息服务。在整个创新过程中,高等院校和研发机构的任务是基于国家基础科学、高端科学技术、国家安全技术等发展的战略性需要,开展科技创新活动;而企业主要从服务政府、支持政府的角度出发,充当科技创新成果的"检测站",推进科技创新成果不断发展和完善。这种模式下,企业可以有效利用其资金和市场优势,研发机构也能够充分发挥其知识和人才优势。在二者的协同合作下,知识成果在协同创新系统内实现有效的共享和转移,保证创新活动能够有条不紊地推进。尽管这种组织模式能够充分发挥产学研各合作方的力量和优势,但依然存在一定的缺陷,主要表现为:一是政府虽然居于主导地位,但是其本身缺少产学研各合作方的资源和信息优势,在创新技术的选择上,往往从特定时期的国家宏观战略出发,容易偏离市场需求,进而导致研发成果的经济效益不显著;二是在协同创新的过程中,政府往往难以从企业和研究机构的角度考虑问题,忽视创新成本,容易导致资金投入的盲目与浪费;三是政府主导型协同创新活动往往周期较长,资金投入较大,财政资金的有限性将会影响创新活动的推进。

在协同创新系统运行过程中,由于合作各方对社会分工、定位、投入、利益等方面有不同的理解与诉求,各方拥有的信息不对称,对合作方式理解角度有差异,管理机制有缺失等原因都会给产学研合作带来风险。为有效避免风险对产学研合作带来的危害,确保产学研合作平稳开展,需要建立产学研一体化协同创新机制。所谓产学研一体化协同创新,是指由企业、高等院校及科研院所分别将自身所具备的优势资源集中起来,组建成新的联合体,通常这种联合体是联合研发机构或具有法人资格的创新型企业。联合研发机构通常是由企业牵头,联合高等院校、科研院所等多方参与者,结合国家和市场需求,把握世界科学前沿,开展深入、系统的创新性研究工作,从而实现攻克技术难题、开拓技术前沿和迎合市场需求的目的。在产学研一体化协同创新中,高等院校和科研院所通常凭借其最新的研发成果或者高端技术进入企业,并且由其专业的科研人员组成新联合体的研发核心,专门负责开展深入、系统的创新性研究工作,攻克技术难题。企业通常负责牵头形成一体化合作体,凭借其长期的企业运营与管理经验,负责新联合体的整体运行和内部管理,并且利用其市场信息的优势,把握市场需求,促进成果市场化和产业化,从而实现新联合体的经济效益。新联合体的形成通常意味着各合作方原独立法人资格的消亡,并且利用各自的资源优势入股,股份制的企业形式将合作各方的利益紧密地联系在了一起。在产学研一体化协同创新中,合作各方各展所长、密切合作、联合攻关,共同实现协同创新的目标。由于这种新联合体的模式并不成熟,政府的引导和支持是不可或缺的。

二、政府引导下协同创新技术转移

在创新实践过程中,按照知识的特点可以将创新知识分为公共知识和私权知识两种类型,前者是社会共享的知识,而后者是由特定主体拥有所有权的知识。协同创新技术转移涉及上述两种类型知识的转移,而私权知识的转移是构建协同创新系统的关键。

(一)技术转移的演化规律

在协同创新系统演化过程中,企业、高等院校及科研院所之间技术转移的过程也是它们相互选择、相互适应的过程,技术转移在一定程度上遵循最基本的客观规律。

一是技术转移的生命演进规律。技术转移活动发生在技术生命周期的各个阶段,需要依据客观规律,分清不同阶段的主要承担者。在科技创新研究活动中,主力军仍然是高等院校和科研机构。但是,企业同样应该主导市场导向的科技创新活动,并且在技术转移过程中为中试环节奠定基础。目前,中国致力于推进技术转移主要是通过鼓励企业将其科技创新的重点向技术生命周期前部延伸,即更多地承担科技创新研发环节的责任。然而,原始的科技创新活动更多的是发生在高等院校和科研院所内部,并且通过一定的组织和模式实现向企业的转移,让科技创新成果逐渐地进入市场,实现创新成果的成功转化。

二是技术转移的市场经济规律。从本质上看,技术转移属于市场行为,应该遵循一定的市场经济规律。首先,技术转移应该遵循市场供求关系定律,即技术转移行为主要取决于市场中购买方的有效需求。其次,技术转移应该遵循市场价格定律,即科技创新成果作为一种特殊的商品,需要通过一定的交易手段,实现技术所有权向企业的转移,这里当然就涉及特殊商品的定价、相关利益的分配及交易合同等问题。此外,技术转移对于交易双方也有一定的要求,即需要技术转移的提供方和接收方都具备一定的市场意识和交易能力。否则,市场规律和交易规则都很难发挥作用。

三是技术转移的特殊交易规律。在市场规律发挥作用的基础上,技术转移活动还要遵循特殊交易规律。首先,技术转移通常是以诚信为基础,以契约为纽带,这种契约恰恰是不完全的,即缔约双方无法预见到未来的各种不确定性,因而很难在契约中将所有相关条款设计完备和周详,只能通过确定各种情况的应对机制,来限制并约束缔约双方的行为,保证技术转移契约的顺利达成。其次,与"成本法"和"预期收益法"相比,通常受风险投资领域所青睐的"实物期权法"更加适合于技术定价。最后,技术转移活动是一种特殊的交易,具有非常强的个性特征,不同的交易方之间的技术转移活动具有独有特征,不应以固定的、统一的标准和模式对其进行约束和管理,应该大力实施组织模式创新。

(二) 技术转移的双螺旋结构模型

为了深入研究协同创新系统的技术转移,这里建立一种技术转移的双螺旋结构模型,进一步探索其运行机制。技术转移的双螺旋结构模型如图 4.1 所示。

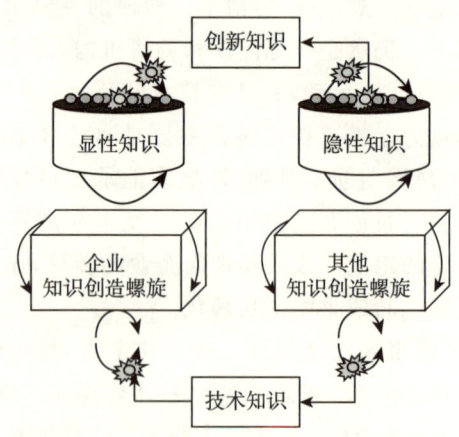

图 4.1 技术转移的双螺旋结构模型

根据知识的不同特点,将协同创新系统的创新知识分为显性知识和隐性知识两种类型。"知识创造螺旋"理论将知识创造的全过程概括为四种模式:社会化——从隐性知识到隐性知识,即内涵性知识的共享;外部化——从隐性知识到显性知识,即把内涵性知识转化为形式知识;组合化——从显性知识到显性知识,即把新、旧形式知识联系起来体系化;内部化——从显性知识到隐性知识,即根据对形式知识体系的实际体验将形式知识转化为内涵性知识。高等院校、科研院所与企业都是知识和技术的创造源。高校与科研院所呈现出隐性→显性→隐性→显性的螺旋式知识创造体系,企业内部也呈现出同样的技术发展路径。这两条知识和技术创造路径是协同创新系统有序演化的动力源。然而,由于创新主体之间普遍存在知识和技术的势差,其中高等院校和科研院所更加关注协同创新环节中的知识创造,而企业方则更加注重创新知识成果的经济效益。这种势差的存在为高等院校、科研院所与企业之间技术转移场的出现奠定了基础。技术转移场的功能就是通过知识扩散或技术转移的方式,使高等院校、科研院所的知识、技术转移到同阶段的企业之中,其结果就是企业的知识和技术得到有效提升。

(三)协同创新系统的技术转移瓶颈

目前,中国协同创新内部的技术转移活动还不成熟,仍然存在一些不足,产学研内部各合作方之间的信息存在不对称问题。需要引起政府足够重视,并加以重点引导,促使协同创新内部实现有效技术转移。在协同创新中,各合作方都具有其相应的资源优势,这里所强调的资源既包括技术资源、人才资源和资金,同时也包括非常重要的信息资源。一方面,受到自身条件的限制,绝大多数的高等院校和科研机构只关注技术的研发环节,缺少企业和市场相关的信息,因而难以寻觅机会将研发成果转移出去;另一方面,企业作为追求经济利益的主体,对于高等院校和科研院所的研发行为了解甚少,有关科技前沿的信息相对较少,并且难以找到途径和平台与学研方进行技术转移方面的交流,间接导致高等院校和科研院所的科技创新成果转移绩效低下。

产学研内部的功能缺失。从产学研内部技术转移的过程来看,其绩效和效益的决定性因素之一就是技术转移机制的构建与运行。然而,当前中国协同创新活动仍处于初期阶段,发展并不成熟,因而在协同创新内部,技术转移机制的功能仍不健全,其主要表现是缺少改善技术转移绩效、推进技术转移不断发展的国家政策,以及具有严格约束力的契约或规章制度来保障技术转移的顺利进行。

截至目前,中国针对协同创新项目出台的法律法规基本停留在20世纪90年代,尽管近些年中国政府陆续更新了部分内容,但仍然缺少突破性的发展和进步,无法适应协同创新活动日新月异的发展局面和发展要求。此外,就目前已有的相关法律法规而言,其层次和范围基本停留在初级阶段,亟须制定较高层次的法律法规保障技术转移活动。从总体上看,完善的法律法规体系对于协同创新内部的技术转移活动是非常重要,也是非常必要的。

产学研内部技术转移的利益分配机制不健全。当前,中国协同创新仍未探索出一套科学、完善的利益分配机制,现有的利益分配机制问题频出,也是制约协同创新技术转移的主要原因之一。例如,在创新科技成果转让的过程中,对于成果机制的评估问题在各合作方之间很难达成一致意见。如果估值高于企业的可接受范围,则企业可能放弃该成果;如果估值低于学研方的可接受范围,则会大大损害学研方的研发积极性。目前,协同创新普遍采用的成果估值方法很难科学合理地给出合作双方都满意的结果。如果利益分配机制问题解决不好,不仅无法推进协同创新技术转移的进行,而且可能危及协同创新的稳定性和持久性。

针对中国协同创新内部技术转移存在的不足,政府引导的必要性突显出来,政府可以根据上文提出的主要不足之处,抓住主要矛盾,在信息沟通平台建设和渠道畅通方面积极做工作,完善协同创新一体化的内部功能,加大力度推进和监督各方改革利益分配机制,从而有效引导协同创新的内部技术转移。

三、政府引导下协同创新知识共享

政府引导下协同创新知识共享涉及产学研各方,一般来说,合作成功与否主要依赖于知识提供方及知识接收方的共享机制是否完善。知识在协同创新各合作方之间的共享是一个吸收和分享同步进行的过程,协同创新系统内各要素对创新知识共享机制的建立至关重要。根据知识共享过程的范围不同,协同创新知识共享可以分为创新合作方内部的知识共享和创新合作方之间的知识共享两类。

合作方内部的知识共享是指企业、高等院校或科研院所等在各自组织内部进行的知识传递和共享。这种类型的知识共享模式比较简单,协同创新各方内部形成自循环流动的知识链,在各个环节受到的负面影响相对较小。合作方之间的知识共享是指在特定协同创新群体中,企业、高等院校及科研院所将各自组织内部特有的成果知识对创新系统其他合作方公开,通过知识的共享和吸收,促进成果知识在协同创新系统内部流动,通过交流学习,优势互补,迅速提高协同创新系统的知识存量。在这种模式下,协同创新的各方形成了更高层次的知识流动循环,实现知识的整合与创造。这时,知识共享实质是在协同创新系统内部实现了知识的"外部性"和"溢出效应"。在良好外部环境的支持下,协同创新主体之间同样可以在更高层面上构建知识的流动体系,形成更大范围内的知识共享。这里主要针对第一种类型的知识共享模式进行探讨,其知识共享模式如图 4.2 所示。

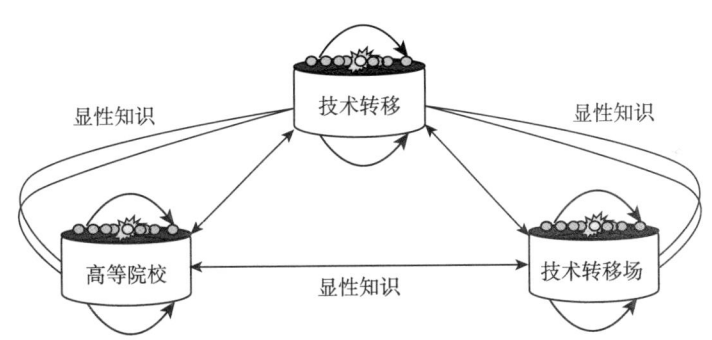

图 4.2　知识共享模式

根据知识共享模式图可以看出,协同创新成果知识共享的过程可以分为以下环节:首先,各合作方向产学研其他组织共享知识。在这个环节中,关键问题在于产学研各合作方是否有动机实施知识共享,这是整个知识共享过程的基础。若要充分发挥产学研各合作方的知识优势,必须让各主体自愿向合作体内其他组织共享知识。对于任何合作方来说,其决策行为取决于其他合作组织的决策行为,从根本上讲,各合作主体决策的出发点都是知识收益最大化，都希望通过知识的共享来得到相应的知识回报。所以，协同创新的成果知识共享过程实质上是产学研各方的一种博弈行为。其次，协同创新系统内的知识流动和知识增值。企业、高等院校、科研院所利用各自具备的知识优势，通过协同创新系统这个平台进行相互学习和交流，通过整合各方知识，创造新知识。技术转移场域内的新知识就是协同创新的成果。在协同创新过程中，系统不仅实现了显性知识的融合与发展，同时也收获了隐性知识。此环节是协同创新的关键。这一过程达成协同创新目标的同时，提升了创新主体的彼此信任，并且巩固了产学研各合作方之间的合作关系，为进一步长远合作奠定了坚实基础。最后，产学研各合作方对新获取知识的吸收。从本质上看，协同创新系统通常并不是一个具有法人资格的实体，其目的是联合具有相对优势的各合作方协同创新，共同实现各自的发展目标。协同创新中各合作方对于新知识的吸收程度直接影响其合作效果。所以，知识吸收同样是协同创新的重要环节。协同创新系统内知识增值即通过知识的集成、整合及创造，使最终获得的知识存量总和大于各合作方共享知识的总和，增值效应主要受到知识共享机制形成因素的影响。针对影响因素的特点，这里将其分为主体因素、客体因素和环境因素。

第一，主体因素。主体因素主要包括提供方的意愿、接收方的吸收能力和主体间关系三个方面。当产学研中组织成员对于知识共享的意愿不足时，会对合作中知识共享效果造成非常大的影响。通常来说，协同创新成员不情愿将自己具备的专业知识"无私地"共享给其他成员，其知识共享的意愿取决于以下方面：一是特定知识优势对于合作组织的重要性，即如果共享知识关系到知识提供方的综合实力及核心竞争力，那么知识提供方就更倾向于对知识进行保护，而减少其在产学研中的共享可能性；二是知识共享行为的预期回报，即当知识提供方预期其知识共享行为所带来的知识回报大于其共享行为的成本时，知识共享意愿将会增强。当知识提供方的共享意愿越强，产学研其他成员获得的知识越多，协同创新的知识增值效应也就越高。

协同创新中各组织成员的知识吸收能力决定了其在协同创新过程中获取创新成果的绩效。Cohen和Wesley将"吸收能力"定义为组织学习并利用来自组织外部的技能或知识，以此实现自身发展的一种能力。组织对于新知识的吸收能力取决于两个方面,即知识基础和努力程度。首先,知识学习是一个积累的过程。如果创新组织的知识基础相差较大,其知识的共享过程就会存在一定的难度,即成员之间的知识水平越相近,知识共享的吸收效果越好;另一方面,如果新知识与接收方已有知识越相关,其吸收效果越理想。其次,企业对转移知识的消化、转换和应用能力也影响其协同创新的学习效果,即企业对于转移知识的吸收能力越强,从协同创新中获取的知识就越多。总而言之,知识接收方的吸收能力与协同创新知识共享活动的知识增值效应正相关,吸收能力越强,知识增值越多。

在协同创新内部,各合作方之间的关系会对知识共享产生非常重要的影响。这里从信任和冲突两个方面来考虑这个问题。协同创新各组织之间的合作关系需要建立在彼此信任的基础之上,现实情况下产学研各合作方之间的信任并非轻易能够达成,这也是部分协同创新关系难以长期维持的关键问题之一。由于知识产权归属及经济利益分配很难实现最佳配置,导致合作各方产生"利己"动机,即一方面尽可能地减少核心知识和关键技术的共享,另一方面却又期望从协同创新中获得有益于自身的知识。"利己"行为影响了知识共享的效果,威胁各合作方之间的信任关系,甚至可能会导致整个协同创新的瓦解。因此,如何建立完善的知识共享机制,持续巩固产学研各方之间的合作关系是一个非常值得思考的问题。冲突是协同创新过程的固有属性之一。通常恶性冲突会严重影响协同创新中的知识共享,甚至威胁协同创新本身的稳定性。部分学者认为,协同创新中的冲突是不可避免的,和谐未必是最理想状态,有时冲突也可以激发创新活动的灵感,改进现有状态的不足。本书研究认为,良性冲突不仅有利于提高知识共享的效果,而且可以完善协同创新内部结构,推动协同创新活动有效进行。

第二,客体因素。协同创新的知识增值效应受到知识本身特性的影响。根据知识能否清晰表述和有效转移,可以把知识分为显性知识和隐性知识。显性知识较容易明确阐述和交流,这种知识很容易在产学研内部传递和共享,其传递和吸收效果也较好。但是,隐性知识通常无法用明确的语言或编码进行阐述和交流,具有"只可意会不可言传"的特点。隐性知识的传递和共享比较难以实现,而恰恰是这种知识决定了协同创新各方合作的相对优势,是合作方在各自领域中居于优势地位的核心和关键资源,更是协同创新形式得以长期维持的基础和保证。综合以上各方面因素分析,在协同创新活动中,当需要在产学研内部转移和共享的隐性知识较多时,知识共享的效果将受到较大影响,知识增值效应并不显著。

第三,环境因素。组织文化是协同创新中各合作方日常运行管理过程中信念和价值观的集合,是协同创新各方知识共享管理的重要组成部分。在协同创新过程中,各合作方的组织文化存在差异性,企业、高等院校和科研院所通常都根据其自身组织特点而形成各自的理念和价值观,进而形成了不同的行为方式。当然,组织文化的差异并非必然产生负面效应,其作用需要从两个方面进行分析。一方面,组织文化的差异非常容易导致在知识共享过程中产生矛盾和摩擦,冲突的产生会在一定程度上影响合作关系,进而影响知识共享效果;另一方面,差异也可能成为一种"催化剂",激发各合作方进行知识共享的积极性,在协同创新中发挥推进作用。

产学研的外部政策环境对于知识共享的增值效应同样具有导向、调控和制约等显著作用,特别是支持政策及相应的法规条例。在协同创新活动开始后,合作各方之间进行的知识共享需要在政府政策的支持和法律法规的约束下进行,截至目前,中国已经先后颁布了一系列相关的政策法规,旨在鼓励并支持协同创新活动,建设创新型国家。例如修订后施行的《科技进步法》第三十条要求"国家建立以企业为主体,以市场为导向,企业同科学技术研究开发机构、高等学校相结合的技术创新体系,引导和扶持企业技术创新活动,发挥企业在技术创新中的主体作用"。

第二节　基于战略联盟的企业协同创新模型

随着经济全球化及市场环境不确定性的加剧,企业的竞争观念正在发生改变。传统的对抗竞争逐步被合作竞争所代替,战略联盟已逐渐成为企业间合作的重要方式。通过建立战略联盟，企业可以达到风险共担、知识共享、合作研发、降低交易成本等目的。战略联盟与组织网络中各经济主体之间本质上是一种价值创造活动的关系，这些活动由各经济主体所拥有的资源和目标特点（资源之间的互补性、共享性等）及专业技术分工等共同决定。

一、战略联盟及组织结构

战略联盟（$Strategic\ Alliance$，简称 SA）是指基于成本、效率以及竞争优势等因素从战略上与其他企业建立的一种优势互补、风险共担、要素双向或多向流动的松散型关系网络组织形式。依靠 SA 网络，不同成员企业之间可以通过技术、产品、资金或市场等环节的合作、交流和授权，提高企业自身及 SA 的整体经济实力、技术实力和生产实力，避免两败俱伤的恶性竞争。SA 具有功能的集成性、成员的多元性、地域上的分散性和组织的非永久性四个显著特征。

SA 将原来各个信息孤岛连接起来，打破了组织间界线，挖掘出组织边际生产力和利润之源，为双方创造巨大利益。但是 SA 作为若干相互独立成员为了某些共同利益（任务）所结成的临时联合体，其结构必然是相对松散的，因利益（任务）的产生而产生，也因利益（任务）的消亡而消亡。NeilRatkham 认为 SA 的合作价值源于三个方面：重复与浪费的减少、借助彼此的核心能力和不断创造新机遇，其深层解释是专业化、规模经济和信息共享。

SA 的组织结构形式可以分为有盟主 SA 与无盟主 SA。在有盟主 SA 中，有一个结点在组织中具有管理协调功能，通过指令、契约等信息来管理协调整个战略联盟的运行，如图 4.3 所示。有盟主 SA 又可分为集合式和价值链式两种。在集合式 SA 中，盟主结点作为整个联盟与外界进行信息、物质交流的枢纽，不参与物质的创造过程；而在价值链式联盟中，盟主结点不仅作为整个联盟与外界进行信息、物质交流的枢纽，而且构造、指导、协调物质的创造过程。在无盟主 SA 中，各结点处于对等地位，通过各结点之间信息、物质的相互交流，形成联盟的自我调节以维持 SA 的运行，如图 4.4 所示。

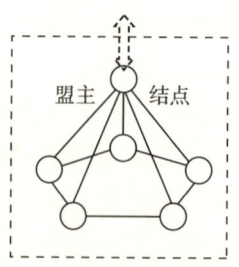
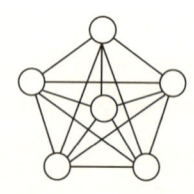

图 4.3　有盟主策略联盟　　图 4.4　无盟主策略联盟

SA 的运作方式是通过各结点互动行为来提高联盟创新功能、增加联盟创新价值的。对于有盟主 SA，结点之间通过产权、契约关系和法律合同等方式进行联结，且在盟主结点的组织协调下进行协同运作。所以，有盟主 SA 可以通过盟主结点管理协调功能的实现保持 SA 有效运行。具体可以通过设计有效的激励机制规范结点行为，诱发其他结点的积极性，降低组织运行的风险，以提高组织的运行效率。无盟主 SA 结点之间的协作关系、联系方式、价值实现、创新机制等不同于有盟主 SA。无盟主 SA 的网络组织结构使其形成独特的运行方式：各结点处于对等地位，通过联盟自身的自我调节功能形成 SA 的创新价值，并为 SA 各成员所共享。

基于上述分析，可以从协同关系的角度给出 SA 的定义：针对市场 Market 发布确定的任务 Task，一组企业个体 $\{N_1, N_2, \cdots, N_n\}$ 形成了一个临时联盟，以便有针对性地完成任务 Task。我们称这组企业为一个战略联盟。

战略联盟与企业个体之间的关系可表示为 $SA = \langle Ta, Ma, Ea, Ra \rangle$。其中，$Ta$ 是战略联盟的任务，Ma 是接受任务的企业个体，$Ea = \{E_1, E_2, \cdots, E_n\}$ 是该战略联盟的所有参与者的集合。Ra 是 Ea 中企业个体之间协同关系的集合。

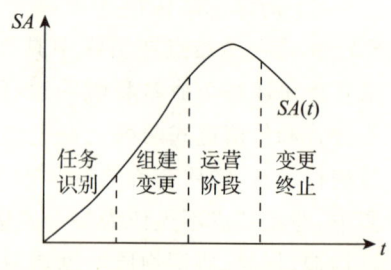

图 4.5　策略联盟形成和发展过程示意图

SA 的形成和发展过程可以概括为任务识别阶段、组建变更阶段、运营阶段和变更终止阶段，如图 4.5 所示。

任务识别阶段。企业 Ma 从市场中识别出市场机遇即确定任务 Ta，由于无法(或不愿)独自完成，需要为完成这个任务 Ta 组建一个 SA。联盟伙伴关系不同于一般的交易关系，前者强调合作，是在合作中竞争；而后者更加注重的是竞争。企业之间的联盟关系必须能够创造新的市场价值，并为整个市场创造新的贡献。也就是说，联盟伙伴之间需要结合彼此的核心能力，研发新的产品或推出新的方案，从而增加联盟企业的竞争优势。

SA 组建变更阶段。组建一个 SA 有两种方式：(1) 企业 Ma 根据与其他企业的已有联系，寻求合作伙伴，结成战略联盟；(2) 企业 Ma 委托中介机构去寻求可能的合作伙伴，建立临时企业战略联盟。由于市场作用，SA 在组建过程中其组织结构可能发生两种变化：(1) 联盟内部调整，原有企业个体退出或者更具竞争力的企业伙伴加入；(2) 任务调整，执行的任务内容和方式发生变化，企业协同创新需相应调整。

SA 运营阶段。根据确定任务 Ta 启动 SA 的运营。经过企业 Ma 的努力，合作各方最终达成一致性协议，这种协议以书面的形式成为联结各方共创价值的纽带，伴随着 SA 成功构建，确定任务 Ta 逐步成为 SA 目标导向系统。系统中企业 Ma 是 SA 学习的主要知识源。知识经济时代的 SA 首先应该是知识联盟，由于知识分为显性知识和隐性知识，企业 Ma 是显性知识的当然传播载体，同时承担着隐性知识的扩散转移任务，负责将 SA 的价值理念传达给 SA 内每个成员。

SA 变更终止阶段。SA 变更和终止存在两种可能：(1) 成功终止：任务完成，目标实现，利益分配，SA 趋于终止；(2) 失败终止：如果上述变更失败，则 SA 提前终止。

在 SA 形成过程的四个阶段中，目标识别即市场机会的识别是确立 SA 目标的基础，如何从变化的市场需求中识别 SA 目标是实际构建 SA 时需要重点考虑的问题。SA 协调的价值基础是风险分担与利益共享。"双赢"是 SA 企业的共同价值观念，贯穿于 SA 形成和发展的全过程。

二、企业战略联盟协同创新模型

为研究 SA 成员企业协同创新关系，我们先分析构造这个协同创新关系的过程。

设 $a,b \in SA$ 是战略联盟中任意两个企业,a,b 之间存在协同创新需求且 a 对 b 的协同创新需求程度为 $Demand(a,b)$,$Demand(a,b)$ 的大小表示了一个企业对另一个企业的协同创新需求程度,取值为 0 到 1 之间的一个实数。如果 $Demand(a,b)=0$,表示企业 a 对企业 b 不存在协同创新需求。$Demand(a,b)=1$ 表示企业 a 对企业 b 完全存在协同创新需求,企业 b 是企业 a 协同创新的最佳合作伙伴。两个企业的协同创新需求程度与它们的合作次数相关。最简单的情况下,规定企业 a 对企业 b 的协同创新需求程度为:

$$Demand(a,b)=(m_1+m_2)/(n_1+n_2)$$

其中,n_1 是企业 a 向企业 b 发出请求进行协同创新的次数,m_1 是企业 b 接受企业 a 协同创新请求的次数,n_2 是企业 b 向企业 a 发出请求进行协同创新的次数,m_2 是企业 a 接受企业 b 协同创新请求的次数。按照其对称性,企业 b 对企业 a 的协同创新需求程度 $Demand(b,a)=Demand(a,b)$。如果当前 SA 中存在 n 个企业参与协同创新,即 $Ea=\{E_1,E_2,\cdots,E_n\}$,则它们之间的协同创新需求程度将会形成如下所示的一个协同创新需求关系矩阵:

$$\begin{bmatrix} Demand(a_1,a_1) & Demand(a_1,a_2) & \cdots & Demand(a_1,a_n) \\ Demand(a_2,a_1) & Demand(a_2,a_2) & \cdots & Demand(a_2,a_n) \\ \cdots & \cdots & \cdots & \cdots \\ Demand(a_n,a_1) & Demand(a_n,a_2) & \cdots & Demand(a_n,a_n) \end{bmatrix}$$

其中,$0 < Demand(a_i,b_j) < 1 (1 \leqslant i,j \leqslant n)$ 是企业 a_i 对企业 a_j 的协同创新需求程度。为揭示 SA 成员企业协同创新关系,只需建立 SA 内任意两个企业协同创新模型即可。

设时刻 t 战略联盟 a,b 两企业同时进行一类技术创新。$m(t),n(t)$ 为 t 时 a,b 两企业现有技术创新知识存量,$K \geqslant m(t)+n(t)$ 为 SA 潜在创新能力。根据 Bass、Steffens 等人对于产品信息的划分方法,我们可把 SA 内创新知识的扩散信息分为搜索性信息和获得性信息;按照创新信息获取渠道的不同,把 SA 内其他企业分为"先行者"和"效仿者"。

在时间段 Δt 内,设 SA 内由 a 企业进行技术创新而使联盟整体获得

的创新知识增量为 Δm，Δm 由两部分组成。一部分是"先行者"的创新知识增量：

$$\alpha[K-m(t)-\beta n(t)]\Delta t, \alpha>0$$

即在 Δt 内与 Δt 成正比的 $\alpha\Delta t$ 对 t 时 SA 内其他没有进行技术创新企业 $K-m(t)-\beta n(t)$ 所起到的扩散作用，其中 $n(t)$ 是 t 时 b 企业的现有知识存量，系数 β 表示 SA 内 b 企业创新知识存量对于 a 企业进行技术知识创新所形成的协同性系数，α 表示搜索性信息使"先行者"获得 a 企业的创新知识比率。Δm 的另一部分是"效仿者"得到 SA 内相关企业提供的 a 企业技术创新信息后导致的技术创新知识增量：

$$[K-m(t)-\beta n(t)]\gamma m(t)\Delta t, \gamma>0$$

γ 是获得性信息使"效仿者"获得 a 企业技术创新知识的比率。将两式联合起来即得到由 a 企业带来的 SA 创新知识增量为：

$$\Delta m=[K-m(t)-\beta n(t)][\alpha+\gamma m(t)]\Delta t$$

令 $\Delta t \to 0$ 有：

$$\frac{dm}{dt}=[K-m(t)-\beta n(t)][\alpha+\gamma m(t)] \qquad (1)$$

类似地，可得到在 Δt 内由 b 企业带来的 SA 创新知识增量为：

$$\Delta n=[K-n(t)-\delta m(t)][\omega+\varphi n(t)]\Delta t$$

于是有：

$$\frac{dn}{dt}=[K-n(t)-\delta m(t)][\omega+\varphi n(t)] \qquad (2)$$

其中，δ 表示 SA 内 a 企业创新知识存量对于 b 企业进行技术知识创新所形成的协同性系数，ω 表示外部信息使"先行者"获得 b 企业的创新知识比率，φ 是获得性信息使"效仿者"获得 b 企业技术创新知识的比率。将(1)、(2)式综合起来就得到 SA 内 a，b 协同创新的微分方程组为：

$$\begin{cases} \dfrac{\mathrm{d}m}{\mathrm{d}t} = [K - m(t) - \beta n(t)][\alpha + \gamma m(t)] \\ \dfrac{\mathrm{d}n}{\mathrm{d}t} = [K - n(t) - \delta m(t)][\omega + \varphi n(t)] \end{cases}$$

方程组诸系数 $\alpha, \gamma, \beta, \delta, \omega, \varphi$ 均大于零。显然,该系统有一平衡点 $\left(-\dfrac{\alpha}{\gamma}, -\dfrac{\omega}{\varphi}\right)$,该平衡点不在第一象限,故对问题无实际意义,是否还有其他的平衡点主要取决于系数 β 与 δ 的关系。协同创新微分方程组可化为:

$$\begin{cases} \dfrac{1}{\gamma} \dfrac{\mathrm{d}}{\mathrm{d}t}[\ln(\alpha + \gamma m)] = K - m - \beta n \\ \dfrac{1}{\varphi} \dfrac{\mathrm{d}}{\mathrm{d}t}[\ln(\omega + \varphi n)] = K - n - \delta m \end{cases}$$

变形可得: $\dfrac{\mathrm{d}}{\mathrm{d}t}\left[\ln \dfrac{(\alpha + \gamma m)^{\frac{1}{\gamma}}}{(\omega + \varphi n)^{\frac{\beta}{\varphi}}}\right] = (1 - \beta)K$

积分得: $\dfrac{(\alpha + \gamma m)^{\frac{1}{\gamma}}}{(\omega + \varphi n)^{\frac{\beta}{\varphi}}} = \dfrac{(\alpha + \gamma m_0)^{\frac{1}{\gamma}}}{(\omega + \varphi n_0)^{\frac{\beta}{\varphi}}} \mathrm{e}^{(1-\beta)Kt}$

当 $\beta > 1 > \delta$ 时,若 $t \to \infty$,则有:

$$(\alpha + \gamma m)^{\frac{1}{\gamma}} = \dfrac{(\alpha + \gamma m_0)^{\frac{1}{\gamma}}}{(\omega + \varphi n_0)^{\frac{\beta}{\varphi}}} (e + \varphi n)^{\frac{\beta}{\varphi}} \cdot \mathrm{e}^{(1-\beta)Kt} \to 0$$

表明随着时间 t 的不断推移,SA 的不断演化,a 企业的创新知识相对于整个 SA 来说所起到的作用将会越来越小。反过来,当 $\beta < 1 < \delta$ 时,若 $t \to \infty$,则有:

$$(\omega + \varphi n)^{\frac{\beta}{\varphi}} = \dfrac{(\omega + \varphi n_0)^{\frac{\beta}{\varphi}}}{(\alpha + \gamma m_0)^{\frac{1}{\gamma}}} (\alpha + \gamma m)^{\frac{1}{\gamma}} \cdot \mathrm{e}^{(\beta-1)Kt} \to 0$$

表明随着时间 t 的不断推移,b 企业的创新知识相对于整个 SA 来说所起到的作用亦会越来越小。上述情况均表明:SA 内成员企业的创新动力及创新需求随时间延长呈现下降趋势,伴随任务的完成、目标的实现,SA 将会最终解散,协同创新终止。

上述分析的 SA 是潜在创新能力一定的若干相互独立成员为了共同任务而结成的临时联合体,其结构是相对松散的,模型是高度非线性的。当任务完成后,联盟组织即会解体。SA 作为一种面向长远发展,并以联盟关系连接起来的企业组织形态,其成员技术创新应是一个连续稳定的过程。面向长远发展的 SA 应当通过组织成员之间创新知识的有效集成,充分利用创新知识的外部性,不断激发战略联盟的创新潜能,为区域技术创新和区域经济发展提供丰富的创新资源。显然战略联盟的一次任务运作方式达不到这种要求。一般来说,稳定的 SA 通常采取以下运营模式:盟主企业 Ma 进行市场机遇的捕捉,产品工艺的研究、设计、开发与品牌的维护,掌握产品价值链的战略环节;成员企业则负责基本工艺、基本技术的改进,并接受 Ma 在技术和资金上的支持,成员企业与盟主企业 Ma 结合成相互信任、紧密合作的伙伴关系;成员企业是在 Ma 无力独自完成任务时所选择的合作伙伴,任务完成后伙伴关系即解除,Ma 通常根据合作的好坏决定下一次是否合作。

战略联盟 SA 的一大优点是成员企业可以自主决定进入或退出联盟,但这也相应地给成员企业的机会主义行为创造了条件。如果一种制度安排不能满足个体理性要求,就难以有效执行。在组建 SA 时,成员企业都认为加入 SA 是自己最好的选择;但是市场环境是不确定的,经过一段时间之后,某个成员企业可能会发现更好的适于自己发展的机会,或者对未来市场趋势的判断与企业 Ma 发生一定分歧,此时该企业为了自身利益往往会偏离 Ma 所意定的运行方向;当成员企业对自己进入或退出 SA 具有充分选择权时,有损于 SA 的机会主义行为就极有可能发生。

此外,由于 SA 面向的是联合技术创新的交易过程,即使成员企业原本处于竞争性的市场环境中,盟主企业 Ma 可以在众多的同质企业中充分挑选合适的盟友。但是,成员企业的创新活动一旦完成,至少在一定时期内会形成某种程度的技术垄断,与盟主企业形成双边依赖的格局,即满足交易成本理论中的小数条件。一方面,SA 的虚拟组织形式使盟主企业难以有效控制成员企业的行为,成员企业容易产生机会主义行为;另一方面,成员企业承担的是技术创新任务,有条件形成相对于盟主企业的小数条件。在高度不确定性的市场环境中，一旦有限理性的成员企业产生背离盟主企业的机会主义行为，而此时盟主企业又出于对成员企业小数依赖的条件下，难以在短时间内找到功能相当的可替代资源，那么盟主企业的个体利益就会受到影响，甚至蒙受巨大损失。可见，战略联盟组织的交易成本不容忽视。对盟主企业来说，选择组织成员进行技术创新，必须认真对待由此引发的交易成本。

企业实施战略联盟策略就是要通过动态灵活的组织形式、先进柔性的生产技术和高素质人员的全面集成，使企业能从容不迫地应对快速变化和难以预测的市场需求，获得长期的经济效益。因此，基于战略联盟的协同创新需要解决以下基本问题：

第一，加强区域内部资源开发，注重区域外部资源整合。协同创新在组织结构等方面是对传统企业组织模式的巨大突破。企业实施协同创新策略首先必须在观念上有所突破，应当突破习惯建立完整组织结构观念的束缚，借鉴战略联盟的思维方式，整合内外部优势资源，实现合作竞争的"双赢"局面。这就要求企业在加强内部资源开发的同时注重整合外部资源，在企业改革中实施战略联盟策略，企业管理者必须尽快转变观念，在充分利用内部资源的前提下，积极开发丰富的外部资源，通过多层次、多角度的合作，变竞争者为合作者，从追求一个企业的"单赢"变为两个企业的"双赢"及多个企业的"群赢"。

第二，注重加强企业核心竞争力的培养和经营。核心竞争力是企业创造中附加值最高的、并且是竞争对手难以模仿的能力。企业中最关键、最具优势的就是企业的核心竞争力，企业的核心竞争力可以是无形的技术、品牌，也可以是有形的资金、专门人才等。虚拟组织管理模式告诉我们：只要企业拥有较强的核心竞争力，就可以把自己处于弱势的职能虚拟化，借助外部资源实现优势互补，获得较大发展。某一企业能够实施协同创新证明该企业拥有自身的核心竞争力。因此，企业核心竞争力的培育既是企业生存和发展的关键，也是实施协同创新策略的关键所在，企业应该始终坚持把培育和经营自己的核心竞争力作为首要任务。

第三，建立健全企业间的信息网络。企业间实现优势资源的共享和协同动作没有强有力的信息支持是不可能的。协同创新不但需要区域内企业建立起相应的计算机网络,更重要的是建立跨企业的计算机网络。随着信息产业的发展,建设跨企业的计算机网络条件愈来愈成熟。我国信息产业的快速发展为建设协同创新的信息网络提供了强大的技术、物质基础,国内已建成的多种信息通道也可以作为企业特殊需要的补充。这样,各分工企业就可在网上调阅与自己相关企业的研究资料,生产信息也可顺利沟通,从而加速研制过程。

第四,选择适当的"虚拟"方向及"虚拟"对象。企业在实施协同创新策略时,不能漫无目的地进行"虚拟",必须详细分析自身所处的内外环境,弄清自身的优势和弱势以及外界资源现状。企业内部弱势往往成为企业考虑的虚拟方向,即企业应通过借用外来优势改善或弥补自身的弱势;而外部环境中技术标准、生产规模较稳定的成熟产业模块则适宜选作"虚拟"对象。

第三节 协同创新系统路径锁定与解锁

一、协同创新系统路径锁定分析

(一)协同创新路径锁定效应

Brian Arthur 认为事物的发展过程对道路和规则的选择具有依赖性,一旦形成行为规则就很难改变。前期决策行为通过增大被锁定行为的收益、降低被锁定行为的成本、增大非锁定行为的转换成本、降低非锁定行为的收益等,造成行为主体当前行为转换决策公式的逆转,从而形成锁定效应。协同创新系统路径锁定效应集中表现为报酬递增效应、资产专用性、不确定性和风险厌恶、兼容性、有限理性和群体博弈等。

第一,报酬递增效应。报酬递增最典型的是技术学习效应和网络外部效应。技术学习效应是指随着技术应用次数增加,获得的技术经验增多,技术更加先进和完善。网络外部效应是指应用某项技术或产品的消费者收益与消费者数量成正相关。以马歇尔为代表的报酬递减效应反映了均衡的经济世界,以报酬递增为基础的经济系统则遵循着正反馈原理。Metcalfe法则提出,网络中消费者的收益与消费者的数量成正比,网络经济的价值等于网络节点数的平方,这说明网络产生和带来的效益将随着网络用户的增加而呈指数形式增长。从目前的趋势来看,互联网的用户大约每隔半年就会增加1倍,而互联网的通信每隔100天就会翻一番。报酬递增效应使得当前被锁定决策行为能够继承行为主体自身或者他人前期决策行为的经济收益,产生更高的边际产出,从而创造更大的经济价值。而由于缺乏前期决策行为的投入,非锁定决策行为的边际产出可能维持在起步阶段的水平,降低行为主体的经济价值。

第二,资产专用效应。资产专用性是指资产在没有价值损失的前提下能够被不同的使用者用于不同投资场合的能力。在资产具有专用性的条件下,交易的一方具有利用契约不完全性而去占用另一方准租金的动机。对特定企业而言,一旦专用性资产投资到位,就不能再假定其竞争对手仍然与其处于同一起跑线上。在这种情况下,该企业实现的经济利润中包含着这种专用性资产带来的超额利润。但是如果这种专用性资产被重新配置于其他用途或者其他地域,那么不仅这种可占用性准租(appropriable quasi rents)无法实现①,就连其投资成本可能都无法收回。资产的专用性使得前期决策行为的投资不能够全部转化为当前非锁定行为的投资,它通过资产转换系数影响着当前的投资决策,资产专用性越高,资产转换系数越低。资产专用性不仅决定了当前非锁定决策行为的直接投入成本高低,而且通过前期决策行为的沉没成本影响着当前投资非锁定决策行为的交易成本。

第三,不确定性和风险厌恶效应。信息交流的本质是对不确定性和风险的处理,处理不确定性和风险同样是经济活动的目的。风险的特征是概率估计的可靠性,估计的可靠性来自其所遵循的理论规律和经验规律。不确定性源于经济结构中不可预见的变化,是指人们缺乏对有关事

---

① 可占用性准租(appropriable quasi rents)最早由后契约机会主义(post-contractual opportunistic behavior)提出,是指准租中潜在的可占用的专用部分,是超过下一出价最高的使用者的价值。

件基本性质的知识,对事件可能的结果了解甚少,很难依据现有的理论或经验进行预见和量化分析。传统经济学体系假定经济运行的背景是确定性前提,着重研究的是经济的均衡态,不确定性经济理论注重并强调预期对生产和投资决策的重要作用。由于投资决策是现在做出的,而利润收益却是未来才能实现的,这期间的发展和变化充满着很大程度的不确定性。所以投资决策只能靠预期行事。一般情况下人们是厌恶风险的,这在一定程度上降低决策的经济价值。为了应对不确定性,人们往往会达成合约,在合约中商定未来的执行条款和违约惩罚。这种违约惩罚,造成锁定效应中转换行为的成本,加剧了锁定效应。正是不确定性存在以及为应对不确定性而采取的种种措施造成了锁定效应。因为如果不存在不确定性,那么人们的前期决策应当是最优的,当前决策情景就不会出现比前期决策行为方向更优的决策选择。从这个意义上来说,不确定性是锁定效应得以发生的根本原因。

第四,兼容效应。这里的兼容效应主要是指产品的兼容性,是指两种产品或系统的输出和输入能否相互接纳。即一种产品的输出,除可被自身使用或操作外,也能被另一种产品使用或操作,反之亦然,则称两种产品相互兼容。目前,兼容性已不再是企业的纯技术问题,而是一种竞争战略。兼容性竞争策略对企业具有正反两方面的效应。一方面,企业如果生产与市场上已有产品相兼容的产品,则由于网络外部性的正反馈效应提高了产品对消费者的价值,增强了消费者对企业产品的支付意愿,从而易于建立一定的用户安装基础,赢得市场份额;另一方面,生产兼容产品就意味着企业放弃了自身产品与在位企业生产的产品之间的差异化带来的启动优势,从而带来负面效应。兼容性通过对当前非锁定决策行为的收益和成本两个方面的影响发挥重要作用。首先,由于前期决策行为产出的兼容性,当前被锁定决策行为的收益可以通过转换系数增加到非锁定决策行为的收益中;其次,在部分转换行为中,由于兼容性存在,可以使得转换行为仅仅发生在产出层面,因此前期投资的设备等依然可以继续使用,从而降低非锁定决策行为的成本。

第五,有限理性和群体博弈效应。人类理性所受的环境约束来自复杂性和不确定性,选择行为是在有限理性思考下做出的,受到认识、环境和信息不确定的约束。有限理性的内涵包括局中人有限的信息处理能力、局中人有限的自我约束力、局中人有限的自利、局中人行为选择受到环境约束等。传统博弈理论采用一种建立在完全理性和贝叶斯决策原则上的模式,纳什均衡的推导立于严格的理性假定,纳什均衡产生的过程是局中人经过严密的逻辑运算而得到的一个最优化的结果。但有限理性的约束使他们难以做到传统假定下的最优化选择,他们只是处于向纳什均衡收敛的过程中或者说在短期内很难做到纳什均衡。而前期决策行为的结果通过资产专用性、报酬递增效应、兼容性等影响到当前的决策,从而形成锁定。在有限理性条件下,当每个经济主体追求个体利益最大化的时候,群体博弈就陷入囚徒困境。这时任何经济主体试图单独打破锁定状态,都会给自己带来低于均衡状态的效用,于是单一个体不会选择转换行为。而在大多数情况下,由于群体共同行动需要的代理成本过高,群体共同行动的可能性也很低,因而会导致整体陷入锁定状态。这些因素综合起来,使得行为主体在当前情景中决策行为的收益和成本发生巨大逆转,进而对行为主体造成锁定。

（二）协同创新路径锁定的静态分析

假定理性博弈者可以随机地选择两种策略:N（原有技术）和I（创新技术）。其中,选择策略N的概率为p,选择策略I的概率为$1-p$。设定选择两类策略的博弈者的效用函数分别为:

$$U(N,p) = pE(N,N) + (1-p)E(N,I) \quad (1)$$

$$U(I,1-p) = pE(I,N) + (1-p)E(I,I) \quad (2)$$

博弈者存在一个学习过程,即当$U(N,p) > U(I,1-p)$时,选择策略N的概率p会增大,而当$U(N,p) < U(I,1-p)$时,选择策略I的概率$1-p$会增大。即当存在$\frac{dp}{dt} = f[U(N,p) - U(I,1-p)]$时,$f$是一个保持符号不变的非递减函数。这一学习过程符合博弈者是理性人的假设,是群体中产生协同效应的一个重要条件。在这种博弈框架内实现进化稳定策略(ESS)均衡的条件为:$U(N,p) > U(I,1-p)$, $\forall p \to 1$。将式(1)和(2)代入,得到

$$pE(N,N) + (1-p)E(N,I) > pE(I,N) + (1-p)E(I,I) \quad (3)$$

据此,能够得到实现 ESS 均衡的具体条件为:

$$\begin{cases} E(N,N) > E(I,N), \text{且 } E(N,I) > E(I,I) \\ \text{或 } E(N,N) = E(I,N), \text{且} E(N,I) > E(I,I) \\ \text{或 } E(N,N) = E(I,N), E(I,I) > E(N,I), \text{且} \dfrac{E(N,N)-E(I,N)}{E(I,I)-E(N,I)} > \dfrac{1-p}{p} \end{cases}$$

这样,可以建立一个具体的协同创新过程静态博弈支付矩阵,如图 4.6 所示。

	N	I
N	UN UN	0 0
I	0 0	UI UI

图 4.6 协同创新过程静态博弈支付矩阵

在支付矩阵中 $0 < UN < UI$。根据式(1)和(2)可以得出:

$$U(N,p) = pUN \tag{4}$$

$$U(I,1-p) = (1-p)UI \tag{5}$$

根据 ESS 均衡条件,协同创新行为得以稳定存在的条件是:

$$p > p^* = \dfrac{UI}{UN+UI} \tag{6}$$

从式(8)可以看出,当博弈者选择原有技术的概率 p 高于数值 $\dfrac{UI}{UN+UI}$ 时,原有技术将得以继存。由于 $0 < UN < UI$,所以这种均衡状态是次优的,而且均衡时的概率 p^* 与 UI 成正比、与 UN 成反比,也就是说当选择创新技术的效用 UI 提高时,原有技术得以继存所要求的均衡概率也会增大,而如果概率 p 维持不变,那么原有技术的 ESS 均衡就会被打破,创新技术就会替代原有技术;反之,如果选择原有技术的效用 UN 提高了,原有技术得以继存所要求的均衡概率会降低,即使概率 p 维持不变,原有技术的 ESS 均衡也不会被打破,创新技术难以侵入并最终替代原有技术。由于存在学习过程,只要 $U(N,p) > U(I,1-p)$ 成立,企业选择原有技术的数量就会增加,从而拉升 p。当 $p \rightarrow 1$,且 $U(N, p) > U(I, 1-p)$ 时,就会实现原有技术的 ESS 均衡,呈现创新技术无法替代原有技术的次优状态。这种由学习过程促成的成员之间的协同效应或者说原有技术的自增强机制,阻碍了创新技术的扩散和新旧技术的更替。

(三)协同创新路径锁定的动态分析

假设在博弈的初始时期,企业选择原有技术 N 的概率为 p,则选择创新技术 I 的概率为 $1-p$,记 u_1 为选择 N 的期望收益,$\bar{u}$ 为平均收益。则存在动态方程:

$$F(p) = \frac{dp}{dt} = p(u_1 - \bar{u}) = p(1-p)c$$

其中,c 为支付参数,$c > 0$。令 $F(p) = 0$,得到 $p = 0$ 和 $p = 1$ 是系统的两个稳定状态。ESS 要求一个稳定状态必须具有抗扰动的功能,数学上表示为 $F'(p^*) < 0$。因为 $F'(p) = 1 - 2p$,而 $F'(p=1) = -1 < 0$,所以 $p = 1$ 是 ESS。在动态方程里,当初始状态中 N 和 I 共存于市场,虽然 I 比 N 有更优的技术,但是由于技术 I 投放到市场具有滞后性,需要付出更高的成本,其收益也相应减少。在技术演化过程中博弈方出于自己的利益,则更愿意放弃技术 I 的使用,进而越来越多的个体模仿学习技术 N,这种结果会陷入一种对原有技术的路径锁定,而技术 N 在经济效益上并不是最有效的。技术演化过程中不仅技术需求方面存在路径锁定,技术供给也存在路径锁定问题。在协同创新的初期,假设多个技术开发商能够提供两种相关的技术 N 和 I,其中技术 I 是比技术 N 效率更高的技术,能够获得更大的支付回报(记为 $i > n$)。I 虽然效率较高,但是提供技术 I 需要花费高昂的成本,但同时获得不可预期的收益;N 虽然效率较低,但是这样的技术比较成熟,提供起来不需要太高的成本,具有稳定的预期收益。如果技术的提供商能够进行随机配对、模仿学习,其结果最终表现出来的是技术提供的无效率。企业开发技术时亦往往受到各种各样因素的影响,使其常常放弃提供一些效率更高的技术,导致技术供给处于非最优效率的状态。协同创新过程动态博弈支付矩阵如图 4.7 所示。

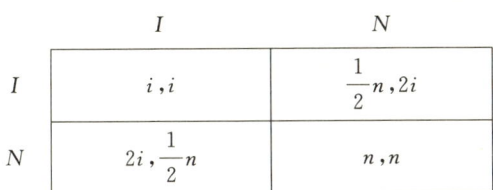

图 4.7　协同创新过程动态博弈支付矩阵

由于企业中采取技术 I 的概率为 p，采取技术 N 的概率为 $1-p$，由此可以建立动态方程：

$$F(p)=\frac{\mathrm{d}p}{\mathrm{d}t}=p(1-p)\left[\left(\frac{1}{2}n-i\right)p-\frac{1}{2}n\right]$$

由 $\frac{\mathrm{d}p}{\mathrm{d}t}=0$ 得到演化平衡点为 $p=(0,1)$

又因为 $i>n$，且 $F'(p)=(1-2p)\left[\left(\frac{1}{2}n-i\right)p-\frac{1}{2}n\right]+\left(\frac{1}{2}n-i\right)p(1-p)$

$$F'(1)=i>0,\ F'(0)=-\frac{1}{2}n<0$$

所以，$p=0$ 是 ESS，即随着时间的推移越来越多的企业提供技术 N，而放弃提供效率更高的技术 I。从动态方程中可以看出，当企业可以选择提供两种技术时，由于提供效率较低的技术比提供较成熟技术花费的成本要低，且还具有稳定的收益预期，使得企业宁愿选择提供此类技术。随着相互模仿学习产生网络效应，使得低效率技术的收益递增机制得到进一步加强，产生协同创新的锁定效应。

二、协同创新系统路径解锁分析

在对协同创新路径锁定的分析中，为便于建模和求解我们隐含了一个假设条件，即市场是没有被分割的，消费者的偏好结构是一致的。但实际上，创新产品面对的市场是异质性的，即主流和非主流细分市场的消费者具有不同的偏好,这也是技术创新得以形成演进的根本原因。Chatterjee 和 Eliashberg 考察了异质市场条件下新产品竞争的路径,但没有讨论技术演进时异质性市场的变化。为了实现协同创新路径解锁,这里建立均衡模型进行分析。

假设分别有 n_N 和 n_I 家企业选择 N(原有技术)和 I(创新技术)进行生产,且每家企业只能选择一种技术。每种技术的边际生产成本分别为 N_c 和 I_c,用 $\xi=N$ 和 $\xi=I$ 表示企业对技术的选择。存在两个市场(用 $m=1,2$ 表示),市场 1 表示产业当前的主流市场,市场 2 表示非主流市场。在不同市场上对创新技术的购买意愿为 U_{im},而对原有技术的购买意愿为 U_{nm}。假设对每个消费者的效用是相同的,U_1 和 U_2 的差异反映了市场横向差异化特征。考虑到技术是随时间不断改进的,假设 U 是一个变量,随时间不断增加,即有 $U'(t) \geqslant 0$。U 与产品价格 P 的差额决定了某种技术对消费者的净效用。为了能够测量某种技术占有的市场容量大小,引入虚拟变量 S。S_m 表示两个市场的消费者密度,与净效用的乘积决定了技术市场容量大小。每种技术的总产量等于采用该技术企业产量的加总,即 $Q_\xi = \sum_{i=1}^{n\xi} q_\xi$,在利润最大化目标下,采用不同技术的企业其利润也不相同,分别为 $\pi_{Ni} = q_{Ni}(P_N(Q_N, Q_I)) - c_N$ 和 $\pi_{Ii} = q_{Ii}(P_I(Q_I, Q_N)) - c_I$。结合协同创新的特性,可以对不同市场中采纳 N 和 I 两种技术的条件进行界定。

其一,原有技术在主流市场上被接受的条件:$U_{n1} \geqslant c_N$,且 $U_{n2} \leqslant c_N$。在这一条件下,非主流市场上的消费者对原有技术的效用较低,其愿意支付的价格小于平均生产成本,因此不能够形成真实有效的购买意愿,所以其存在容易被在位企业忽视。这种市场情况真实地反映了市场上只存在一种技术时,市场分割的基本原因。

其二,创新技术在两个市场都可以被接受的条件:$U_{i1} \geqslant c_I$,且 $U_{i2} \geqslant c_I$。技术创新由于成本较低或者具有新的性能特点,因此同时受到主流市场和非主流市场的关注。由于市场 1 的消费能力较强,因此创新技术在市场 2 中被证明是经济时,在市场 1 中也是经济的。但是市场 1 的消费者是否选择创新技术还依赖于他们对两种技术产生的效用比较,即两种技术所带来的净效用。

当创新技术只在非主流市场被采纳,此时 $U_{i2}-P_I \geqslant 0$,且 $U_{i1}-P_I \leqslant U_{n1}-P_N$。此时市场1和市场2是完全分离的,在每个市场中,有 i 家企业进行竞争,各自达到 Cournot 均衡。由于虚拟变量 S_m 表示净效用引致的市场密度,它与净效用的乘积和市场需求量相同,因此在市场出清条件下有:$(U_{i2}-P_I)S_2=Q_I$,即市场2上的反需求函数为:$P_I=U_{i2}-Q_I/S_2$。同理有:$P_N=U_{n1}-Q_N/S_1$。

当创新技术只在主流市场中被采纳。此时对于主流市场上的消费者而言,新旧技术带来的效用没有区别,因此有 $U_{n1}-P_N=U_{i1}-P_I$,且对非主流市场消费者而言有 $U_{i2}-P_I \leqslant 0$。此时在市场出清条件下有:$(U_{n1}-P_N)S_1=(U_{i1}-P_I)S_1=Q_N+Q_I$。因此可以得出:$P_I=U_{i1}-(Q_N+Q_I)/S_1$,同理有:$P_N=U_{n1}-(Q_N+Q_I)/S_1$。

当创新技术在两个市场同时被采纳。在这种情况下我们要对市场1和市场2分别进行考察。根据分析可知,此时消费者在市场1对两种技术的效用没有差异,新旧技术并存,因此有:$U_{n1}-P_N=U_{i1}-P_I$,创新技术的市场出清产量为:$(U_{i1}-P_I)S_1$。市场2的出清产量为:$(U_{i2}-P_I)S_2$。由此可以解出:$P_I=\dfrac{S_1U_{i1}+S_2U_{i2}}{S_1+S_2}-\dfrac{Q_N+Q_I}{S_1+S_2}$。根据 $U_{n1}-P_N=U_{i1}-P_I$,可得 $P_N=U_{n1}-\dfrac{S_2(U_{i1}-U_{i2})}{S_1+S_2}-\dfrac{Q_N+Q_I}{S_1+S_2}$。

式中变量通过赋值可以分析各函数的几何意义:创新技术的需求曲线是凹形的,根据分段函数的特点,如果将两种市场状态看作是一种随时间变化而演进的过程,那么前半段表示创新技术只在市场2中被采纳的情况,此时非主流市场对该技术的效用较高,但价格不敏感,因此为获得稳定的市场基础,吸引更多的消费者,创新技术必须在适当价格基础上,积极改进产品性能,改善客户体验,带来更多的客户价值。而在后半段时创新技术已经开始逐步侵蚀到主流市场之中,部分主流客户开始选择新技术带来的效用。对这部分消费者而言,由于新技术带来的净效用与原有技术没有明显差别,因此他们对价格更为敏感。此时创新技术应积极寻求成本消减,努力降低产品价格,扩大市场份额。与之相对的原有技术需求曲线是凸形的,这一特点决定了在位企业面临创新技术挑战时不应采取"针锋相对"的策略,即对方降价自己也跟着降价,对方改进性能自己也随着加大投入进行产品改进。正确的策略应当是在面临创新挑战时，在位企业首先使用降价策略，稳固现有市场，提高主流顾客的净效用，抵消新产品的吸引力。在此基础上，再进行研发投入，针对创新带来新的顾客体验进行产品改良。当价格低到一定的水平后，继续降价能够吸引的边际顾客数量开始变少，此时吸引消费者的重点是全新的价值组合，因而在位企业应适时转变产品策略，增加新的产品功能，以此削弱创新对市场的引诱。

可以看出，随着技术发展与性能改善，创新技术能够向主流市场延伸，逐步侵蚀市场份额。客户价值体系的差异与变化是技术创新产生演进的主要动力，决定了创新发展的主要方向，并对技术创新的市场成功产生重要影响。协同创新演进不是一个孤立的过程，它与客户价值体系变化过程、技术发展变化过程以及市场结构变化过程有着紧密的联系，它们之间相互影响，形成一个系统演进过程。在这个过程中，产业发生巨大的变化，原有技术被替代，产业竞争基础被改变，使得被客户力量锁定在原有技术轨迹上的在位企业丧失竞争优势，最终被后发企业赶超。协同创新演进可以视为新技术在产业内扩散并对老技术进行替代的过程。协同创新的特点决定了行业的发展前景与将来的市场结构，能够及时进行创新的企业将会获得下一轮竞争的胜利。协同创新强调创新主体与环境及其他主体进行交互作用。主体在这种持续不断的交互作用过程中，不断学习和积累经验，并根据学到的经验改变自身结构和行为方式，在此基础上逐步衍生新的、聚合而成更大的创新主体。在协同创新系统演化过程中新的路径涌现并向着新的行为规则转变，导致低层次系统稳态的瓦解，高层次系统稳态的诞生，进而实现从路径锁定到解锁的转变。协同创新每一次从路径锁定到解锁的转变都表现出较强的"增值"效应。

第四节 政府引导下协同创新系统风险控制

一、协同创新系统风险识别

风险识别是风险管理的首要环节，是风险管理的基础。只有在正确识别自身所面临风险的基础上，协同创新系统各方才能够积极主动地采取合理、有效的措施对风险进行控制。

（一）协同创新形成阶段的风险

在协同创新的形成阶段可能存在的风险主要有创新伙伴选择风险及契约风险两种。动机不纯、信誉不佳的创新伙伴以及不完备的合作契约均能给协同创新带来巨大风险，为创新系统的失败和解体埋下隐患。各合作方之所以选择协同创新，是因为这种合作模式能够为彼此提供必要的知识和技术支持，最大限度地减少创新风险。然而，如果协同创新伙伴主动组建或参与协同创新是为了探求商业机密、谋取专利技术，在谈判环节隐瞒合作动机，谎报数据或故意隐瞒自身资源的不足，并且在协同创新过程中想方设法探求对方机密信息及技术等，则很有可能给协同创新系统内其他合作方带来巨大损失，这种风险就是协同创新伙伴选择风险。协同创新伙伴选择是一个彼此交流知识与技术资源等信息的过程，在此环节中部分知识和技术信息的外露难以避免。协同创新形成阶段面临的另一类风险是契约风险，在市场竞争压力之下，许多协同创新行为类似于市场行为，但是这种研发与应用行为需要各合作主体之间以诚信为基础，以契约为纽带。如果协同创新各方之间的契约不完备，缺少严格的约束力，就可能诱使产学研参与方出于利己目的而损害协同创新的整体利益，甚至导致协同创新系统解体，例如盗用协同创新成果、套取商业机密等投机行为。据不完全统计，契约风险导致协同创新系统解体率高达$45\%\sim55\%$。

(二）协同创新合作阶段的风险

合作阶段是协同创新活动的核心环节,是风险程度较高的阶段,这一时期的风险主要包括管理风险、技术风险、资金风险和道德风险。管理风险是指管理运作过程中因信息不对称、管理不善、判断失误等带来的风险。在协同创新过程中,管理的关键在于制定规则,统筹协调好协同创新主体之间的关系。这种组织环境下的管理风险通常表现为因管理规则的缺失、合作方管理能力不足及组织结构不完善等因素而导致协同创新运行绩效低下、协同创新系统解体等后果。管理风险并不仅仅存在于协同创新的合作阶段,而是贯穿协同创新的整个过程。

技术创新风险是协同创新的核心内容,主要包括技术研发风险、技术保护风险、技术转让风险等。这里将技术风险分为两类:一是由产学研内部研发实力不足、配套设施不完善、辅助技术缺失、创新技术不成熟而导致技术创新活动半途而废或技术创新的可行性不足,从而引发的技术风险;二是因对市场预测不足、技术更新加快等原因,最终导致技术创新成果无法取得理想的适应性、先进性和收益性,即在研发工作之初就存在技术难以实现理想目标的风险。

在协同创新活动的各个阶段都需要源源不断的资金投入,资金来源包括企业、政府和金融机构等。在技术研发—中试—批量生产的流程中创新资金需求成倍放大,如果出现资金来源不稳定、承诺资金无法兑现、政策改变而错失政府资金支持、产学研合作方挪用资金、金融机构融资困难等问题,就会严重影响协同创新活动的有效进行,甚至可能导致创新活动停滞或失败,这种风险称为资金风险。资金风险的大小因协同创新活动发展程度的不同而不同。随着创新活动的不断推进,资金需求不断扩大,资金风险随之增加;伴随协同创新逐渐成熟,创新活动的稳定性逐渐增强,其获得金融机构和政府资金支持的可能性也随之增强,因而资金风险与协同创新成熟度呈反向关系。

道德风险主要表现为由于信息不对称引起的信用风险。在协同创新过程中,各合作主体所掌握的信息量互不相同,如果一方出于利益最大化目的而利用其信息优势损害协同创新整体及其他合作方利益,就形成道德风险。例如,高等院校和科研机构利用企业提供的支持资金用于创新之外的研发项目;企业利用协同创新研发项目获得政府的优惠政策和金融机构的资金支持,而实际并未投身于项目研发;等等。协同创新各方原本是相互独立的经济体,信息不对称为合作方提供了损人利己的投机机会,随着合作的逐步深化,受损失一方很可能发现另一方的失德行为,并运用同样手法进行报复,这进一步加强了协同创新的道德风险。

(三)协同创新发展阶段的风险

在协同创新进入发展阶段以后,各合作方的关注点在于创新成果价值实现、成果保护以及利益分配等问题。因此,这一阶段的风险主要包括:成果转化风险、市场风险、知识产权风险和利益分配风险。创新成果转化是将科技研发成果转化为现实生产力的关键环节,是实现协同创新各方目标收益的主要途径。协同创新成果的转化具有高收益性,同时也具有高风险性。在成果转化过程中,因创新成果缺少应用条件、资金支持、无法满足成果接收方的要求或成果接收方吸收消化能力不足而导致成果转化进展迟缓、停滞或搁浅,均属于成果转化风险。

市场风险是指市场中存在的各种不确定性而引发的风险。市场经济体制中的商品供求、资源配置均受到"看不见的手"的调控。对于协同创新而言,市场不确定性主要表现为:市场接受创新成果意愿的不确定性,市场对创新成果价值评估的不确定性,市场对创新成果热衷所维持时间长短的不确定性,等等。市场发展变化速度非常快,因而市场风险是难以完全规避的风险。这种风险不仅能够直接造成协同创新投资回报率下降,而且有可能使协同创新各方投入的资金无法回收。协同创新形成的新知识和新技术是创新活动的核心成果,是协同创新一切回报的源头。因此,知识产权对于协同创新各方来说至关重要。在协同创新活动中,由于对知识产权的保护不当而导致知识外漏或被模仿,给协同创新造成损失的风险,称为知识产权风险。知识产权风险主要表现为:一是为了保护知识产权而申请专利,反而因公开了知识与技术给竞争对手创造了模仿的机会;二是将创新成果以商业机密形式保管,并未公开申请专利,然而竞争对手成功研发出了相同技术并率先申请了专利;三是因关键技术研发人才的流失,核心技术、显性知识、隐性知识等被带出协同创新系统,并被其他竞争对手所利用。在协同创新活动中,各合作方都投入了一定的资源和精力，因而期望获得应有的回报。这里所指的回报包括名誉、知识产权及经济效益。由于信息不对称的存在以及各主体组织属性不同，创新系统内部在各合作方投入成本、创新成果价值、各合作方贡献率等方面存在较大分歧，因而在创新成果所得利益分配时，会出现利益分配不公平现象或在各合作主体观念中出现分配不公平的错觉，进而影响协同创新的合作效果以及长期合作的可能性，这种风险称为利益分配风险。

二、协同创新系统风险来源

从协同创新系统的演化过程来看，一切风险的来源无非是协同创新系统内部和外部两个方面。因此，根据风险来源及可控途径，可以将其分为内源风险和外源风险两种类型，协同创新系统风险来源如图4.8所示。

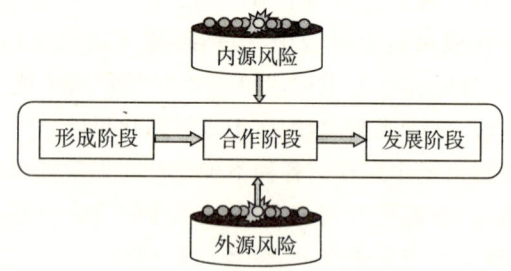

图 4.8 协同创新系统风险来源

（一）协同创新外源风险因素

协同创新外源风险因素即客观存在于协同创新系统之外，非创新主体所能控制的外部影响因素。这些因素既能够促使协同创新系统有序形成，同时也可能导致协同创新系统解体。其一，政策环境。政策对于协同创新风险的影响首先体现在政策的引导方向、支持力度及政策连续性方面。政府对科技创新的财政投入是协同创新的动力之一，政府税收优惠和补贴政策也是减轻协同创新运行负担、助力协同创新顺利进行的重要力量。政府政策的误读或错误引导可能形成协同创新的市场风险和技术风险；如果政策支持力度不足或政策缺乏连续性，就很可能导致协同创新活动的资金供应不足，最终引发资金风险。法律法规的完备性对于协同创新风险也存在一定程度的影响。不健全的法律法规以及不严格的行政执法都会使参与创新的主体产生投机行为,进而侵害协同创新其他合作方权益。目前,中国先后出台了以《科技进步法》《促进科技成果转化法》为代表的政策法规,但相关法律法规体系仍未能与科学技术的发展保持同步,因而为契约风险、道德风险及知识产权风险埋下隐患。其二,经济环境。经济环境对于协同创新风险的影响主要体现在地区经济体制及市场环境两个方面。地区经济体制是指地方政府根据本地区实际情况所制定的有关政策法规等措施来保障地区经济的快速稳定发展。如果协同创新活动脱离了"市场"轨道,产品无法满足外部市场中顾客需求,不仅协同创新各主体无法获得经济利益,协同创新系统本身也难以长期维持。若市场中竞争者不断涌现,替代品层出不穷,必将引发市场风险。其三,社会环境。来源于社会环境的风险因素主要包括社会信用水平、劳动力素质及知识产权文化素养。信用是人与人相处的基本准则,是对个人和组织失信行为的一种无形约束。若社会信用缺失或水平不足,则会为协同创新内的失德行为、失信行为埋下隐患。人力资源是协同创新活动的基础,人力资源素质决定了协同创新活动的效果。因此,劳动力素质不仅会影响协同创新有效运行,而且会影响创新成果的产出,引发管理风险、技术风险、利益分配风险等。

(二)协同创新内源风险因素

协同创新内源风险因素即存在于协同创新系统之内,由创新主体本身的意识、文化及决策行为决定的风险因素,内部风险因素是协同创新的主要影响因素,包括以下方面的内容:第一,组织属性。组织属性的异质性是协同创新主体合作关系建立的基础,同样也是风险产生的根源。由于组织属性不同,协同创新各方对合作目的、投入力度、合作方式、研发进度及合作收益的理解不尽相同。各参与方在以上问题的分歧就可能在合作过程中引发一系列风险。组织属性在一定程度上决定着协同创新的目标设定和目标实现的方式方法。不同种类的组织在管理能力、知识储备、资金实力等方面也存在较大差异,这些都形成协同创新的管理风险、资金风险、成果转化风险和利益分配风险。第二,组织文化。组织文化上的差异致使创新主体之间的战略资源整合在认知上难以统一。从企业的角度考虑,与高等院校和科研机构的合作是为了提升产品质量、提高产品的更新速度,从而实现企业经济利益的持续化和最大化。从高等院校和科研机构的角度考虑,其科技创新活动的目的在于解决人们实际生活中遇到的技术难题,凭借其技术优势提高人们的生活质量。企业的组织文化是经济利益导向,而学研方的组织文化是科技创新导向。这种文化的差异性也增加了协同创新的管理风险、市场风险和成果转化风险等。第三,项目特性。研发项目本身的特性也是协同创新风险的来源之一。在项目选择方面,研发项目的确定先于协同创新的形成,无论立项方是企业、高等院校还是科研机构,研发项目本身的可行性、适应性和完备性都是难以准确预估的,这就为一系列风险埋下隐患。在技术层面,项目的科技含量、国内外领先程度、可替代性、更新换代速度等都是引发技术风险、市场风险和成果转化风险的重要因素。此外,从项目周期的角度考虑,研发周期越长,风险就越大。

三、协同创新系统风险控制

(一)协同创新风险控制框架体系

风险控制是协同创新系统稳健运行的基础和保障。由于协同创新风险来源分为内、外两部分,因而其风险控制也应从内、外两个层面分析,构建协同创新风险内部控制体系和外部控制体系,协同创新风险控制框架体系如图4.9所示。

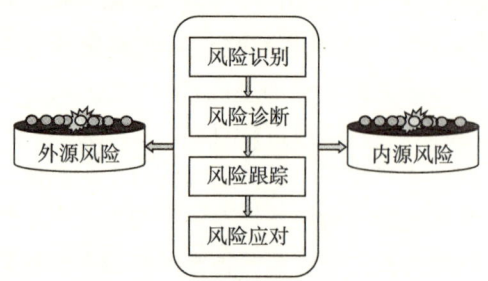

图4.9 协同创新风险控制框架体系

第一步,风险识别。在协同创新活动的各环节,风险控制必须建立在风险识别的基础之上。作为风险控制体系的重要环节,风险识别体系主要包括:设立风险控制机构、选定风险识别方法及进行风险识别。风险控制机构是协同创新风险控制体系的核心,应该由创新主体共同组建,从错综复杂的环境中把握所面临的主要风险。现有的风险识别方法很多,比较常见的方法包括专家调查法、模糊综合评价法、BP 神经网络法等。不同方法有其各自的适用范围和优缺点,在具体的操作过程中,一般根据协同创新活动不同的发展情况而选择不同的识别方法。

第二步,风险诊断。对于识别出的风险需要实时监控,诊断风险产生的根本原因以及背后隐藏的危险因素,预测其可能造成的后果,并且根据各项风险的根源及影响程度对风险进行分类和排序,为风险控制体系的下一环节提供必要的信息。

第三步,风险跟踪。风险跟踪环节的主要任务是在协同创新活动过程中针对各类经过识别、分类和排序的风险以及其他突发风险进行实时监测和记录,准确掌握各类风险的发展状态。风险跟踪环节是风险控制体系中的重要组成部分,其使命是及时发现问题,主要内容包括对比风险状态指标与标准值,通知并启动风险应对环节,定期通报协同创新系统整体风险情况。

第四步,风险应对。风险应对是风险控制体系的核心环节,其内容是采取风险控制措施,力求把协同创新所面对的不利风险降至最低程度或适当范围。根据风险来源的不同,可以将此环节的应对策略分为内源风险应对策略和外源风险应对策略两部分。具体内容包括:对风险跟踪环节提出的风险预警做出回应,根据风险的不同选取相应的应对策略并迅速实施,关注风险发展情况并定期通报,针对风险变化情况适时调整应对措施等。

(二)协同创新系统风险控制的政府实践

在协同创新形成阶段,政府引导双方选择恰当可靠的合作伙伴。伙伴选择是风险控制的源头。为了解决因信息不对称而引发的伙伴选择风险,在协同创新形成初期,各参与主体应充分调查了解协同创新系统内其他参与方的运营情况、优势资源、综合实力及信誉水平,构建协同创新伙伴选择机制,设立科学、全面的评价指标,系统地考察和评估各方的合作动机和贡献能力。通常,当各参与方的目标一致、资源能力能够优势互补时,协同创新伙伴选择风险能够得到有效的控制。针对协同创新形成阶段的风险,政府应当监督指导设计科学完备的合作契约。完备的合作契约应体现利益共享、风险共担的原则。合作契约的首要目的在于激励协同创新系统各合作方积极投身于创新活动,实现显性激励和隐性激励有效结合,将激励方式纳入合作契约是维持协同创新的有效保证。此外,协同创新模式形成之初,签订较为完备且具有约束力的合作契约,对协同创新各方的权、责、利等一系列问题进行严格规定,同样能够有效控制因契约不完备而引发的契约风险。

在协同创新合作阶段,风险控制的方式主要是完善组织结构,健全管理机制,提升管理水平,防控管理风险。管理风险不仅仅存在于协同创新的合作阶段,而是贯穿于协同创新的整个过程。管理风险的控制是协同创新系统稳定运行和持续发展的基础和保障。在组织结构上,应在组织绩效上充分发挥创新主体的自身优势,拓宽各合作方之间沟通和交流的渠道;在管理机制上,应坚持分工与协同兼顾的原则,统筹协调好创新主体之间的关系,有效改善组织运行绩效,助推协同创新成果的形成,维护协同创新主体长期稳定的合作关系。这一时期,政府需要运用激励手段,提高研发实力,共担技术风险。知识创造和技术创新是协同创新的核心内容,因而技术风险的控制对于协同创新合作目标的实现至关重要。一方面,激励创新学研方提升研发实力,引进高端技术人才,防止研发核心人员流失,完善研发配套设施及相关辅助技术,持续更新知识和技术,提高对关键技术和核心研发成果的防护,保证协同创新活动高效、持续推进;另一方面,加强学研方与企业的信息沟通和交流,着力提高协同创新成果的适应性、先进性和收益性。同时,协同创新主体应当拓宽资金渠道,保障资金供给,规范资金应用,规避资金风险。在协同创新活动的各个阶段都存在资金风险,其程度随协同创新活动的发展而不断变化。规避资金风险主要从拓宽源头、保障供给、严格应用三个层面展开:拓宽协同创新的融资渠道,除了企业自有资金和政府扶持资金,还应当想方设法向商业银行寻求贷款,努力吸引风险投资加入;建立准备金制度,预防协同创新活动中出现突发问题,保证协同创新活动具备持续稳定的资金供给;建立健全资金运用制度,对于协同创新活动中的资金运用严格把关,专款专用,保证权利和责任对等,严惩擅自挪用资金等违规行为。在协同创新合作阶段,为了保障协同创新系统的有序运行,需要加强对创新主体的行为监督,建立应急预案,规避道德风险。协同创新的各合作方原本是相互独立的经济体,它们之间不可避免地存在着信息不对称问题,这就为合作方出现失德行为提供了机会。因此,加强行为监督是控制道德风险最根本的手段。另外,增加失德成本同样能够起到规避道德风险的作用。这里的成本不仅包括一定金额的现金处罚,同时也包括各主体的声誉资本损失。为了控制道德风险,应该建立失德行为的应急预案,防止因道德风险的发生而引发协同创新项目整体瘫痪。

在协同创新的发展阶段,风险控制的手段主要包括建立科技成果跟踪体系,完善成果转化管理机制,多渠道控制成果转化风险等。协同创新成果的先进性和完备性是影响其转化的原因之一。因此,建立和完善高端科技成果跟踪体系,实时了解并深入分析国内外高端科技成果的发展情况,保证创新成果走在世界前列,对于规避成果转化风险具有显著效果。完善成果转化管理机制,要求根据各合作方的风险承受能力,科学合理地制定创新成果转化的步骤、方法和技术环节,定期检查和监控成果转化效果,根据反馈信息修订成果转化战略和技术方法,最大程度地避免成果转化失败。此外,选择保险等方式将创新成果转化风险部分转移到协同创新系统外部,可以在一定程度上减少因成果转化失败而造成的损失。在协同创新的发展阶段,为了保障协同创新系统的有效运行,需要在以下方面有所作为:第一,重视创新选题,挖掘市场信息,建立防范机制,控制市场风险。协同创新成功的关键在于项目选题不能脱离实际应用,不能脱离市场,而应以市场的需求作为协同创新的出发点。协同创新活动始于市场,同时也终于市场,其一切活动都应该紧紧围绕市场展开。因此,高质量的市场情报信息对于控制协同创新活动的市场风险至关重要。整个创新活动中都应当时刻关注市场情况的变化,充分挖掘市场信息,抓住市场机遇,有效规避市场风险。在充分把握市场环境与自身条件的基础上,构建市场风险防范机制,能够有效提高协同创新的成功率和回报率。第二,构建核心技术保护体系,推行知识产权跟踪机制,防范知识产权风险。构建核心技术保护体系的工作主要包括完善规章制度,划分技术等级,限定权力范围,实行日常审计制,明确技术价值。提高知识产权管理水平,防止核心技术的流失和泄漏同样是保护知识产权的重要一环。首先,提高协同创新系统参与方的忠诚度和知识产权保护意识,通过期权计划等方式培养技术人员的主人翁意识;其次,完善沟通和问题协调机制,以便于约束和避免各合作方的不诚信行为;最后,加强知识产权保护工作的跟踪监督,将保护工作深入每一个环节,对管理效果进行分析和反馈,从而提高管理水平。第三,构建贡献评估体系,健全利益分配机制,规避利益分配风险。由于信息不对称的存在以及各主体组织属性的不同,需要在创新系统内部构建一个能够科学合理地评估各合作方投入成本、创新成果价值以及各合作方贡献率等的指标体系,从而消除各合作方之间的分歧。此外,健全利益分配机制,明确利益分配方式,鼓励技术折股、技术入股和技术持股等利益分配方法,不仅能够达到控制利益分配风险的目的,而且能够有效地激发创新主体进行研发创新活动的积极性。

第五章 政产学研协同创新演化博弈分析

政产学研协同创新是对自主创新内涵的深化,其实质是通过合理配置政产学研各方资源,促进技术创新所需各种生产要素的有效组合。政产学研协同创新系统是整合创新资源机制的有效路径,也是推进创新型国家建设的重要举措。本章引入演化博弈方法研究政产学研协同创新问题,将政产学研视为一个"学习"的渐进演化系统,强调其动态性和宏观性,建立政产学研协同创新的演化博弈模型,通过数值模拟描述具体的演化路径,重点研究影响系统演化过程及演化稳定的关键因素。政产学研协同创新的演化动力来自系统内部的竞争与合作关系。竞争使系统不断趋于非平衡,是系统演化的首要条件,合作关系则使政产学研协同创新的某些趋势联合起来并加以放大,支配着政产学研协同创新系统的整体演化。最后,本书以风电产业为例,对政产学研协同创新进行实证研究。

第一节 政府扶持企业自主创新的动态博弈

一个国家市场化水平的高低最终决定创新能力的大小。市场化水平越高,企业创新的压力越大,整体创新能力就越强。中国目前的市场化程度远远低于成熟市场经济国家水平。正因如此,国内企业的创新能力和动力凸显不足,这是自主创新最大的制约因素。国外经验表明,创新源泉来自于企业,市场竞争程度决定企业创新能力。创新的本质特征是风险、不确定性与高额回报并存,正是由于创新的风险和不确定性,使得创新在很大程度上取决于创新主体——政府和企业的行为。企业是创新活动的执行主体、创新资源投入的主力军;而政府则是创新制度和相关基础设施的建设者，具有促进企业创新、组织协调系统、制定创新战略目标的作用。政府主导的创新机制是引擎，企业创新机制则是根本动力。在创新过程中，政府和企业这一对策略互动主体，在互相研究对方的策略后做出最佳反应决策，由于有限理性条件下的短视行为，其策略反应是一种不断调整的动态过程。因而，可以视政府与企业之间的博弈为一个学习过程。进化博弈的基本思路是：经济中稳定的均衡状态表现在不可能准确地知道自己所处的利害状况，发现最佳行动的能力也局限于有限的经济主体（有限理性的经济主体），通过持续模仿被认为是最有利的战略而最终所达到的状态。在这样的经济中，能够观察到采用获得更高收益的战略的人数比率逐渐上升的动态过程。这与更善于适应现状的种类逐渐占据统治地位的所谓生物进化过程类似。这就是进化博弈理论的基本概念——进化稳定策略。

由于创新收益的外部性和创新成本的内部性，因而创新动力可以说是天然不足，而且由于创新的高风险性，因此实现创新必须有良好的激励机制和运行机制。如果政府有一套完整的创新激励制度安排，包括产权制度（特别重要的是专利权，它们使创新的私人收益接近于社会收益）、市场机制（市场价格机制下的高收益将诱导人们甘冒风险进行创新）和政府激励政策，则企业将发现进行创新或至少跟上发展动态将是最优的；若不然，企业迟早将被淘汰。由此将激发企业及其个体在创新垄断收益刺激下不断开拓创新。若政府偏离此进化均衡策略获取短期机会主义利益，由于创新的高风险和创新成本收益的不对称，则所有企业都不敢开创新之先，必然重挫企业的创新动机，反过来将降低政府的收益。因此，理性的政府没有偏离均衡的动机。

一般来说，企业具有较强的创新需求和催生高新技术产业的物质能力，能够敏感地捕捉市场动态和需求。但目前国内企业创新却存在许多障碍，突出表现在：一是创新投入能力严重缺乏，缺乏创新所需的资金、人才、技术和信息。二是研发成果商业化能力薄弱，资源投入实力较小，承担风险能力较弱。三是与外部信息交流能力较差，利用外部创新资源的能力较差。与此同时，政府拥有资金和组织调控能力，是技术创新政策和环境的创造者和维护者，能够承担一定的技术创新风险。但政府对企业创新行为的推动和资助并不缺乏理性，政府的目的是获得社会效益最大化。因此,政府资金扶持和企业自主创新行为存在着博弈。本节分别就企业和政府在不同策略组合下的收益情况进行分析。

一、政府扶持企业自主创新的博弈模型

企业经营存在有创新能力和无创新力两种类型,且拥有采取技术创新和不采取技术创新两种选择。政府仅仅知道企业存在着两种类型,在实施资助时无法获得申请企业的真实情况;企业可能会隐藏自己的信息,政府难以确认企业最终是否会采取创新行动。但是,无论政府还是企业对博弈的最终得益结果是可以正确认知的。所以说,政府与企业间的博弈是完全但不完美信息动态博弈。将政府扶持企业自主创新博弈的假设为:

一是仅有政府和企业两个博弈方,并且双方都是完全理性的,即双方每一个阶段的行为选择都不存在不可信的行为选择,并且企业以自身利益最大化为目标。政府追求最大的社会效益,企业的行为或多或少存在一些不当之处,这需要政府对其资源利用行为加以引导,促使他们向有利于经济、社会可持续发展的方向转变。

二是行为策略:企业采取的策略包括采取自主创新行动与不采取自主创新行动,并且假设采取创新行动会成功。政府给予企业的资金支持为 $C(C>0)$ 单位,且政府只存在采取实施扶持和不实施扶持两种选择。对于政府来说,其策略可以是鼓励企业创新,也可以不鼓励,因此其策略选择空间为(积极,消极);而对于企业来说,它也有两种选择,进行创新和不进行创新,其策略选择空间为(创新,不创新)。

三是不考虑其他因素可能给企业带来的收益,只考虑企业通过自己的能力进行自主创新使得某个创新项目成功商业化给企业带来收益和政府给予的资金支持带来的收益作为评价企业最后得益指标。

四是忽略产权因素。本节在研究过程中没有考虑产权的情况,政府与企业之间的地位是完全对称的,也就是如果企业和政府互换位置不影响委托人的决策,即补偿函数不变。各方都清楚对方支付情况,也能观察到对方的选择。

这里需要进行一些基本说明:企业技术创新收益系数大于1,也就是说企业通过技术创新所获得的总收益大于总成本的支出,即利润为非负

值。当企业不进行技术创新或无创新能力时，M 为 0。由此构造一个简化的博弈支付矩阵：

		政府	
		积极政策	消极政策
企业	创新	$E(1), U^* \cdot E(1) - C$	$E(0), U \cdot E(0)$
	不创新	$C, -C$	0, 0

图 5.1 政府与企业创新博弈支付矩阵

图 5.1 中的 C 为政府扶持支付的成本，即政府给予企业的资金资助，$C>0$。U^* 和 U 分别表示政府部门对企业自主创新行为的优惠和不采取创新行为的处罚（例如对采取创新的企业征收的税率为 U^*，否则为 U，一般有 $U^*<U$；政府实施消极扶持政策时，对企业实施统一税率 U）。政府部门和企业的策略取决于表中各项收益的相对大小。企业内部成本的增加应大于直接经济效益（包括政府的优惠）的增加。

由政府与企业创新博弈支付矩阵可以看出，当政府实施积极扶持政策时，企业可以选择创新和不创新。企业选择不创新时其期望收益为 C，政府为 $-C$，支付向量为 $(C, -C)$。企业选择自主创新战略时的期望利润为 $E(1)$，其支付向量为 $(E(1), U^* \times E(1) - C)$。当政府实施消极扶持政策时，企业可以选择创新和不创新。企业选择不创新时其期望收益为 0，政府为 0，支付向量为 $(0, 0)$。当企业选择自主创新时，此时的支付向量为 $(E(0), U \times E(0))$。

为求解该博弈的混合策略纳什均衡，假设政府部门采取积极扶持政策的概率为 $P(0<P<1)$，消极扶持政策的概率则为 $(1-P)$；企业采取自主创新策略的概率为 $Q(0<Q<1)$，不采取自主创新策略的概率则为 $(1-Q)$。由此可知企业选择自主创新的期望收益 S_{q1}，选择不创新的期望收益 S_{q2} 以及企业群体的平均收益 $\bar{S}_q$ 分别为：

$$S_{q1} = P \cdot E(1) + (1-P) \cdot E(0) = (E(1) - E(0)) \cdot P + E(0)$$

$$S_{q2} = P \cdot C + (1-P) \cdot 0 = CP$$

$$\begin{aligned}\bar{S}_q &= S_{q1} \cdot Q + S_{q2} \cdot (1-Q) \\ &= (E(1) - E(0) - C) \cdot QP + E(0) \cdot Q + CP\end{aligned}$$

同理,政府选择积极扶持政策的期望收益 S_{z1},选择不创新的期望收益 S_{z2} 以及企业群体的平均收益 S_z 分别为:

$$S_{z1} = Q \cdot (U^* E(1) - C) + (1-Q) \cdot (-C) = U^* E(1) Q - C$$

$$S_{z2} = Q \cdot (UE(0)) + (1-Q) \cdot 0 = U \cdot E(0) Q$$

$$\bar{S}_z = S_{z1} \cdot P + S_{z2} \cdot (1-P)$$
$$= (U^* E(1) - UE(0)) \cdot QP + UE(0) \cdot Q - CP$$

这里引入演化稳定均衡中的复制动态方程。复制动态实质上是描述某一特定策略在一个种群中被采用的比例或频率的动态微分方程。此动态微分方程与生物演化中描述的特性个体频数变化其自然选择过程的"复制动态"过程相一致,因此称为"复制动态方程"。

分别构造企业和政府的复制动态方程:

$$F(Q) = dQ/dt = Q(S_{q1} - \bar{S}_q) = Q[(E(1) - E(0)) \cdot P + E(0)$$
$$- ((E(1) - E(0) - C) \cdot QP + E(0) \cdot Q + CP)]$$
$$= Q(1-Q)[(E(1) - E(0) - C)P + E(0)] \qquad (1)$$

$$F(P) = dP/dt = P(S_{z1} - \bar{S}_z) = P[U^* E(1) Q$$
$$- C - ((U^* E(1) - UE(0)) \cdot QP + UE(0) \cdot Q - CP)]$$
$$= P(1-P)[(U^* E(1) - UE(0)) \cdot Q - C] \qquad (2)$$

根据 Friedman 算法,由式(1)与式(2)构成的微分方程组形成系统的群体动态,复制动态方程反映了博弈方的学习速度和方向,当动态方程为 0 时,则表明学习速度为 0,即此时该博弈已达到一种相对稳定的均衡状态。由于进化稳定策略(ESS)要有一个稳定状态必须具有抗扰动的功能,由此求得:

当 $P > \dfrac{E(0)}{E(0) + C - E(1)}$ 时,$Q^* = 1$ 是 ESS;

当 $P < \dfrac{E(0)}{E(0) + C - E(1)}$ 时,$Q^* = 0$ 是 ESS。

同理,当 $Q > \dfrac{C}{U^* E(1) - U \cdot E(0)}$ 时,$P^* = 1$ 是 ESS;

当 $Q < \dfrac{C}{U^* E(1) - U \cdot E(0)}$ 时，$P^* = 0$ 是 ESS。

将上述政府和企业双方博弈的复制动态关系用相位图表示如图5.2所示。在局部均衡点中仅有2个均衡点是具有局部稳定性的，也就是本节演化博弈的进化稳定策略(ESS)，即(积极扶持，自主创新)，(不扶持，不创新)。该演化系统还存在2个不稳定的均衡点和1个鞍点。

从图5.2中我们不难看出，$O(0,0)$或$H(1,1)$是这个博弈的进化稳定策略，最终收敛到哪个策略要看系统的初始状态。若初始状态处于折线ADB左下方区域OADB时(如图5.2中的N点)，系统将收敛于ESS稳定点O(不扶持，不创新)，若初始状态处于折线ADB右上方区域HADB时(如图2中的K点)，系统将收敛于ESS稳定点H(扶持，创新)，说明政府和企业的

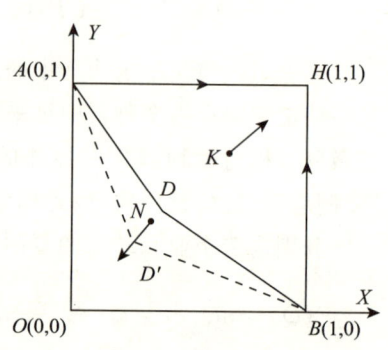

图5.2 政府和企业博弈动态复制相图

博弈行为表现出对初始值的依赖性。从分析可以得出，通过参数的调整可以使区域OADB的面积减小而区域HADB的面积增加，即将鞍点D向左下方移动可以使系统达到理想均衡状态H的概率增加，如给定的初始条件可以从区域OADB跳到$HAD'B$。因此，可以说企业创新行为是可控和可激励的。

当政府从企业创新获得的"超额利润"中分配的收益增加时，D向下移动，由图中可以看出区域OADB的面积减小而区域HADB的面积增加，系统演化至ESS稳定点H的可能性随之增加。同样地，当企业从自身自主创新获得的"超额利润"中分配的收益增加时，D向左移动，区域OADB的面积减小而区域HADB的面积增加，系统演化至ESS稳定点H的可能性越大。从上述分析可以看出：不论是政府还是企业，从创新行为中获得的收益越大，政府扶持企业创新的可能性越大，而企业进行技术创新的动力也就越大，从而形成了政府—企业双赢的局面。为了使企业创新行为中分配到的收益最大化，政府需要提供一套完整的技术创新保障制度，主要包括产权制度、市场制度、企业制度等，为企业进行技术创

新营造一个良好的外部环境,确保企业可以从技术创新中获得最大的"超额利润"。

政府为了鼓励企业进行创新做出的一种资金扶持政策 C,如对于一些创新成本高的高新技术企业,为了鼓励企业技术创新,政府给予企业创新资金、免税退税等等,相当于创新收益在政府和企业之间的一种再分配。当 C 增加时企业获得的资助越多,相应地减小了企业技术创新的内在风险性,企业选择技术创新的可能性就越大,那么政府和企业从创新中获得的收益增加,即当政府和企业分别从企业自主创新获得的"超额利润"中分配的收益增大,从而鞍点 D 向左下移动,系统演化至 ESS 稳定点 H 的可能性越大。

企业进行了技术创新,但是由于政府不鼓励创新,没有提供优良的市场环境和保护企业创新的政策,就会导致模仿和剽窃大行其道,使创新企业蒙受损失。当政府实施消极扶持政策时,鞍点 D 向左移动,即企业进行技术创新的可能性变小。这与实际情况非常符合,企业创新损失收益越大,当然越有可能选择保守策略即不进行创新行为。

因此,在博弈初始时选择不激励策略的政府,通过学习和模仿,自然会选择收益大的策略,随着时间的进展,选择激励创新的概率会越来越大,企业在政府激励政策下为了追求创新利润而选择创新,于是博弈进入 $HADB$ 区域,博弈将收敛于进化均衡状态 H。

二、政府扶持企业自主创新的路径分析

由于自主创新具有较强的外部性,企业自主创新的成果不可避免会产生外溢效应,提升整个行业技术水平。企业自主创新的溢出效应对于社会而言,社会效益高于私人收益;而对于企业而言,私人付出的技术创新成本在很多情况下难以得到充分的补偿,再加之研究开发活动往往需要投入大量的资金,回收时间又长,加剧了企业创新的风险。在这种情况下,企业往往面临研发动力不足的情况。对此,政府需要对 R&D 活动进行必要的介入和干预,对企业的 R&D 投入进行必要的引导和激励,以降低企业 R&D 活动的外部性,保证创新企业获得合理的利益。如果政府给予企业 R&D 补贴,以降低企业 R&D 成本和面临的风险,就可以减少企业从事 R&D 活动的私人收益与社会收益的差距,使企业从事 R&D 活动的

回报率增加,由此激励企业 R&D 投入的动机。Agion 和 Howitt(1990)创建了一个经典的政府参与研发活动的内生过程。假设创新过程遵循时间变化的泊松分布,瞬时技术创新实现率(instantaneous arrival rate)为 $\zeta(s)$,那么在时间点 t 之前预期成功的数量为 $I(t) \equiv \int_0^{\tau} \zeta(s) \mathrm{d}s$。由于外部性的存在,研发成功的最优解 $\zeta(s)^*$ 往往与市场竞争条件下企业的研发成功概率 $\zeta(s)$ 不一致,图 5.3 描述了这一情况。

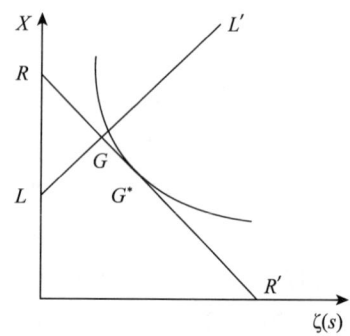

图 5.3　政府参与研发活动内生过程

资源约束线 RR' 与非套利条件线 LL' 的交点 G 代表市场竞争条件下企业的研发成功概率 $\zeta(s)$。研发成功不仅可以带来垄断利润,而且影响企业的资本市场价值。为得到研发成功的流动概率 $\zeta(s)$,必须投入 a 个单位的劳动力。在不断创新的均衡中,企业资本市场的总值为 wa。一般来说,资本市场存在两个非套利条件,一个是股权收益等于公司分红比例的总和,另一个是预期的资本收益率等于无风险的利息率。从图中可以看到 G 点沿资源约束线 RR' 可以位于最优点 G^* 的上侧或者下侧。即当质量阶梯上的台阶属于中等规模时,研究与开发活动的市场驱动力是不充分的。当这些台阶很小或很大时,就会有过多的市场驱动力。于是,政府在研发过程中可以大有作为。如果政府的政策能够使得企业家面对适宜的创新驱动力,那么最优增长路径将作为市场结果而实现。政府的政策可以是对研究与开发活动的征税或补贴。假设政府支付研究与开发费用中的 φ 部分,如果 $\varphi<0$,则意味着政府对研究与开发活动征税。实行这种政策以后,每个企业家面临单位研究强度的研究与开发活动的成本为 $(1-\varphi)wa$。政府政策的效果是改变图 5.3 中的 LL' 曲线。政府可以通过选择合适的 φ 达到 RR 曲线上的任意点,包括最优点 G^*。而当 $\zeta^* > \zeta$ 时,需要对研究开发活动进行补贴,即 $\varphi>0$,企业研发成本降低则有利于提升从事研发的动力和成功的概率。

政府创新支持不可能是完全的市场化机制,补贴的方式不同,其担当的角色和采用的补贴模式不同,对企业 R&D 行为产生的影响不同。一般来说,政府创新补贴产生的效应与政府对企业研发的补贴率呈"倒 U 型"曲线,即企业研发投入随政府研发补贴率的上升而增加,但到一个临界点后,这种效应随着补贴率的上升而减少。当补贴率达到很高时,企业将依赖于政府的补贴,而不是自己投入。研究表明,政府科技投入和对企业的创新补贴对企业支出有明显的促进作用,这反映出政府补贴过多和过少都不利于企业成为自主创新的主体。政府不仅需要支持企业的研发活动,还应该主动加大研发投入的力度,提升企业的自主创新能力。对于创新潜力较大、目前尚处于竞争劣势的企业而言,政府应发挥政策指导作用。指导方向为重点扶持中等比较优势的企业,将这种中等竞争优势转换为动态比较优势,而不具有比较优势或具有较强比较优势的企业应由市场驱动,政策只需宏观调控。

动态演化博弈模型的建立从理论上验证了政府扶持企业自主创新行为的重要性。创新的收益外部性和成本内部性一定程度上导致了企业创新动力不足,政府的积极扶持政策能够改善创新收益外部性和成本内部性的缺失,从而激发企业创新的活力。企业创新行为的外溢效应能够提升整个社会的福利,这将会促使政府进一步完善技术创新激励策略。由于技术创新本质上是一个不断试错的过程,政府所构建的制度环境并不一定从开始就能够促进企业的自主创新。在企业自主创新行为的演化过程中,政府行为必须根据企业的反应不断调整,在不断试错过程中构建最优的制度环境、激励政策,从而促进企业与政府的良好互动,提高整个社会技术创新的效率。研究认为,政府选择不同的扶持政策,对企业自主创新行为和绩效产生的效果不同,因而政府应根据企业的特征来选择不同的补贴方式和方法。

第二节 政产学研协同创新系统的演化博弈

协同创新是一项复杂的创新组织方式,其关键是形成以大学、企业、研究机构为核心要素,以政府、金融机构、中介组织、创新平台、非营利性组织等为辅助要素的多元主体协同互动的网络创新模式,通过知识创造主体和技术创新主体间的深入合作和资源整合,产生系统叠加的非线性效用。实践证明,在科技经济全球化的背景下,以开放、合作、共享的创新模式是有效提高创新效率的重要途径。充分调动企业、大学、科研机构等各类创新主体的积极性和创造性,跨学科、跨部门、跨行业组织实施深度合作和开放创新,对于加快不同领域、不同行业以及创新链各环节之间的技术融合与扩散尤为重要。

目前我国企业的创新能力还相当薄弱,在政产学研协同创新中基本处于从属地位。据统计,全国规模以上企业开展科技活动的仅占25%,研究开发支出占企业销售收入的比重仅0.56%,大中型企业仅0.71%,只有万分之三的企业拥有自主知识产权。众多企业对参与政产学研协同创新顾虑重重,不能充分认识到高新技术应用对企业迅速发展的作用,同时由于我国政产学研协同创新政策法制不健全,一部分试探性合作企业并没有获得应有的利益,使得大部分企业创新动力不足。在实践中,我国企业每年都在大规模地引进技术,而学研部门向企业提供的通常都是单项的技术和产品,不能满足企业的需求。同时,我国尚未建设形成有利于科技人员创新创业的科技基础条件平台,大型科研设施以及科研资料、科学数据等相对匮乏且存在着盲目重复购置、使用效率不高等问题,没有形成社会科技资源共享机制。统计数据显示,目前高校及相关科研机构的科技成果签约转化率不到30%,转化后能够产生经济效益的成果大约只占被转化成果的30%,只有10%的成果能够取得经济效益。政产学研各方对技术的价值经常存在不同认识,合作初期比较容易达成一致协议,但随着组合项目的进行,合作各方的利益往往不能得到较好的处理,矛盾凸显。利益分配亦存在于政产学研合作各方的内部,这一问题处理不好不仅使合作组织不能获得应有的利益,还可能由于内部人员的流动而导致更大的利益损失。众所周知,当一个企业发展到高端时,企业资源会变得非常有限。政产学研协同创新的实质是搭建一个合作平台,创设一种运行机制,完善一套政策体系,促进技术创新所需的各种生产要素组合,以保证和推进知识创造、转移、扩散过程的集约化、规模化、市场化和科学化。政产学研协同创新在实际操作中,由于企业、高校和科研机构三方在社会职责、价值取向上存在差异甚至冲突,往往难以形成无缝连接的运行体系,这时处于三方之上的政府,对提倡、推动、组织、协调、激励和引导产学研合作正常、有效开展具有重要职能和不可替代的作用。一个完整的科技投入产出系统中,脑力劳动参与实际是作为知识研究成果的容器。企业研究中心主要从事应用型技术开发,直接面向市场经济主战场,理应成为技术创新的主体;高等院校主要从事基础性理论研究,培养科学技术人才,为企业开发提供充足的科研后备力量和大量的科学技术储备;科研院所主要从事成果推广和技术服务工作,面向社会、企业提供技术转移、技术咨询和培训。政府参与科技体制管理的途径是靠其科技计划的制定和发展基金的配置以及对中央级专项科研项目的匹配资金运作,实现在科技与生产相结合中的现实纽带作用。

一、政产学研协同创新博弈的理论分析

政产学研协同创新的理念体现了系统的思想,与技术创新模式从封闭向开放转变紧密相关,是对自主创新内涵的丰富深化,反映了当前科技改革发展的最新趋势。虽然 innovation 一词是 1911 年由 J.A.Schumpter 首次提出,但是创新活动却是人类过去、现在和未来生存及发展的永恒主题之一。目前,创新研究的内涵正在不断丰富和完善。20 世纪 90 年代初,Freeman 和 Lundvall 等学者开创了以国家创新系统为代表的第三代技术创新理论,引发了协同创新系统、产业创新系统、创新网络、集群创新等关注制度、环境、网络等层面的研究,产学研结合的思想和原理逐渐在科技管理实践中得到推广和应用。Etzkowitz 和 Leydesdorff 利用三螺旋模式分析大学、产业、政府之间的互动关系,三螺旋理论被认为是创新研究中的新范式,主要是指大学、产业、政府之间通过组织的结构安排、制度设计等,加强三者资源与信息的分享沟通,提高科技资源的运用效率与效能。三螺旋理论强调产业、学术界与政府的合作关系,强调这些群体的共同利益是它们所创造的社会价值。其关键是公共与私立、科学与技术、大学与产业之间的边界是流动的。大学和企业正承担着以前只由其他部门领衔的职责,对政府来说,在不同层次的科学和技术政策中塑造这些相互关系日益成为工作主题。Fritsch 认为地理上的远距离对于建立和维持合作关系是不利的,要实现合作各方利益的最大化,必须保持区域网络与外部环境的互动。Senker 从宏观角度对产学研合作创新进行研究,分析了不同制度环境下产学研合作的特征,认为知识是链接科技与产业的中

质,科技与产业的链接是由知识的生产方式决定的。相异的制度环境孕育不同的知识生产方式,进而形成各异的科学－产业链接模式;在制度环境中,科学技术与经济增长的现实水平对知识的生产方式起着至关重要的作用。Chesbroug 等认为未来企业的盈利能力取决于企业从外部获取创新资源并将其转化为商业价值的能力,政府层面上,以知识增值为核心的协同创新有利于推动地方经济发展,增加财税收入,降低失业率,实现资源和经济的可持续发展;社会层面上,知识增值有利于科技中介机构的发展和服务水平的提高,科技中介机构为产学研合作以及协同创新搭建了良好的平台,有利于降低创新主体之间的交易成本以及道德风险。Lee 认为获取互补性研究成果、进入新技术领域、开发新产品、接触大学的重要人员、提高学术研究是企业参与产学研协同创新的主要动机。而大学也能从合作中获得企业对其研究的经济支持、推进研究的实用性、探索新的研究领域以获得更多的学术成果。Geuna 将产学互动区分为六类:一般性研发资助,合作研发,大学中的业界协调单位,研发中心,产学研发联盟,创业育成中心与科学园区。Jemison 认为协同创新涉及不同利益目标的创新主体,是一种独特的混合型(hybrid)跨组织关系,单个组织无法取得合作的全部控制权,需要有新的管理技能和组织设计能力。传统的产学研合作常常表现为大学研究人员与企业研究者之间组成的个体性网络,这类合作大多以项目合作作为主,规模很小,产生的效应也小,因此需要在更高的层次上构建一个跨边界的组织机构。

近年来,越来越多的学者运用演化经济学研究经济系统中的演化规律。演化博弈是以有限理性为基础,将博弈论的分析方法与动态进化过程结合起来,认为有限理性的经济主体不可能准确知道自己所处的状态,它会通过持续模仿最有利的战略,最终达到一种均衡状态,其研究的对象是一个"种群"(population),遵从生物进化论中"物竞天择,适者生存"的基本原则,注重分析种群结构的变迁,强调动态是相对于群体行为达到均衡的调整过程。系统可能会有多个均衡点,究竟到达哪个均衡点依赖于进化的初始条件和进化路径。演化博弈的复制动态模型最早由 Taylor 和 Jonker 提出,模型用常微分方程: $\dot{x}_i = x_i(F_i(x)) - \bar{F}(x)$ 来描述策略的演化,其中 x 为所有策略在种群中的频率向量,可看作是系统的状态; x_i 为 x 的第 i 个分量,即策略 i 在种群中的频率; $F_i(x)$ 表示策略 i 在系

统状态为 x 时的适应性;$\bar{F}(x)$ 为在状态 x 下种群的平均适应性。模型可以看作是一种无变异的自然选择学习模型。当个体策略的演化不仅与时间有关,而且也与空间有关时,复制动态模型需要用偏微分方程来描述。Hutson 和 Vickers 引入一维空间变量,利用偏微分方程模型讨论了 2×2 对称博弈的演化稳定策略。1990 年,Foster 和 Young 首次将随机性引入复制动态模型之中,提出用随机微分方程来描述策略的演化。随后,考虑实际系统中的不同噪音形式,出现了各种基于随机微分方程的动态模型。1993 年,Kandori 等利用随机过程首次建立离散时间的随机演化博弈模型,提出演化博弈一种新的研究框架,并根据随机过程的特性分析了系统均衡状态。2004 年,Nowak 等将种群遗传学中的 Moran 过程引入随机演化博弈中,并利用 Taylor 等人提出的扎根概率方法(fixation probability method)研究了重复囚徒困境博弈的进化均衡和合作出现的可能性。随后,Traulsen 等分析了有限群体的 Moran 过程和无限种群中复制动态模型之间的联系。2006 年,Imhof 等将 Wright-Fisher 过程引入演化博弈动态之中,与 Moran 过程相比,Wright-Fisher 过程可以描述具有同步复制规则的生物种群,由于同步规则在生物繁殖中更为普遍,基于 Wright-Fisher 过程能够更好反应策略的演化动态。遗憾的是,Wright-Fisher 过程为一般马尔科夫过程,难以得出解析形式的扎根概率。在演化博弈理论中,最核心的概念是"进化稳定策略"和"复制动态"。其中,进化稳定策略表示一个种群抵抗变异策略侵入的一种稳定状态。

已有研究运用博弈思想分析了产学研合作的机理,但实际上政产学研协同创新过程是建立在有限理性基础上的,他们在理性知识、分析推理能力、识别判断能力、记忆能力和准确行为能力等方面存在显著差异,往往一开始不能找到最优策略,但是在博弈中能不断学习、不断调整和改进寻找较好的策略,这种有限理性使得政产学研协同创新的共生关系也会有一个不断调整的动态演化过程。从政产学研协同创新的博弈过程看,类似于学习速度不快的成员组成的大群体随机配对的反复博弈,其策略调整可用"选择策略－进化－选择新策略－再进化"的生物进化博弈"复制动态"机制来模拟,演化博弈的过程就是参与方不断地调整自己的策略以达到利益最大化的过程。

二、纯市场行为的产学研协同创新演化博弈分析

(一)模型基本假设

第一,假设没有一个组织来设计或安排企业、大学、科研机构之间的协同创新。参与者之间是通过"物竞天择、适者生存"的法则自发演化的,都是根据其他成员的策略选择,考虑在自身群体中的相对适应性来选择和调整各自的策略。

第二,大学、科研机构一般情况下对协同创新模式的偏好是相同的,往往拥有知识和技术的比较优势,相对于企业来说缺乏将科技成果市场化的能力,将其作为博弈的一方,简称为学研方;企业发现潜在的市场需求,准备开发一种新产品,但在关键技术开发上能力不足,将其作为博弈的另一方,简称为产方。假设产方自身的创新能力为 ψ_1,学研方的创新能力为 ψ_2,根据我国实际情况,学研方的创新能力大于产方的创新能力,即 $\psi_2 > \psi_1$,否则产方不会与学研方合作。进一步假设,若产方购买到学研方的高质量成果时,自身的创新能力变为 ψ_2,若购买到低质量成果时,自身创新能力不变。

第三,纯市场行为的产学研协同创新过程分为研发和商业化阶段,并且每个阶段需要相应的技术创新能力,以创新能力成熟度 ϑ_1 和 ϑ_2($0 < \vartheta_i < 1, i=1,2$)分别表示研发能力、商业化能力的高低。假设技术成果的本身价值为 V,将其商业化后可获得的最大利润为 Π($\Pi > V$)。技术成果市场化成功的概率与创新能力成熟度正相关,记为 $p = f(\vartheta_1, \vartheta_2)$,即技术越成熟,商业化能力越强,技术成果的市场化就越容易取得成功。由于研发能力与商业化能力之间是不可补偿的,以二者的加权积来表示技术成果市场化成功的概率函数。记为 $p = \vartheta_1 \vartheta_2$($0 < p < 1$)。

第四,纯市场行为产学研协同创新的博弈支付矩阵结构与捕鹿博弈模型相似。在支付矩阵中,π_m, π_n 分别表示学研方和产方不选择协同创新策略时获得的正常收益;$\Delta \pi_m, \Delta \pi_n$ 分别为博弈双方选择协同创新策略时得到的超额利润,且超额利润的总和为 $\Delta \pi, \Delta \pi = \Delta \pi_m + \Delta \pi_n$。设 $\Delta \pi_m, \Delta \pi_n > 0$,$C_{om}$ 和 C_{on} 分别为学研方和产方选择协同创新所投入的初始成本。则选择协同创新策略的学研方比例为 $x_1 = x$,不选择协同创新策略

的比例 $x_2=1-x$;选择协同创新策略的产方比例为 $y_1=y$,不选择协同创新策略的比例 $y_2=1-y$。

(二)演化博弈模型分析

根据假设,学研方选择协同创新策略时的适应度为:

$$S_m(Coo,M) = y(\pi_m + \Delta\pi_m) + (1-y)(\pi_m - C_{om}) \quad (1)$$

学研方不选择协同创新策略时的适应度为:

$$S_m(NCoo,M) = y(\pi_m) + (1-y)(\pi_m) \quad (2)$$

而学研方的平均适应度为:

$$\bar{S}_m = xS_m(Coo,M) + (1-x)S_m(NCoo,M) \quad (3)$$

因此,学研方选择协同创新策略的复制动态方程由式(1)、(2)、(3)可得:

$$\begin{aligned} dx/dt &= x[S_m(Coo,M) - \bar{S}_m] \\ &= x(1-x)[(\Delta\pi_m + C_{om})y - C_{om}] \end{aligned} \quad (4)$$

同理,产方选择协同创新策略的复制动态方程为:

$$dy/dt = y(1-y)[(\Delta\pi_n + C_{on})x - C_{on}] \quad (5)$$

式(4)、(5)描述了纯市场行为产学研协同创新的群体动态,根据 Friedman 提出的研究方法,其均衡点的稳定性可由该系统雅可比矩阵的局部稳定性分析得到。系统在平面 $m=(|(x,y)|0 \leqslant x,y \leqslant 1)$ 的局部均衡点分别为 $O(0,0)$,$A(1,0)$,$B(1,0)$,$C(1,1)$ 及 $D(x_D,y_D)$。其中:$x_D = C_{on}/(\Delta\pi_n + C_{on})$;$y_D = C_{om}/(\Delta\pi_m + C_{om})$。在五个局部均衡点中,仅有 O 点和 C 点稳定,是进化稳定策略(ESS),分别对应于学研方和产方选择协同创新与双方不合作策略。此外,该演化系统还有两个不稳定的均衡点(A 和 B)及一个鞍点(D)。图5.4和图5.5描述了纯市场行为产学研协同创新演化博弈的动态过程。由 A 和 B 及鞍点 D 连成的折线为系统收敛于不同状态的临界线,即在折线的右下方($ADBO$ 部分),系统将收敛于不合作关系;在折线的右上方($ADBC$ 部分),系统将收敛于协

同创新关系。

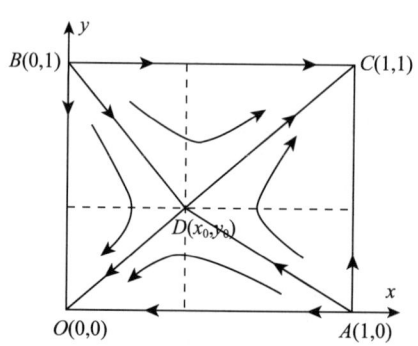

图 5.4 产学研协同创新演化相图

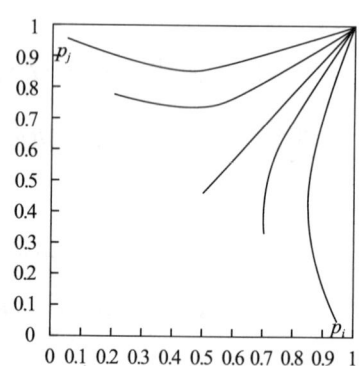

图 5.5 不同初始值的系统演化路径

通过对纯市场行为产学研协同创新演化博弈分析可知:

第一,系统演化路径与博弈的支付矩阵密切相关,构成博弈双方支付函数参数的变化将导致演化系统向不同均衡点收敛。从图 5.4 中可以发现,当协同创新产生的超额利润越大时,折线上方 ADBC 部分的面积将越大,系统收敛于均衡点 C 的概率增加,产学研部门趋向于选择协同创新策略。在实践中,要求产学研合作注重双方能否实现资源的互补性、技术、产品以及财务等方面的协同效应,以实现协同创新产生的超额利润极大化,从而保证产学研合作关系的稳定。

第二,产学研协同创新所处的初始状态将影响到系统演化的方向及速度,系统演化具有明显的"路径依赖"特征。其协同创新策略的演化轨迹可以通过如下数值模拟分析,设初始值分别取 $(0.05, 0.95), (0.2, 0.8), (0.5, 0.5), (0.7, 0.3), (0.95, 0.05)$,时间段为 $[0,1]$,步长为 0.001,其他值设定分别为 $\Delta \pi_m = \Delta \pi_n = 10, C_{om} = C_{on} = 2$,可得到在不同初始状态下系统的演化路径。从图 5.5 可以看出,产学研协同创新开始时选择的策略差别越大,其向平衡点演化的速度越慢。

第三,学研方和产方选择合作投入的初始成本越大,他们越不愿意选择协同创新。从 D 点坐标值可以看出,若初始投入 C_{om}, C_{on} 增加,D 点的横纵坐标值都将增大。当两者同时增加时,表示他们以同等的速度远离原点,接近于 $C(1,1)$,即学研方和产方选择协同创新的积极性越小,系

统演化的 $ADBC$ 区域越小。通过数值模拟可以发现,在考虑学研方和产方不同的初始投入成本之后,初始投入成本越低,D 点向 O 点逼近的速度越快,系统收敛于 C 点的概率越大,学研方和产方越倾向于选择协同创新模式。

三、政产学研模式的协同创新演化博弈分析

(一)模型基本假设

第一,政产学研模式下的博弈主体依然是学研方和产方,双方都是有限理性的经济人。学研方和产方的策略选择均是选择协同创新策略与不选择协同创新策略,π_m、π_n 分别表示学研方和产方依靠自身资源优势进行创新的收益;$\Delta\pi_m$、$\Delta\pi_n$ 分别为博弈双方选择协同创新策略时获得的合作受益,与上一模型相同。

第二,政府根据区域现状,确定区域创新方向,制定创新支持政策。学研方和产方拥有资源不同,所给予的支持也不同。θ_1 表示政府给予产方的支持系数,θ_2 为政府对学研方的支持系数。ω 为学研方和产方违反区域创新合作规则的罚金;r_1 和 r_2 分别为学研方和产方背叛协同创新而因对方知识溢出和自身吸收能力获得的额外收益。政产学研模式下为防止双方达成合作后一方背叛合作,违约罚金应高于背叛收益,即 $\omega > r_1$,r_2。

第三,C_{mn} 为学研方和产方协同创新投入的总成本;τ 为产方在合作中总成本占比,$1-\tau$ 为学研方在合作中总成本占比,$0 < \tau < 1$;协同创新过程中若一方选择不合作,则合作方需要付出研发成本,尽管可在研发中因部分成果而获一定收益,但由于无法完成新产品的开发与转化,合作方收益必然小于所投入的研发成本,因此,$\Delta\pi_n < \tau C_{mn}$,$\Delta\pi_m < (1-\tau)C_{mn}$。

第四,如果博弈能够实现演化稳定,则能够形成协同创新行为;如果演化稳定结果不存在,则无法形成协同创新行为。行为模式的演化稳定是个体采取"进化稳定策略"的结果,即如果 A 代表个体策略空间,x 代表某一个策略,且 $x \in A$,如 $\forall y \in A, y \neq x$,存在一个任意小的正数 $\bar{\varepsilon}_y \in (0,1)$,使 $u[x, \varepsilon_y + (1-\varepsilon)x] > u[y, \varepsilon_y + (1-\varepsilon)x]$,对于任意 $\varepsilon \in (0,$

$\bar{\varepsilon}_y$)都成立,则 x 就是一个进化稳定策略。

在政产学研模式下加入政府对积极实施协同创新策略的政策支持 G,为了得出更加一般性的结论,此处假设政府给予学研方的政策支持为 G_m,给予产方的政策支持为 G_n,假设政府对产学研协同创新的政策支持分别小于双方的成本投入,即 $G_m < C_m + C_{om}$,$G_n < C_n + C_{on}$。

(二)演化博弈模型分析

根据政产学研模式下协同创新演化博弈的支付矩阵,可以得到政产学研模式下产方选择协同创新策略的复制动态方程为:

$$\frac{d\theta_1}{dt} = \theta_1(S_{n1} - \bar{S}_{n1}) = \theta_1(1-\theta_1)(S_{n1} - \bar{S}_{n1})$$
$$= \theta_1(1-\theta_1)[(\Delta\pi_n + C_n)\theta_2 - C_{on} - C_n + G_n] \quad (1)$$

同理可得,政产学研模式下学研方选择协同创新策略的复制动态方程:

$$\frac{d\theta_2}{dt} = \theta_2(1-\theta_2)[(\Delta\pi_m + C_m)\theta_1 - C_m - C_{om} + G_m] \quad (2)$$

将产方与学研方复制动态方程联立方程组,可以求解出系统的局部均衡点,分别为:$O(0,0)$,$A(1,0)$,$B(0,1)$,$C(1,1)$ 及 $D\left(\dfrac{C_{om}+C_m-G_m}{\Delta\pi_m+C_m}, \dfrac{C_{on}+C_n-G_n}{\Delta\pi_n+C_n}\right)$。

其均衡点的稳定性可依据雅克比矩阵稳定性判定方法得到,将 $\dfrac{d\theta_1}{dt}$ 和 $\dfrac{d\theta_2}{dt}$ 分别对 θ_1 和 θ_2 求偏导,则上述系统的雅克比矩阵为:

$$J = \begin{bmatrix} (1-2\theta_1)[(\Delta\pi_n+C_n)\theta_2 - C_{on} - C_n + G_n] & \theta_1(1-\theta_1)(\Delta\pi_n+C_n) \\ \theta_2(1-\theta_2)(\Delta\pi_m+C_m) & (1-2\theta_2)[(\Delta\pi_m+C_m)\theta_1 - C_{om} - C_m + G_m] \end{bmatrix} \quad (3)$$

通过雅克比矩阵的稳定性分析得到五个均衡点,其中两个均衡点具有稳定性,即当系统达到稳定均衡时,政产学研的参与方要么选择积极实施协同创新策略,要么放弃实施协同创新策略。最终哪种占据优势受初始状态、协同创新成本、协同创新所获得的额外收益以及政府所给予政策支持的影响。

政产学研模式的协同创新与纯市场行为下的演化博弈模型相比增加了政府的政策支持,根据产学研协同创新的政策支持力度差异,结合图5.4的产学研协同创新演化相图可以进一步深入分析并归列为三种情况:① 当政府给予产方的政策支持力度提升,而给予学研方的政策支持力度下降,D 点的横坐标将增大,而纵坐标将减小,向点 $A(1,0)$ 移动,此时,产方倾向于选择协同创新,学研方倾向于不选择协同创新,系统处于非稳定状态,政产学研模式下政府为了鼓励参与方之间的协同创新,需要给予学研方一定的政策支持,从而使得 D 点的横坐标减小,系统趋于协同创新的区域扩大。② 当政府给予产方的政策支持力度降低,而给予学研方的政策支持力度提升,D 点的横坐标将减小,而纵坐标将增大,向点 $B(0,1)$ 移动,此时,产方倾向于不选择协同创新,学研方倾向于选择协同创新,系统处于非稳定状态,政府为了鼓励参与方之间的协同创新同样需要给予产方一定的政策支持,从而使得 D 点的纵坐标减小,系统趋于协同创新的区域扩大。③ 当政府给予产学研的参与方政策支持力度同比例提升的时候,鞍点 D 的横纵坐标将减小,此时系统中协同创新的区域扩大,充分说明政府的政策支持将极大地促进政产学研的协同创新良性发展。

以上进行的是政府主导下产学研协同创新演化博弈分析,但是现实生活中,政府也是一个重要博弈主体,政府在对产学研创新主体进行政策支持和补贴时也要考虑其收益,因此,本书将进一步分析政府与产学研创新主体之间的演化博弈模型。根据政府与产学研创新主体之间演化博弈的支付矩阵,可以得到政府积极支持协同创新时的复制动态方程为:

$$\frac{d\alpha}{dt}=\alpha(S_{G1}-\bar{S}_G)=\alpha(1-\alpha)(\gamma\beta-g) \tag{4}$$

同理可得,产学研创新主体实施协同创新的复制动态方程:

$$\frac{d\beta}{dt}=\beta(S_{C1}-\bar{S}_C)=\beta(1-\beta)[(\xi+c)\alpha-c] \tag{5}$$

进而得到其动态均衡点：$O(0,0), A(1,0), B(0,1), C(1,1) D\left(\dfrac{c}{\xi+c}, \dfrac{g}{\gamma}\right)$。

求解 α 和 β 的偏导，得雅克比矩阵：

$$J = \begin{bmatrix} (1-2\alpha)(\gamma\beta-g) & \alpha(1-\alpha)\gamma \\ \beta(1-\beta)(\xi+c) & (1-2\beta)[(\xi_m+c)\alpha-c] \end{bmatrix}。$$

利用雅克比矩阵在这五个均衡点的行列式和值可以判断均衡点的局部稳定性情况。其所得到的相位与图 1 类似。通过对政府与产学研创新主体之间的演化博弈模型分析可知：

其一，当政府对产学研协同策略无任何反应且创新主体之间不实施协同创新时，双方维持原状的同时能够获得一定的收益，其中政府的收益为 π_g，创新主体的收益为 π_c；α,β 分别为政府和产学研创新主体的反应概率。当政府对产学研协同创新采取鼓励政策且参与方也选择协同创新时能够创造更多的收益，此时总收益为 $\pi_g+\pi_c+\xi+\gamma$，政府获得的收益为 $\pi_g-g+\gamma$，产学研创新主体获得的收益为 $\pi_c+g+\xi$，g 表示政府为了鼓励产学研协同创新而制定的资金扶持政策，此时政府的一部分收益转移给创新主体，其收益随之增加。当政府为了鼓励产学研协同创新给予资金支持，而创新主体在获得政府资金支持情况下并没有采取协同创新的措施，此时双方收益为 π_g-g, π_c+g；当政府对产学研协同创新无反应而参与方实施协同创新时，此时收益为 π_c-c。

其二，当政府从产学研协同创新中获得的收益分配 γ 增加时，β 点的坐标值减小，向左下方移动，从而右上方 $ADBC$ 区域面积变大，系统演化至稳定点 $C(1,1)$ 的可能性加大。当创新主体获得的收益分配 ξ 增加时，β 的横坐标值较小，往左下方移动，系统演化至稳定点 $C(1,1)$ 的可能性亦加大。在政产学研协同创新过程中，若参与主体从协同创新中获得收益越大，则政府对协同创新采取政策支持的可能性越大，给予创新主体的资金支持越多，从而产学研协同创新的动力越大，有利于形成政产学研双赢格局。

其三，在政产学研协同创新演化过程中，如果政府不鼓励协同创新，没有提供优良的市场环境及政策支持，导致产学研创新主体产生额外成本 c，当 c 增加时，鞍点往右移动，产学研创新主体选择不实施协同创新的区域将会不断扩大。如果政府给予协同创新以创新基金、退税免税等政策支持,当 g 越大时,创新主体获得的资助越多,其选择协同创新的可能性越大,政产学研在协同创新中获得的收益 γ 和 ξ 将会不断增大,系统趋于稳定点的可能性越大。

第三节 政产学研协同创新的实证研究

政产学研协同创新是整合资源的有效路径。这里以风电产业为例,针对政产学研协同创新开展实证研究。以风电企业为技术需求方,以大学或科研院所为技术供给方,由政府提供政策平台进行合作创新,其实质是通过合理配置政产学研各方资源,促进技术创新所需各种生产要素的有效组合。协同创新过程实际上是多种力量相互博弈的过程,无论纵向维度还是横向维度每个主体以及主体内部的各个层面都存在不同利益作用于风电产业政策。本节通过建立动态博弈模型,系统研究风电企业协同创新的演化机理,构建风电产业政产学研协同创新的演化博弈模型,通过数值模拟描述具体演化路径及影响因素。

一、演化博弈的稳定策略和复制动态方程

(一) 单总体演化博弈的稳定策略和复制动态方程

演化博弈关注的问题核心是演化稳定策略及其均衡。单总体内成员采用策略 $\sigma \in \Delta^{n-1}$,这里 Δ 是有限个纯策略的凸组合。在演化进程中如果群体内 σ' 个成员发生变异,采用了新的策略 $\sigma' \in \theta^{n-1}$,其余成员仍使用原策略,那么两类成员使用不同策略的概率分别是 σ 和 σ'。如果成员使用 σ 所得到的收益大于成员 σ' 所得收益,则认为策略集 Δ^{n-1} 是稳定演化策略,定义为:策略 $\sigma \in \Delta^{n-1}$ 是一个演化稳定策略,A 为支付矩阵;如果 $\forall \sigma' \neq \sigma, \exists \bar{\varepsilon} > 0$,若使得 $0 < \varepsilon \leqslant \bar{\varepsilon}$,则:

$$\sigma A[(1-\varepsilon)\sigma + \varepsilon \sigma'] > \sigma' A[(1-\varepsilon)\sigma + \varepsilon \sigma'] \tag{1}$$

根据式(1)设 σ 是一个成对随机匹配进行二元博弈 $G(\sigma,\sigma)$ 情况下的 ESS。则,

(I) $\forall \sigma' \in \sum, \sigma A \sigma \geqslant \sigma' A \sigma$;

(II) $\forall \sigma' \in \sum, (\sigma' \neq \sigma), \sigma A \sigma = \sigma' A \sigma \Rightarrow \sigma A \sigma' > \sigma' A \sigma'$。

那么,(σ,σ') 是 G 的一个严格且完美的纳什均衡。这里演化稳定策略即纳什均衡,但是一种策略成为演化稳定策略比成为纳什均衡需要满足更多的条件。如果对单总体演化博弈支付矩阵 A 进行局部变换,在任一列中加上常数,演化稳定策略一般不会发生改变。在混合策略 $\sigma \in \Delta^{n-1}$ 中,构成 σ 的纯策略被称为与 σ 相适应的纯策略,所有纯策略的集合称为 σ 的支集,记为:

$$C(\sigma) = \{e_i \mid \sigma_i > 0, i = 1,2,3\cdots\} \tag{2}$$

对于单总体演化博弈 G 的任何 ESS,若 $e_i \in C(\sigma)$,则 $A(e_i,\sigma) = G(\sigma,\sigma)$。如果 σ' 是 G 的 ESS,σ 是 G 的纳什均衡策略,那么 $C(\sigma) \not\subset C(\sigma')$。可以看出,若 σ 是单总体演化博弈 G 的稳定策略,则 σ 具有唯一性。对于 e_i,如果矩阵 A 中不同元素满足 $a_{ii} \geqslant a_{ji}$,且 $a_{ii} = a_{ji}$ 时 $a_{ij} > a_{jj}$,那么 e_i 为 ESS。假设种群中个体均采取纯策略 $S(=1,2,3\cdots)$,在时间 t 时种群中采取纯策略 S 的个体数为 $P_S(t)$,总数为 $\sum_{i=1}^{m} P_i(t)$,则使用纯策略 S 的比例 $X_S(t) = P_S(t) / \sum_{i=1}^{m} P_i(t)$,$X(t) = (X_1(t), X_2(t), X_3\cdots)$ 可以视为一个混合策略,存在:

$$X_S(t) = [P_S(t) \sum_{i=1}^{m} P_i(t) - P_S(t) \sum_{i=1}^{m} P_i(t)] / (\sum_{i=1}^{m} P_i(t))^2 \tag{3}$$

假设纯策略 S 的增长率 $P_S(t)/P_S(t) = E(S, X(t))$,则 $E(S,X)$ 为使用纯策略 S 的收益,将其代入上式得:

$$X_S(t) = X_S[E(S,X) - E(X,X)] \tag{4}$$

式(4)为单总体演化博弈复制动态方程,$E(X,X)$ 表示策略 X 的期望收益。

(二) 多总体演化博弈的稳定策略和复制动态方程

多总体演化博弈基于 n 个总体假设,且个体拥有彼此不相关的随机策略。策略组合 $X(X_1, X_2, X_3 \cdots X_n)$ 为演化稳定策略的组合,$X \in \sum$,对于任意的 $Y \in \sum, Y \neq X$,存在 $1 > \bar{\varepsilon}_Y > \varepsilon > 0$ 和 $W = \varepsilon Y + (1-\varepsilon) X$,使得:

$$E_i(X_i, W_{-i}) > E_i(Y_i, W_{-i}) \tag{5}$$

式(5)中若策略组合 Y 表示 ε 个成员由于突变而采用的策略集,那么剩余 $1-\varepsilon$ 成员仍沿用原来的策略,则个体面对的策略组合为 $W_{-i} = \varepsilon Y_{-i} + (1-\varepsilon) X_{-i}$,如果该策略集相对于式(5)成立,那么:

(I) $\forall Y_i, E_i(X_i, X_{-i}) \geqslant E_i(Y_i, X_{-i})$;

(II) $\forall Y_i \neq X_i$,如果 $E_i(X_i, X_{-i}) = E_i(Y_i, X_{-i})$,则有 $E_i(X_i, Y_{-i}) \geqslant E_i(Y_i, Y_{-i})$。

策略集 X 被称为弱演化稳定策略组合,同时 X 为严格且纯策略的纳什均衡。

假设在时间 t 时种群中个体采取一种纯策略 $S(S=1,2,\cdots,n)$,采取纯策略 S 的个体数为 $P_{iS}(t)$,总数中个体总数为 $\sum_{i=1}^{m} P_i(t)$。使用纯策略 S 的比例为 $X_{iS}(t) = P_{iS}(t) / \sum_{i=1}^{m} P_i(t), X(it) = (X_1(t), X_2(t), \cdots, X_n(t))$ 可以视为一个混合策略,将 $X_{iS}(t)$ 对 t 微分:

$$\begin{aligned} X'_{1S}(t) = & [P'_{1S}(t) \sum_{i=1}^{m} P_i(t) \\ & - P_{iS}(t) \sum_{i=1}^{m} P'_1(t)] / (\sum_{i=1}^{m} P_i(t))^2 \end{aligned} \tag{6}$$

假设纯策略 S 的增长率 $P'_S(t)/P_S(t) = E(S, X(t))$,则 $E(S, X)$ 为使用纯策略 S 的收益,将其代入上式得:

$$X_{iS}(t) = X_{iS}[E_i(S_i, X_{-i}) - E_i(X_{-i}, X_{-i})] \tag{7}$$

式(7)为多总体演化博弈复制动态方程,$E_i(X_{-i}, X_{-i})$ 表示策略 X 的期望收益。一般来说,式(7)从任何初始状态出发存在唯一解 $X(t, X^*)$。若支付矩阵局部变换,在任一列 j 中加常数 d,则存在:

$$E_i(\widehat{S_i, X_{-i}}) = E_i(S_i, X_{-i}) + \mathrm{d}x_j$$
$$E_i(\widehat{X_{-i}, X_{-i}}) = E_i(X_{-i}, X_{-i}) + \mathrm{d}x_j$$

两式相加后复制动态方程未发生变化。若式(7)的解 $X(t, X^*)$ 与常数 t 无关,那么 X 被称为平衡解或平衡策略。

二、协同创新主体的演化博弈

据可再生能源学会风能专业委员会发布的中国风电装机容量统计资料显示,华锐、金风和东汽已经瓜分我国风电市场 50% 以上的份额。为简化模型分析,可将风电企业划分为 A(核心企业)、B(中小企业)两大类企业。假设两类企业各有两种策略可以选择:S_1 表示参与协同创新,S_2 表示不参与协同创新,组成策略集 $\{S_1, S_2\}$。其中,A 类企业处于核心地位,其规模、资本、协同创新能力等高于 B 类企业,则采取协同创新后的 A、B 两类企业收益为 P_A, P_B,且 $P_A > P_B$。协同创新过程中产生的成本分别为 C_A, C_B,假设协同创新对于两类企业具有相同的复杂性,成本受创新资源获取代价、成员协作能力等因素影响,A 类企业各方面优于 B 类企业,因此 $C_A < C_B$。

假设风电企业协同创新成果转化收益因子为 M,理想状态下 M 为 1,由于受市场、模仿行为等因素影响,M 难以达到最大化。M 越大,协同创新效果越好,创新收益越高。产业性质类似,使得不参与协同创新的企业能够从中获得模仿收益,令 α 为 A 类企业获得的模仿收益比率,β 为 B 类企业获得的模仿收益比率。当二者均不参与协同创新时,各自收益为 0。基于上述假设,建立风电企业协同创新支付矩阵如表 5.1 所示。

表 5.1 风电企业协同创新支付矩阵

B 类企业 A 类企业	S_1	S_2
S_1	$MP_A - C_A, MP_B - C_B$	$(1-\beta)P_A - C_A, \beta P_A$
S_2	$\alpha P_B, (1-\alpha)P_B - C_B$	0, 0

假设 t 时 A 类企业中采取策略 S_1 的比率为 x,则采取策略 S_2 的比率为 $(1-x)$;B 类企业中采取策略 S_1 的比率为 y,采取策略 S_2 的比率为

$(1-y)$。设 A 类企业选择 S_1 的期望支付为 U_AS_1，选择 S_2 的期望支付为 U_AS_2，平均期望支付为 $\overline{U_A}$。同理，B 类企业选择 S_1 的期望支付为 U_BS_1，选择 S_2 的期望支付为 U_BS_2，平均期望支付为 $\overline{U_B}$。则 A 类企业的支付矩阵行列式为：

$$D_1 = \begin{bmatrix} MP_A - C_A & (1-\beta)P_A - C_A \\ \alpha P_B & 0 \end{bmatrix}$$

则：$U_AS_1 = y(MP_A - C_A) + (1-y)[(1-\beta)P_A - C_A]$

$U_AS_2 = y\alpha P_B$

$\overline{U_A} = xU_AS_1 + (1-x)U_AS_2$

B 类企业的支付矩阵行列式为：

$$D_2 = \begin{bmatrix} MP_B - C_B & (1-\alpha)P_B - C_B \\ \alpha P_A & 0 \end{bmatrix}$$

则：$U_BS_1 = x(MP_B - C_B) + (1-x)[(1-\alpha)P_B - C_B]$

$U_BS_2 = x\beta P_A$

$\overline{U_B} = yU_BS_1 + (1-y)U_BS_2$

分别构造 A，B 两类企业的复制动态方程 $F(A)$，$F(B)$：

$F(A) = x[U_AS_1 - \overline{U_A}] = x(1-x)$
$\{y[(M-1+\beta)P_A - \alpha P_B] - [C_A - (1-\beta)P_A]\}$

$F(B) = y[U_BS_1 - \overline{U_B}] = y(1-y)$
$\{x[(M-1+\alpha)P_B - \beta P_A] - [C_B - (1-\alpha)P_B]\}$

当复制动态方程均为 0 时，即 $F(A)=0$，$F(B)=0$，得到演化博弈模型的 5 个均衡点 $E_1(0,0)$，$E_2(0,1)$，$E_3(1,0)$，$E_4(1,1)$ 和 $E_5[C_B - (1-\alpha)P_B]/[(M-1+\alpha)P_B - \beta P_A]$，$[C_A - (1-\beta)P_A]/[(M-1+\beta)P_A - \alpha P_B]$。则 Jacobi 矩阵：

$$J = \begin{bmatrix} (1-2x)\begin{Bmatrix} y[(M-1+\beta)P_A - \alpha P_B] \\ -[C_A - (1-\beta)P_A] \end{Bmatrix} & x(1-x)[(M-1+\beta)P_A - \alpha P_B] \\ y(1-y)[(M-1+\alpha)P_B - \beta P_A] & (1-2y)\begin{Bmatrix} x[(M-1+\alpha)P_B - \beta P_A] \\ -[C_B - (1-\alpha)P_B] \end{Bmatrix} \end{bmatrix}$$

由于 $E_5 \in (0,1)$，将其余均衡点带入 Jacobi 矩阵，则：

$$J_{(0,0)} = \begin{bmatrix} (1-\beta)P_A - C_A & 0 \\ 0 & (1-\alpha)P_B - C_B \end{bmatrix}$$

$$J_{(0,1)} = \begin{bmatrix} [(M-1+\beta)P_A - \alpha P_B] - [C_A - (1-\beta)P_A] & 0 \\ 0 & C_B - (1-\alpha)P_B \end{bmatrix}$$

$$J_{(1,0)} = \begin{bmatrix} C_A - (1-\beta)P_A & 0 \\ 0 & [(M-1+\alpha)P_B - \beta P_A] - [C_B - (1-\alpha)P_B] \end{bmatrix}$$

$$J_{(1,1)} = \begin{bmatrix} [C_A - (1-\beta)P_A] & 0 \\ -[(M-1+\beta)P_A - \alpha P_B] & [C_B - (1-\alpha)P_B] \\ 0 & -[(M-1+\alpha)P_B - \beta P_A] \end{bmatrix}$$

若使 $(M-1+\alpha)<0$ 及 $(M-1+\beta)<0$，则$[(1-\alpha)P_B - C_B] > (MP_B - C_B)$，$[(1-\beta)P_A - C_A] > (MP_B - C_B)$ 成立，即对于 A 类企业，$O(AS_1, BS_1) < O(AS_1, BS_2)$；对于 B 类企业，$O(BS_1, AS_1) < O(BS_1, AS_2)$。说明 A、B 两类企业选择协同创新战略时，A 企业的收益小于 B 企业不参与协同创新时的收益，即不参与协同创新的中小企业总能从创新大企业处获得模仿收益。博弈值比较说明了参与方在得知对方采取协同创新战略时，会倾向于采取非协同战略以获得更高收益。通过分析可知：

① $J_{(0,0)}$ 矩阵，$DetJ_{(0,0)} > 0$，$TrJ_{(0,0)} > 0$

② $J_{(0,1)}$ 矩阵，$DetJ_{(0,1)} > 0$，$TrJ_{(0,1)} < 0$

③ $J_{(1,0)}$ 矩阵，$DetJ_{(1,0)} > 0$，$TrJ_{(1,0)} < 0$

④ $J_{(1,1)}$ 矩阵，$DetJ_{(1,1)} > 0$，$TrJ_{(1,1)} > 0$

⑤ J_{E_5} 矩阵，$DetJ_{E_5} > 0$，$TrJ_{E_5} < 0$

因此，点 $E_2(0,1)$，$E_3(1,0)$ 及点 E_5 为演化稳定均衡点，$E_1(0,0)$，$E_4(1,1)$ 为非稳定均衡点，其演化系统相位如图 5.6 所示。

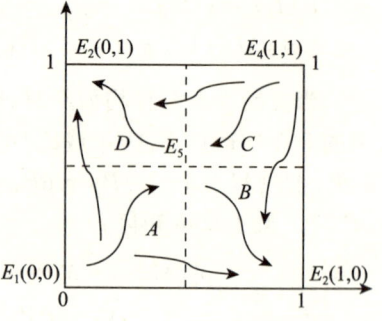

图 5.6 均衡点演化相位图

可以看出，系统演化进程是由非稳定策略点向稳定策略点移动的，图中 E_5 所在位置受 P_A, P_B, C_A, C_B 及 M 大小制约。图中创新主体不仅能够按照曲线箭头指向进行演化，其演化区域大小将随 E_5 坐标变化而变化，即制约因素的变化决定了博弈方选择博弈策略的所得利益大小。这一研究结论能够为参与方通过改变博弈策略以实现博弈利益最大化提供理论支撑。博弈主体在图中 A, B, C, D 四个区域进行动态演化，各区域大小直观反映了博弈主体收益大小。A 区域与 C 区域演化稳定策略点为 E_5，分别扩大 A, C 区域则演化点趋近非稳定策略点 $E_4(1,1)$ 和 $E_1(0,0)$。A 区域收益 $\pi_A = MP_A - C_A$，C 区域收益 $\pi_C = 0$；B 区域的稳定策略点为 $E_3(1,0)$，收益 $\pi_B = P_A - C_A$；D 区域的稳定策略点为 $E_2(0,1)$，收益 $\pi_D = (1-\alpha)P_B - C_B$。由假设条件 $C_A < C_B, P_A > P_B, 0 < \beta < 1$ 可知 $\pi_B > \pi_D$，这里分析 A 区域收益大小：

当 $\pi_A > \pi_B$ 时，由收益公式得 $M > (P_A + C_B)/(P_A + P_B)$，最优策略为增加图中 A 区域面积。A 区域面积的增大必然使得行列式值 $O(AS_1, BS_1) > O(AS_2, BS_1), O(BS_1, BA) > O(BS_2, AS_2)$。若使得上述不等式成立，则需要：① 减少 α 及 β 值，α 为 A 类企业不参与协同创新，B 类企业参与协同创新时，A 类企业获得的模仿收益比率，β 为 B 类企业不参与协同创新，A 类企业参与协同创新时获得的模仿收益比率。α, β 值减少的关键在于提升协同创新成果被模仿的难度，增加模仿壁垒，减少模仿收益比率。企业协同创新的模仿受模仿成本、创新成果类型、信息网络保密度及知识产权专利等影响。对于风电企业而言，产品相似性大大降低了同类企业的模仿难度，知识溢出、网络传播等因素更不利于协同创新成果的保密。因此，在风电企业协同创新中应当建立严格的保密制度、提高模仿成本、注重专利维护，利用政策支持增加非协同企业进入壁垒。② 减少 C_A, C_B 值，增大 M 值，即减少协同创新成本，增大创新成果转化收益比例。成本的降低可以依靠协同企业间"内化"效应，将协同企业视为一个小型市场主体，实现技术、信息和资源共享，既能够降低创新技术成本，又能够提高成果转化收益率。

当 $\pi_A < \pi_B$ 时，$M < (P_A + C_B)/(P_A + P_B)$，最优策略为增加 B 区域面积。可以看出，随着 B 区域面积的扩张，E_5 点的 x 值减小，y 值增大，由 E_5 坐标值得：$\beta P_A > MP_B - C_B$，同时 $O(AS_1, BS_1) > O(AS_2, BS_1)$。

若使得上述不等式成立,则需要:① 同时增加 β 与 C_B 值,即增加 B 类企业不参加协同创新时的模仿收益比率,并提升其参与协同创新的成本。这样能够提升 B 类企业参与协同创新的壁垒。创新成果转化必定造成一定的知识外溢效应,成果扩散诱使其他企业进行模仿,加之 B 类企业参与协同创新的壁垒及模仿收益比率提升,使其更加倾向于选择无协同创新成本的非参与策略。② 减少 α 与 C_A 值,即减少 A 类企业不参加协同创新时的模仿收益比率,并减少其参与协同创新的成本。这样降低了 A 类企业参与协同创新的壁垒,促进其积极参与协同创新,追求协同创新成果的最大化。研究认为,由于 B 类企业倾向于追求创新模仿收益,不愿参与协同创新,这必定促使该类企业采用"搭便车"行为,不利于协同创新的有效开展。

三、协同创新主体的策略分析

风电企业协同创新受机会主义、成本大小等因素影响,通常呈现积极或消极参与倾向,对此政府在进行政策设计时需要予以特别关注。假设 A、B 两类风电企业皆采用协同创新策略,但是存在积极与消极两种态度。有策略集 $\{S_1, S_2\}$,S_1:积极参与协同创新,S_2:消极参与协同创新。协同创新正常收益为 P_1, P_2;采用消极策略从而获得额外收益为 V_1, V_2;协同创新成本为 C_1, C_2。基于上述假设,建立风电企业协同创新策略选择支付矩阵如表 5.2 所示。

表 5.2 风电企业协同创新策略选择支付矩阵

A 类企业 \ B 类企业	S_1:积极	S_2:消极
S_1:积极	P_1, P_2	$P_1, P_2 + V_2$
S_2:消极	$P_1 + V_1, P_2$	$P_1 - C_1, P_2 - C_2$

假设 A 类企业积极协同创新参与比率为 x,消极协同创新参与比率为 $(1-x)$;B 类企业积极协同创新参与比率为 y,消极协同创新参与比率为 $(1-y)$。A 类企业 S_1 期望支付为 $U_A S_1$,S_2 期望支付为 $U_A S_2$,平均期望支付为 $\overline{U_A}$;B 类企业 S_1 期望支付为 $U_B S_1$,S_2 期望支付为 $U_B S_2$,平均

期望支付为 $\overline{U_B}$。支付矩阵行列式分别为：

$$D_1 = \begin{bmatrix} P_1 & P_1 \\ P_1+V_1 & P_1-C_1 \end{bmatrix}$$

$$D_2 = \begin{bmatrix} P_2 & P_2 \\ P_2+V_2 & P_2-C_2 \end{bmatrix}$$

则 A 类企业：$U_A S_1 = yP_1 + (1-y)P_1, U_A S_2 = y(P_1+V_1) + (1-y)(P_1-C_1), \overline{U_A} = xU_A S_1 + (1-x)U_A S_2$。

复制动态方程为：$F(A) = x(1-x)[C_1 - (C_1+V_1)y]$。

B 类企业：$U_B S_1 = xP_2 + (1-x)P_2, U_B S_2 = x(P_2+V_2) + (1-x)(P_2-C_2), \overline{U_B} = yU_B S_1 + (1-y)U_B S_2$。

复制动态方程为：$F(B) = y(1-y)[C_2 - (C_2+V_2)x]$。

均衡点为 $E_1(0,0), E_2(0,1), E_3(1,0), E_4(1,1)$ 和 $E_5[C_2/(C_2+V_2), C_1/(C_1+V_1)]$。则 Jacobi 矩阵：

$$J = \begin{bmatrix} (1-2x)[C_1-(C_1+V_1)y] & x(1-x)(-C_1-V_1) \\ y(1-y)(-C_2-V_2) & (1-2y)[C_2-(C_2+V_2)x] \end{bmatrix}$$

代入平衡点，则有：

$J_{(0,0)} = \begin{bmatrix} 0 & 0 \\ 0 & 0 \end{bmatrix}, DetJ_{(0,0)} = 0, TrJ_{(0,0)} = 0$；

$J_{(0,1)} = \begin{bmatrix} -V_1 & 0 \\ 0 & -C_2 \end{bmatrix}, DetJ_{(0,1)} = V_1 C_2 > 0, TrJ_{(0,1)} = -(V_1+C_2) < 0$；

$J_{(1,0)} = \begin{bmatrix} -C_1 & 0 \\ 0 & -V_2 \end{bmatrix}, DetJ_{(1,0)} = C_1 V_2 > 0, TrJ_{(1,0)} = -(C_1+V_2) < 0$；

$J_{(1,1)} = \begin{bmatrix} V_1 & 0 \\ 0 & V_2 \end{bmatrix}, DetJ_{(1,1)} = V_1 V_2 > 0, TrJ_{(1,1)} = V_1+V_2 > 0$；

$$J_{E_5} = \begin{bmatrix} 0 & -[C_2/(C_2+V_2)] \\ -[C_1/(C_1+V_1)] & [V_2/(C_2+V_2)](C_1+V_1) \\ [V_1/(C_1+V_1)](C_2+V_2) & 0 \end{bmatrix},$$

$DetJ_{E_5}>0, TrJ_{E_5}<0$。

因此,$E_2(0,1)$,$E_3(1,0)$及E_5点为演化稳定策略点,$E_1(0,0)$,$E_4(1,1)$为非稳定均衡点,复制动态演化相位如图 5.7 所示。

可以看出,系统由最初状态向 $E_2(0,1)$,$E_3(1,0)$及E_5点收敛。若初始状态落在图中 D 区域内,其演化收敛点为$E_2(0,1)$,即 A 类企业采取消极态度进行协同创新,B 类企业则采取积极态度;若初始状态落在图中

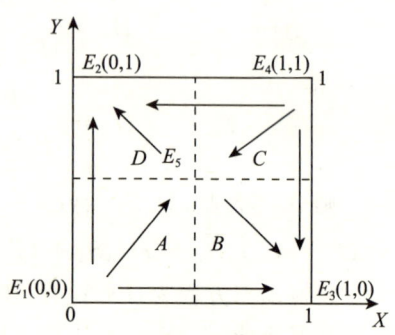

图 5.7 复制动态关系演化相位

B 区域内,其演化收敛点为$E_3(1,0)$,即 A 类企业采取积极态度协同创新,B 类企业则采取消极态度;若初始状态落在图中 A,C 区域内,则演化出现多样性,演化方向为 B,D 两区域,动态演化呈现复杂态势,若初始状态发生在E_5点附近,整体演化结果受初始状态微小变化的影响。由于系统存在不稳定点 $E_1(0,0)$,$E_4(1,1)$,只要一方选择消极协同创新,则稳定均衡状态就不会存在,系统演化是一个反复博弈的过程,积极与消极两种策略选择共存。演化稳定策略表明系统的演化进程及最终结果与额外收益 V_1,V_2、协同创新成本 C_1,C_2 密切相关,其大小直接决定了图中各区域的面积及各初始状态稳定策略点的指向。

初始状态落在 A 区时,若扩大区域面积,促使稳定策略点向 $E_2(0,1)$,$E_3(1,0)$及$E_4(1,1)$点渐进。根据模型可知,A 区面积变化与协同创新成本 C_1,C_2 大小相关,C_1,C_2 值的提升引发 A 区面积扩张,即初始协同创新成本提升了协同创新的门槛。由假设条件可知,博弈双方均已参与协同创新,若 A 区面积呈均衡化扩张(趋近于 $E_4(1,1)$点),由于成本高,使得博弈双方在协同创新之初即倾向积极参与的态度;为了弥补成本损失,其合作动机更加强烈。但是博弈之初成本门槛并不能有效遏制"搭便车"行为,其演化进程并不稳定,并最终向 $E_2(0,1)$,$E_3(1,0)$趋近,即总有一方选择消极参与策略。

初始状态落在 C 区时,动态演化进程向 $E_1(0,0)$,$E_2(0,1)$和$E_3(1,$

0)点渐进,C 区面积变化与额外收益 V_1,V_2 大小相关,即较高的消极参与协同创新的额外收益促使博弈双方采取消极参与策略。双方在博弈进程中互相采取观望态度,期待以最小投入获得尽可能多的回报,博弈成员更多地选择机会主义,不利于博弈双方长期协同创新的稳定发展。同时 C 区的扩张也可能渐进到 $E_2(0,1)$ 和 $E_3(1,0)$ 点,说明博弈过程中采取的监管、防范、均衡分配等策略有利于维护博弈双方协同的积极性。因此,博弈稳定演化进程中应注重防范与及早发现向 $E_1(0,0)$ 点渐进的趋势。

将 E_5 点简化为 $E_5[1/(1+(V_2/C_2))],1/[1+(V_1/C_1)]$,可以看出图 5.7 中各区域面积大小受消极参与的额外收益与协同创新成本比值大小的影响。当 $V_2/C_2 > V_1/C_1$ 时,E_5 的 x 值小于 y 值,则 A 区域向 B 区域延伸,系统向 $E_3(1,0)$ 点演化,即 B 企业发现额外收益 V_2 大于协同创新成本 C_2 时,易采取消极协同创新策略;当 $V_2/C_2 < V_1/C_1$ 时,A 区域向 D 区域延伸,系统向 $E_2(0,1)$ 点演化,即 A 企业发现额外收益 V_1 大于协同创新成本 C_1 时,易采取消极协同创新策略;当 $V_2/C_2 = V_1/C_1$ 时,则演化策略在 $E_1(0,0)$ 与 $E_4(1,1)$ 点之间连线的对角线移动,即博弈双方采用的倾向策略不定,需要积极引导。

四、协同创新主体纵向收益仿真

风电企业纵向协同创新是产业链条的直接创新,包括供应企业、制造企业和销售企业。假设三者基于完全信息基础上进行决策,有限理性且市场风险中性,消费者对于商品的需求量受到销售价格的影响,市场供需平衡。供应企业产品供应价格为 e_1,制造企业产品销售价格为 e_2,供应企业生产成本为 c_1,制造企业得到产品要支付 e_1 及制造成本 c_2,销售企业拥有产品时需要支付销售成本 c_3。供应企业由于技术升级等创新活动,投入的创新资本量为 $I_G = \alpha M^2/2$,其中 M 为由于创新投入后产品成本降低量,式中 $\alpha > 0$,且 $\alpha < c_1$。制造企业由于工艺革新等创新活动,投入的创新资本量为 $I_Z = 1/2\beta N^2$,其中,N 为由于创新投入后产品成本降低量。式中 $\beta > 0$,且 $\beta < c_2$。销售企业的订货量假设为 Q,其销售单价为 P,结合三者之间的信息假设,得出供需逆需求函数公式 $Q = A - BP$,其中,A、B 均为正实数。三类企业各自收益为:

供应企业收益：$\pi_G = (e_1 - c_1 + M)Q - 1/2\alpha M^2$

制造企业收益：$\pi_Z = (e_2 - c_2 + N)Q - 1/2\beta N^2$

销售企业收益：$\pi_X = (P - e_2 - c_3)Q$

假设三者相互间不参与协同创新行为，则从自身利益最大化角度出发，供应企业要求 e_1 和 M 的最大化，制造企业要求 e_2 和 N 的最大化，销售企业在二者价格和创新成本最优化前提下，谋求订货量 Q 最大化。通过对 M,N,Q,e_1 及 e_2 求偏导可得：

$$M = \beta(A - c_1 - c_2 - c_3)/[2\alpha(4B\beta - 1) - \beta]$$

$$N = \alpha(A - c_1 - c_2 - c_3)/[2\alpha(4B\beta - 1) - \beta]$$

$$Q = \alpha\beta(A - c_1 - c_2 - c_3)/[2\alpha(4B\beta - 1) - \beta]$$

$$e_1 = [\alpha(4B\beta - 1)(A - c_1 - c_2 - c_3) - \beta(A - \alpha - \beta)]/[2\alpha(4B\beta - 1) - \beta]$$

$$e_2 = (A - c_3) - 2B\alpha\beta(A - c_1 - c_2 - c_3)/[2\alpha(4B\beta - 1) - \beta]$$

由于 $[2\alpha(4B\beta - 1) - \beta] > 0$，三类企业满足取得最大收益的二阶求导条件，则

$$\pi_G = \alpha\beta(A - c_1 - c_2 - c_3)^2/[2\alpha(4B\beta - 1) - \beta]$$

$$\pi_Z = \alpha^2\beta(A - c_1 - c_2 - c_3)^2(4B\beta - 1)/[2\alpha(4B\beta - 1) - \beta]$$

$$\pi_X = B\alpha^2\beta^2(A - c_1 - c_2 - c_3)^2/[2\alpha(4B\beta - 1) - \beta]$$

总收益为：

$$\pi_1 = \pi_G + \pi_Z + \pi_X = \alpha\beta(A - c_1 - c_2 - c_3)^2 (14B\alpha\beta - 3\alpha - \beta)/[2\alpha(4B\beta - 1) - \beta]$$

第一，假设风电产业链中，供应企业与制造企业进行协同创新，而销售企业不参与。

供应企业与制造企业的总收益：

$$\pi_{GZ} = \pi_G + \pi_Z = (e_2 - c_1 + M - c_2 + N)Q - 1/2\alpha M^2 - 1/2\beta N^2$$

销售企业的收益：$\pi'_X = (P - e_2 - c_3)Q$

此时，协同与非协同企业间进行博弈，由于供应企业与制造企业进行协同创新，则二者联合以求总体利益最大化，必然倾向于提升产品价格及谋求创新投入后 M,N 的最大化。销售企业在价格及创新投入一定的前

提下,谋求订货量 Q 的最大化。通过对 M,N,Q 及 e_2 求偏导可得:

$$M=\beta(A-c_1-c_2-c_3)/[4B\alpha\beta-\alpha-\beta]$$
$$N=\alpha(A-c_1-c_2-c_3)/[4B\alpha\beta-\alpha-\beta]$$
$$Q=\alpha\beta(A-c_1-c_2-c_3)/[4B\alpha\beta-\alpha-\beta]$$
$$e_2=[(2B\alpha\beta-\alpha-\beta)(A-c_3)+2B\alpha\beta(c_1+c_2)]/[4B\alpha\beta-\alpha-\beta]$$

由于 $4B\alpha\beta-\alpha-\beta>0$,二阶求导得到:

$$\pi_{GZ}=\pi_G+\pi_Z=\alpha\beta(A-c_1-c_2-c_3)^2/2(4B\alpha\beta-\alpha-\beta)$$
$$\pi'_X=B\alpha^2\beta^2(A-c_1-c_2-c_3)^2/(4B\alpha\beta-\alpha-\beta)^2$$

总收益:$\pi_2=\pi_{GZ}+\pi'_X=\alpha\beta(A-c_1-c_2-c_3)^2(6B\alpha\beta-\alpha-\beta)/2(4B\alpha\beta-\alpha-\beta)^2$

计算得 $\pi_2>\pi_1$,由此可知,风电企业纵向协同创新收益之和大于各自收益之和。供应类企业与制造企业间的协同创新立足于收益最大化角度,增加创新投入,能够促进整个风电产业链的发展。

第二,假设风电产业链中,制造企业与销售企业间协同创新,供应企业不参与。

此时制造与销售企业选择协同创新,共同研发设计,二者依据收益最大化原则决定创新投入和订货量大小。供应企业选择单独创新,以求生产成本的下降。

制造企业与销售企业的总收益:$\pi_{ZX}=\pi_Z+\pi_X=(P-e_1-c_2-c_3+N)Q-1/2\beta N^2$

供应企业的收益:$\pi'_G=(e_1-c_1+M)Q-1/2\alpha M^2$

通过对 M,N,Q 及 e_2 求偏导可得:

$$M=\beta(A-c_1-c_2-c_3)/[2\alpha(2B\beta-1)-\beta]$$
$$N=\alpha(A-c_1-c_2-c_3)/[2\alpha(2B\beta-1)-\beta]$$
$$Q=\alpha\beta(A-c_1-c_2-c_3)/[2\alpha(2B\beta-1)-\beta]$$
$$e_1=[\alpha(2B\beta-1)(A-c_1-c_2-c_3)-\beta(A-c_2-c_3)]/[2\alpha(2B\beta-1)-\beta]$$

由于 $2\alpha(2B\beta-1)-\beta>0$,根据二阶求导法则:

$$\pi_{ZX}=\pi_Z+\pi_X=\alpha^2\beta(A-c_1-c_2-c_3)^2(2B\beta-1)/[2\alpha(2B\beta-1)-\beta]$$

$$\pi'_G = \alpha\beta(A-c_1-c_2-c_3)^2/[2\alpha(2B\beta-1)-\beta]$$

总收益:$\pi_3 = \pi_{ZX} + \pi'_G = \alpha\beta(A-c_1-c_2-c_3)^2[3\alpha(2B\beta-1)-\beta]/[2\alpha(2B\beta-1)-\beta]$

通过计算可知 $\pi_3 > \pi_1$,风电企业协同创新收益大于各自收益之和。制造企业与销售企业间的协同创新,以双方利益最大化为出发点,产品创新后增大了共同收益。

第三,假设风电产业链中,三方协同创新。

总收益:$\pi_{GZX} = \pi_G + \pi_Z + \pi_X = (P-c_1-c_2-c_3+M+N)Q - 1/2\alpha M^2 - 1/2\beta N^2$

通过对 M,N,Q 求偏导可得:

$$M = \beta(A-c_1-c_2-c_3)/(2B\alpha\beta-\alpha-\beta)$$
$$N = \alpha(A-c_1-c_2-c_3)/(2B\alpha\beta-\alpha-\beta)$$
$$Q = \alpha\beta(A-c_1-c_2-c_3)/(2B\alpha\beta-\alpha-\beta)$$

由于 $2B\alpha\beta-\alpha-\beta > 0$,根据二阶求导法则:

总收益:$\pi_4 = \pi_{GZX} = \alpha\beta(A-c_1-c_2-c_3)^2/2(2B\alpha\beta-\alpha-\beta)$

通过比较 $\pi_1, \pi_2, \pi_3, \pi_4$ 大小,可知三方协同创新的收益最大。在风电产业链中三类企业都能通过资源的有效整合,实现协同创新,带来产业链条利益的最大化。但是由于企业性质不同,各自利益出发点可能存在很大区别。为维持协同创新有效进行,公平合理的利益分配是必要条件。Shapley 算法解决的是多主体间合作冲突问题,该算法的应用能够解决各方企业收益在经济生产过程中的贡献度问题。

集合 $I = \{1,2,3,\cdots,n\}$,I 的任意集合 S 都对应一个函数 $U(S)$,若满足 $U(\eta) = 0$,$U(S_i \cup S_j) \geqslant U(S_i) + U(S_j)$,$S_i \cap S_j = \phi$,$S_i, S_j \in I$,则称 $[I, U]$ 为多合作对策,U 为对策的特征函数。成员在合作中的最大收益用 X_i 表示,合作对策的分配 $X = \{X_1, X_2, X_3, \cdots, X_n\}$,该分配的成立必须满足:$\sum X_i = U(I)$,$X_i \geqslant U(i)$,$i = 1,2,3,\cdots,n$。在 shapley 算法中,合作成员的利益分配通常被记为 $\phi(U) = [\varphi_1(U), \varphi_2(U), \varphi_3(U), \cdots, \varphi_n(U)]$。式中 $\varphi_i(U)$ 表示合作中成员的利益所得。$\varphi_i(\pi) = \sum \omega(|s|)(\pi(s) - \pi(s/i))$,$i = 1,2,3,\cdots,n$。$\omega(|s|) = (n-|s|)!(|s|-1)!/n!$。

$\pi(s)$ 表示集合的收益，$\pi(s/i)$ 表示集合中个体 i 的比较收益，$\omega(|s|)$ 为加权因子。

假设风电企业在三方协同创新中所得的收益分别记为 $\pi(G),\pi(Z)$，$\pi(X)$，集合 $I=\{1,2,3\}$ 分别表示供应企业、制造企业和销售企业协同创新。存在 $\pi(1)=\pi_G,\pi(2)=\pi_Z,\pi(3)=\pi_X,\pi(1\bigcup 2)=\pi_{GZ},\pi(2\bigcup 3)=\pi_{ZX},\pi(1\bigcup 2\bigcup 3)=\pi_{GZX}$。收益分配结果为：

$$\varphi_1(\pi)=2!0!/3![\pi(1)-0]+1!1!/3![\pi(1\bigcup 2)-\pi(2)]+1!1!/3![\pi(1\bigcup 3)-\pi(3)]+2!0!/3![\pi(1\bigcup 2\bigcup 3)-\pi(2\bigcup 3)]$$

$$\varphi_2(\pi)=2!0!/3![\pi(2)-0]+1!1!/3![\pi(1\bigcup 2)-\pi(1)]+1!1!/3![\pi(2\bigcup 3)-\pi(3)]+2!0!/3![\pi(1\bigcup 2\bigcup 3)-\pi(1\bigcup 3)]$$

$$\varphi_3(\pi)=2!0!/3![\pi(3)-0]+1!1!/3![\pi(1\bigcup 3)-\pi(1)]+1!1!/3![\pi(2\bigcup 3)-\pi(2)]+2!0!/3![\pi(1\bigcup 2\bigcup 3)-\pi(1\bigcup 3)]$$

其中，$\varphi_1(\pi)+\varphi_2(\pi)+\varphi_3(\pi)=\pi(1\bigcup 2\bigcup 3)=\pi_{GZX},\varphi_1(\pi)>\pi_G$，$\varphi_2(\pi)>\pi_Z,\varphi_3(\pi)>\pi_X$。$\varphi_1(\pi)+\varphi_2(\pi)>\pi_{GZ},\varphi_2(\pi)+\varphi_3(\pi)>\pi_{ZX}$。假设 $c_1=5,c_2=6,c_3=4,l_G=X^2,l_Z=Y^2$，函数 $P=25-Q$。风电企业协同创新仿真指标值如表 5.3 所示。

表 5.3 风电企业协同创新仿真指标值

协同创新形式	总收益	I_G	I_Z	销售量
非协同创新	12.9	0.49	0.32	1.4
供应企业与制造企业协同创新	24.9	2.25	1.28	3.1
制造企业与销售企业协同创新	26.4	2.89	1.28	3.3
三方协同创新	40	16	8	8

利用 shapley 算法进行计算，供应企业协同创新的收益指标值如表 5.4 所示。

表 5.4 供应企业协同创新的收益指标值

S_1	1	1∪2	1∪3	1∪2∪3
$\pi(s)$	7.1	15.4	9.1	40
$\pi(s/1)$	0	3.8	2	9.7
$\pi(s)-\pi(s/1)$	7.1	11.6	7.1	30.3
$|s|$	1	2	2	3
$\omega(|s|)$	1/3	1/6	1/6	1/3
$\omega(|s|)(\pi(s)-\pi(s/1))$	2.4	1.9	1.2	10.1

根据表 5.4 计算，$\varphi_1(\pi)=2.4+1.9+1.2+10.1=15.6$，同理 $\varphi_2(\pi)=14.3$，$\varphi_3(\pi)=10.2$，$\varphi_1(\pi)+\varphi_2(\pi)+\varphi_3(\pi)=40.1$。由于 $\pi_G=7.1$，$\pi_Z=3.8$，$\pi_X=2$，$\pi_{GZ}=15.4$，$\pi_{ZX}=9.7$。$\varphi_1(\pi)>\pi_G$，$\varphi_2(\pi)>\pi_Z$，$\varphi_3(\pi)>\pi_X$，$\varphi_1(\pi)+\varphi_2(\pi)>\pi_{GZ}$，$\varphi_2(\pi)+\varphi_3(\pi)>\pi_{ZX}$，$\varphi_1(\pi)+\varphi_2(\pi)+\varphi_3(\pi)>\pi_G+\pi_Z+\pi_X$。可以看出，shapley 算法有效解决了风电产业链间纵向协同创新的利益分配问题，能够有效激发各方协同创新的积极性。现实中由于企业性质、市场环境、产品特性等问题，三类企业协同创新过程中承担的风险不尽相同，所以应适当考虑风险因素因子。假设三类企业平均承担 1/3 风险的基础上，对风险进行赋值，并保证承担风险大的企业收益分配较多，实际风险与平均承担的风险差值为 $\Delta R_I=R_I-1/3$，$I=1,2,3$，R_I 表示 I 企业承担的实际风险，那么企业实际的收益为 $\varphi(\pi)=\varphi_I(\pi)+\varphi_I(\pi)\times\Delta R_I$。假设算例中三类企业承担的实际风险比例分别为 0.4、0.4、0.2，那么调整后的实际收益分别为 18.2、16.8、4.8。可以看出风电企业纵向协同创新行为，两两协同创新及三者协同创新收益大于各自创新收益之和，三者间协同创新收益大于两两协同创新收益。同时，只有在收益分配合理的前提下，才能够有效激发协同创新行为。Shapley 算法能够有效解决收益分配问题，推动企业间协同创新的开展。

五、协同创新主体横向收益仿真

风电企业横向协同创新是同类企业间的协同创新行为。一般来说，个人理性及消极行为易引发集体效益的降低，风电企业横向协同创新行为具有一定的风险性，稳定的外部环境和合理的利益分配机制是预防机会主义行为发生的有效方式。为简化模型分析，假设参与横向协同创新的风电企业为两家。协同创新收益为 π，创新系数分别为 a 和 b，两企业的努力参与水平用 β 和 γ 表示。根据边际效益原理，两企业协同创新总收益与投入正相关，且边际效益递减。A 表示收益能够达到的理论极限值，那么协同创新的收益函数可以表示为：

$$\pi = A - \beta^{-a}\gamma^{-b}$$

假设两企业为协同创新支付的成本为 C_1, C_2，P 为收益减去成本后的利润，一般投入水平越大，成本越高。协同创新利润可表示为：

$$P = A - \beta^{-a}\gamma^{-b} - C_1\beta - C_2\gamma$$

D 和 $1-D$ 表示企业收益分配比例，P_1, P_2 表示两企业利润，将利润公式拆分：

$$P_1 = D\pi - C_1\beta = D(A - \beta^{-a}\gamma^{-b} - C_1\beta)$$
$$P_2 = (1-D)\pi - C_2\gamma = D(A - \beta^{-a}\gamma^{-b} - C_2\gamma)$$

收益分配比例问题取决于企业间的协商，分配比例影响各企业收益大小，对利润分别求努力参与水平的偏导，最优化公式为：

$$\partial P_1/\partial \beta = Da\beta^{-(a+1)}\gamma^{-b} - C_1 = 0$$
$$\partial P_2/\partial \gamma = (1-D)b\beta^{-a}\gamma^{-(b+1)} - C_2 = 0$$

求解得：

$$\beta = [D^{(b+1)}(1-D)^{-b}a^{(b+1)}b^{-b}C_1^{-(b+1)}C_2^{-b}]^{1/a+b+1}$$
$$\gamma = [D^{-a}(1-D)^{(a+1)}a^{-(a+1)}b^{a+1}C_1^{a}C_2^{-(a+1)}]^{1/a+b+1}$$

将 β 和 γ 值代入协同创新的利润函数 P，求导后最优分配比例 D' 为：

$$D' = a(1+b) - [ab(1+a)(1+b)]^{1/2}/a - b(a \neq b)$$

风电企业横向协同创新，追求利润的最大化是必然的选择，但是一方利润的最大化势必会危机另一方的利益诉求，因此，在保证各方利益的前提下，加强协同企业的稳定，才有利于协同创新行为的持续。本书对两企业协同创新的博弈过程引进帕累托最优改进,企业在保证各自利益需求的前提下,对协同收益进行讨价还价,保证公平性。为求最优化配置,对总利润函数求各方投入水平的偏导函数:

$$\partial P/\partial \beta = a\beta^{-(a+1)}\gamma^{-b} - C_1 = 0$$
$$\partial P/\partial \gamma = b\beta^{-a}\gamma^{-(b+1)} - C_2 = 0$$

求解得:

$$\beta' = [a^{(b+1)}b^{-b}C_1^{-(b+1)}C_2^{-b}]^{1/a+b+1}$$
$$\gamma' = [a^{-a}b^{(a+1)}C_1^{a}C_2^{-(a+1)}]^{1/a+b+1}$$

通过对比 β,β' 和 γ,γ' 可以发现,$\beta' > \beta, \gamma' > \gamma$,通过帕累托最优改进,在利益最优化的前提下企业努力参与水平都会增加,机会主义行为得到一定程度的遏制。进一步分析协同创新利益分配对帕累托改进影响,以 $\beta' - \beta$ 和 $\gamma' - \gamma$ 分别表示两个企业努力水平的提升,令 $E_1 = \beta' - \beta$,$E_2 = \gamma' - \gamma$,则 $P_1(\beta') - P_1(\beta)$ 和 $P_2(\gamma') - P_2(\gamma)$ 分别表示两企业的利润增加值,同时令 $\Delta_1 = P_1(\beta') - P_2(\beta)$,$\Delta_2 = P_2(\gamma') - P_2(\gamma)$,协同企业的满意度为:

$$[\Delta_1/P_1(\beta)](\beta E_1) = [\Delta_2/P_2(\gamma)](\gamma E_2)$$

上述模型分析了风电企业横向协同创新收益均衡及帕累托改进问题。将模型赋予实例,通过计算能够更深入研究二者努力参与水平、利润分配和收益等问题。假设企业创新系数 $a=3,b=5$,创新成本投入 $C_1=4,C_2=7$,收益极限 $A=100$,将各值代入公式,收益与帕累托改进的均衡结果如表 5.5 所示。

表 5.5 收益与帕累托改进的均衡结果

	分配比例 D	1 企业投入水平	2 企业投入水平	1 企业利润	2 企业利润	协同利润
均衡值	0.487 4	0.813 2	0.894 7	44.12	45.78	89.9
帕累托改进值	0.489 5	0.953 6	0.954 1	44.46	45.89	90.35

表 5.5 中帕累托改进优化了企业间的分配比例,通过提升企业努力参与水平,增加了企业利润。因此,风电企业协同创新能够更有效地发挥企业间创新潜力,在提升企业利润水平的基础上,协同利润也得到了提

升。帕累托改进值的优化显示了企业协同创新机制形成后,有利于稳定企业协同创新关系,促进协同创新收益的提高。为进一步分析创新系数与均衡的关系,假设二者创新成本投入相同,$C_1=C_2=4$,收益极限 $A=100$,创新系数 $a=10, b=2,4,6,8,\cdots,40,\cdots$,两企业协同创新努力参与水平与创新系数的关系、帕累托改进后努力参与水平与创新系数仿真关系如图 5.8 与图 5.9 所示。

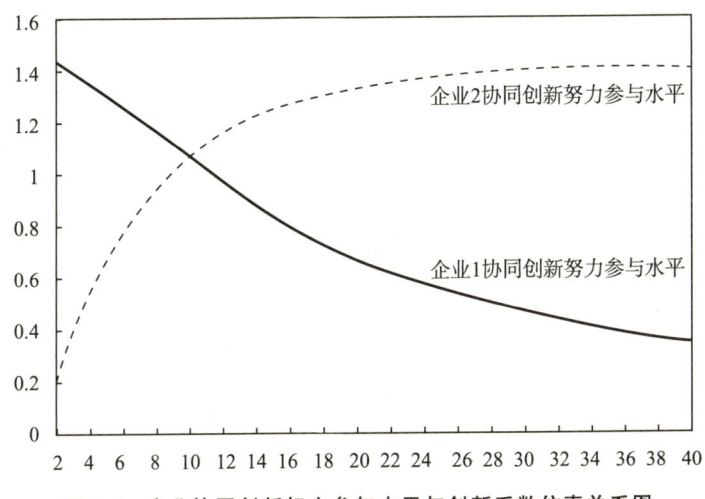

图 5.8　企业协同创新努力参与水平与创新系数仿真关系图

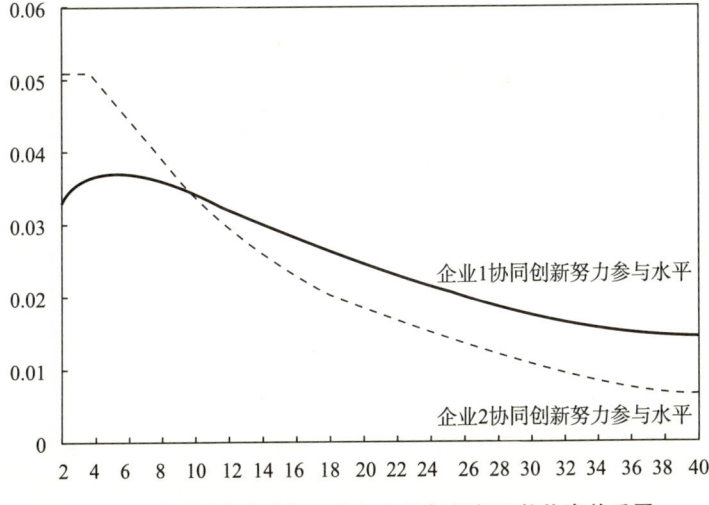

图 5.9　帕累托改进后努力参与水平与创新系数仿真关系图

从图 5.8 可以看出，两企业在 b 值等于 10 时，协同创新的努力水平相等。对比分析两条曲线值，在创新系数 a 固定的前提下，协同创新投入较大的企业要高于投入较小的企业。努力水平的高低是大企业注重研发投入，小企业注重模仿的原因。图 5.9 显示了企业努力参与水平在经过帕累托改进后的增加值情况，企业协同创新努力参与水平高于非协同参与水平，协同创新提升了企业探索创新的积极性。图 5.8 中企业 1 协同创新努力参与水平呈下降趋势，并在 b 值等于 10 后逐步低于企业 2 的努力参与水平，而图 5.9 中企业 1 的努力参与水平增加值却大于企业 2，可以判定，在协同创新行为中创新能力较低的企业更加依赖团体，更愿意促进协同利益的最大化，但这一定程度上挫伤了大企业参与协同创新的积极性。鉴于此，二者必然需要采用不同比例的收益分配，以兼顾公平，发挥参与企业的协同积极性。

在创新成本与收益均衡关系方面，假定两企业具有相同的创新系数，令 $a=b=4$，创新成本投入 $C_1=3$，$C_2=3,6,9,12,\cdots,30,\cdots$，仍取收益极限 $A=100$，则两企业协同创新努力参与水平与创新成本系数的关系、帕累托改进后努力参与水平增加值与创新成本系数的仿真关系如图 5.10 和图 5.11 所示。

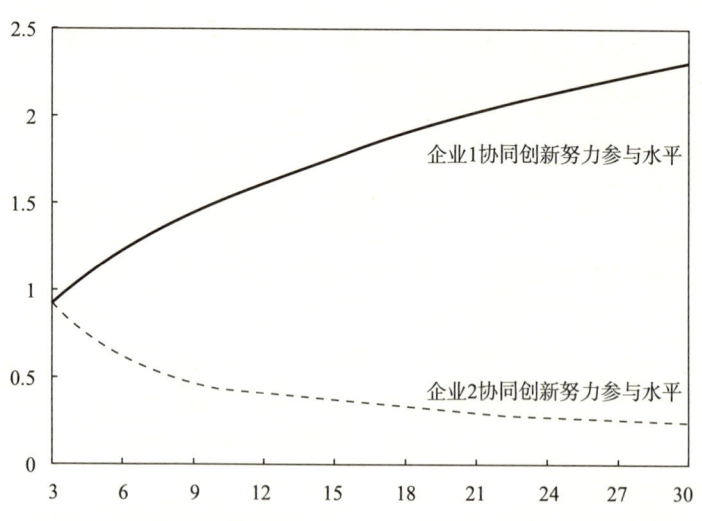

图 5.10　企业协同创新努力参与水平与创新成本系数仿真关系图

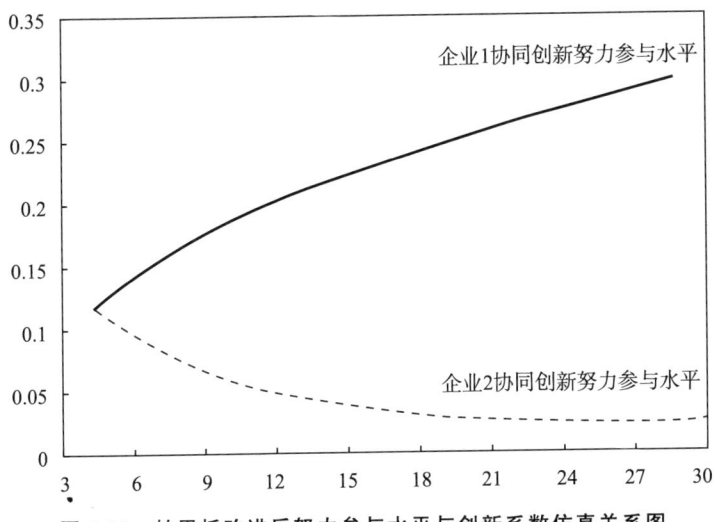

图 5.11 帕累托改进后努力参与水平与创新系数仿真关系图

比较图 5.10 和图 5.11 可知,两企业协同创新努力参与水平及其增加值与创新成本呈现出两极分化的局面,努力参与水平与创新成本呈负相关关系。这致使努力参与水平增加值差距逐步增大。均衡条件下创新成本的提升,使得企业降低了努力参与水平,该类企业通常是协同创新中处于支配地位的企业,拥有核心技术和资源,承担着协同创新中最大的风险,其较小的努力参与水平就可获得协同创新中其他企业相当的利益。风电企业协同创新是一个连续过程。协同创新初期目标在于依靠协同提升自身技术水平,降低生产成本,提升风电设备竞争力,参与协同创新是其最好的选择。但是,风电企业横向协同创新行为是一个较为松散的企业联盟,受到自身技术能力、创新成本等因素影响,如果协同机制不能有效解决个体与集群利益的协调,那么机会主义出现成为必然。与此同时,协同创新行为又具有阶段性,阶段性创新成果容易形成个别企业某种技术的垄断优势,参与企业的有限理性使得弱势地位企业感觉利益受损,企图通过机会主义行为争取到更多利益,进而危及协同创新。综合创新系数、创新成本与收益均衡的仿真关系分析,帕累托最优改进使得风电企业在协同中达到了利益最优化配置,能够促进协同创新向着良性方向发展,巩固了参与协同创新企业间的合作关系。但是,当协同创新行为在技术能力差距较大的企业间进行时,一定程度上影响创新能力较强企业的积极性。因此,公平合理的利益分配机制是有效促进风电企业协同创新的基本保障。

针对政产学研协同创新演化博弈的系统分析,本书建议:第一,建立合理的政产学研协同创新利益分配机制。政产学研协同创新的直接动力来自对利益的追求,而对利益的追求亦是参与主体的一种"本能"。因此,与政产学研协同创新相关的制度和体制建设应该从国家长期发展的目标出发,设计各类创新主体的利益机制。对应于不同的利益分配安排,政产学研创新主体在协同创新过程中会选择不同的努力水平,影响着创新活动的整体效果。政府应以政产学研协同创新能力最大化为前提,设计出合理的利益分配方式,以确保各方的合理收益,使合作方的协同优势得以充分发挥,提高创新绩效。第二,完善政产学研协同创新的风险分摊机制。政产学研协同创新主体在长期合作中建立起一种信任,但是这种信任并不稳固,存在一些诸如"搭便车"心理、投机行为等干扰,直接影响协同创新的有效进行,而法律法规、社会文化、行业惯例等因素决定着对机会主义者的实际惩罚力度。政产学研协同创新可以为参与各方带来更多收益,但是一方从合作中分配收益增加时,合作中的其他参与者从合作中能够得到的收益就会减少。政产学研协同创新收益越多,收益越是得到公平分配,其合作关系愈是牢固。反之,如果创新主体不满意收益分配而选择退出,政产学研协同创新走向破裂,则创新失败。因此,政府需要不断完善政产学研协同创新的风险分摊机制,提高创新主体之间的信任度,防止投机行为的发生,制定有利于协同创新的法规制度,有效保护知识产权,消除知识溢出的负效应,建立一种基于能力和绩效的创新环境等。第三,优化政产学研协同创新的政府职能。政府是调控科技资源、推进科技创新、培育区域经济核心竞争力的主要载体。"政产学研"已经成为产业部门与科技、教育部门之间开展横向协作的重要手段和纽带。政府在充分发挥大学或科研院所智力资源优势的同时,应当积极吸引高级人才,制定高层次人才引进策略,建立高级人才市场、科技人才市场,创新人才激励机制为政产学研协同创新不断提供生机与活力。随着政产学研协同创新系统的完善,政府应该逐渐弱化其主导作用,遵循市场经济规律,进行机制设计和监督,构建优良的区域创新环境,促进各创新主体间的交流与合作,以实现区域经济的快速增长。

第六章 协同创新系统建设的政府对策

政府在协同创新系统建设过程中发挥着关键作用,既要不断转变管理职能,又要创造适宜的制度环境和创新氛围,以保障协同创新的有序运行。政府需要充分履行宏观调配资源的职能,通过各种手段整合企业、大学、科研机构以及政府各个部门中分散的创新资源,构建协同创新网络平台,进一步完善政府的公共服务职能,有效整合创新要素,不断提高创新资源的利用效率。本章针对政府在协同创新系统构建中的角色定位、职能转变以及职能优化问题,从健全协同创新管理机制、构建协同创新网络平台和完善协同创新政策体系方面提出协同创新系统建设的政府对策。

第一节 健全协同创新管理机制

创新是一个由技术知识产生、发展到不断转移进化,最终借助不同生产要素组合实现商业价值的复杂过程。从本质上说,创新是不同要素或资源所有者之间的融合。因此,高效的创新建立在不同主体协同之上,高效的创新系统是一个协同系统。然而,创新系统的协同效应并不会自发产生。首先,协同建立在合作基础之上,不同主体之间的合作需要一定条件才能发生,需要特定机制保障才能维护和持续。其次,能够产生协同效应的合作必须对不同创新主体的任务目标、资源等进行有效协调,同样需要一定的机制来实现。再次,创新系统的协同要求其与社会环境实现良性互动,需要建立超越系统自身的管理体制和机制。因此,在积极推动协同创新的过程中,政府应在利益实现机制、政策协调机制、创新激励机制、绩效评估机制等方面发挥重要作用。

一、利益实现机制

协同创新活动中创新参与主体众多,比较典型的有政府、企业、大学、研究机构、中介组织等。各参与主体在协同创新系统中发挥不同作用的同时,均存在自身利益诉求。为了促进协同创新的有效进行,政府需要为协同创新活动提供相应优惠政策。一般来说,政府并不直接参与创新成果的商业化过程而更多关注地促进地区经济增长、财政税收增加、加速企业技术创新等目标方面。企业创新关注的是产品的市场价值,以及为其投入的资本和承担的风险;高校和科研机构较关注创新的学术价值,追求长期科研水平的提升。协同创新系统的建设需要投入大量创新资源,具体包括信息资源、资金、知识等,这些均需要相应的创新收益来弥补,需要创新主体之间形成合理的利益分配关系。协同创新既要能够增进公共利益,又需要能够增进创新机构正当的部门利益。协同创新利益实现机制一方面要求政府积极引导协同创新,为促进经济增长、科技进步和改善民生做出贡献,增进国家和社会的公共利益;另一方面要求政府在引导创新过程中应当充分尊重企业、高等学校、科研院所的利益和需求,通过协同创新分享创新收益。利益分配是对协同创新产生的效益进行分享的过程,政府政策的引导应当解决好公共利益与部门利益的协调问题,充分考虑创新贡献率,坚持效率和公平相统一的分配原则。协同创新利益实现机制要求创新主体之间规范合约,明确各自的权利和义务,形成公平的利益分配方案,防止在协同创新出现问题时没有相关的依据,影响创新活动有效进行。

二、政策协调机制

企业发展离不开高校的智力支持和科研院所的技术支持,而高校发展和科研院所的研究工作也离不开企业的资金支持和成果转化,三者合作需要政府的政策支持与引导。在协同创新系统建设过程中,政府通过制定和完善相关政策引导创新主体的创新行为,政策创新起到指挥棒作用。政府通过完善相应的信贷政策、财政政策和税收政策,为协同创新提供资金支持;通过教育创新政策和教育体制改革,推动高等学校改革人才培养模式,为创新人才培养奠定基础;通过完善科技政策推动科研体制改革,促进科研院所为协同创新提供技术支撑;通过完善政府政策协调机制,规范创新主体行为,有效保护创新主体的商业机密和知识成果,使参与主体在统一标准下开展各项创新活动。政策协调机制的建立能够有效降低交易成本、抑制创新机会主义行为,提高协同创新质量,减少协同创新的不确定性,促进产学研实现资源共享、优势互补与互惠共赢。

三、创新激励机制

激励机制通常可以概括为委托人(资源所有者)和代理人(资源使用者)之间的一个契约。激励机制设计的基本假设是利益驱动和个人理性,即利益双方都以自身经济利益最大化为目标。激励机制设计的基本原则是最优激励水平和合理风险分担。创新和激励是辩证统一的,人类不断进行技术创新和技术进步的过程,也是人们探索、完善、创新激励制度的过程。从影响技术创新的因素来看,创新激励的方式应从产权激励、市场激励、企业内部激励、政府政策激励等方面着手建立和完善相应的激励制度,具体可以通过政府引导创新激励机制,重视目标激励、任务激励和物质激励的综合运用,鼓励知识、技术和管理要素参与创新和收益分配。激励机制在协同创新过程中具体表现为:第一,激励企业加大对新产品研发的投入,走创新型发展道路。第二,在激励高等院校进行知识传授的同时,重视科学知识的创新和成果转化,重视知识产权保护,推动高等院校向研究型院校转型,提升高等院校的科学研究水平。在知识成为资本的条件下,产业和大学之间的直接交易不断增加,大学特别是研究型大学的作用不再局限于传统的人才培养、项目合作,还要参与产业共性技术开发、产业发展规划,引领区域产业集群创新发展,使知识变为资本以促进经济发展。第三,激励科研院所面向社会实际需求进行科研攻关,加大科研奖励力度,提高成果转化率。

四、绩效评估机制

绩效评估是运用一定的技术方法,采用特定的指标体系,依据统一的评价标准,按照一定的程序,通过定量、定性对比分析,对绩效做出客观、标准的综合判断,真实反映现时状况,预测未来发展前景的管理控制系统。绩效评估可以对评价对象起到认识、考核的作用,对活动主体行为起到总结、解释的作用,等等。在协同创新系统建设过程中,政府可以通过政策引导建立完善的协同创新绩效评估机制,不断完善科技创新评价体系。协同创新绩效评估应当坚持科学性、系统性和可操作性原则。科学性原则强调绩效评估机制能够符合协同创新的客观规律,反映各创新主体间的相互关系;系统性原则强调绩效评估机制能够全面详细地反映整个创新过程,评估指标体系具有完整性和关联性;可操作性原则强调绩效评估机制能够将定性分析和定量分析相结合,具有量化标准和可操作程序。协同创新绩效评估机制可以从创新环境、政策导向、机制完善、人才培养、要素投入、成本收益等方面综合评价和分析。成功的协同创新应当形成企业、高校、科研院所、政府共赢的局面,有效推动产业升级和技术进步,积极促进区域经济社会协调发展,为国民经济和社会的发展做出贡献。

第二节 构建协同创新网络平台

协同创新不仅取决于宏观主体的统一认识和行动,更取决于大量微观主体的积极参与。微观主体之间产生协同效应的前提是合作,而合作的基础是共同利益。因而,推动全社会协同创新,必须着眼于微观主体的共同利益。为发挥协同创新作用,释放创新资源活力,必须构建网络环境下的创新平台,使创新主体最大化地享受到协同创新带来的好处。为了保障协同创新网络平台顺利运行,提高信息资源价值,实现信息资源配置与协同创新系统的协调运转,可从加强信息设施建设、加强主体资源联动、促进中介服务机构发展和完善、加强人才培养等方面推进。

一、协同创新信息设施建设

信息资源特别是政府和各类信息服务机构掌握的公共信息资源蕴含了巨大的社会和经济价值,能够为相关产业和科学研究带来极高的潜在效益。协同创新系统信息资源配置的主要目的就是为了提高创新活动中的信息资源利用效率。为了及时满足创新主体在创新活动中的多元化、综合化信息需求，必须依托网络平台和现代化信息技术进行信息资源的网络化采集、动态分配和自动获取，将分散于不同数据库中的数字信息资源进行跨系统集成整合，并在此基础上为创新主体提供一体化的信息集成服务，以此提高信息资源配置的效率与质量。协同创新平台的建设需要对网络信息资源协同开发，而网络资源的有效传播利用需要依托安全、高速的网络基础平台，在加强网络基础设施建设的同时促进骨干网络互联互通，使网络信息资源在平台中无障碍传播共享，进一步突出设施建设在协同创新中的基础性、前瞻性和战略性作用。事实上，信息服务已不再局限于文献信息收集、存储、加工和提供，而是直接参与创新过程，促进知识的扩散和转移。面对主体创新的特定领域需要，提供专业服务，促使知识创新成果转化为现实生产力。信息设施相关机构是与知识生产、扩散和转移相关的机构，属于知识传播系统和知识应用系统，其作用是其他组织难以代替的。在协同创新系统建设过程中，工作流、信息流的顺畅至关重要，客观上要求创新资源实现有效协作，促进创新价值链各环节有效互动。

二、创新主体之间资源联动

协同创新系统的建设运行从整体发展角度提出了组织间相互合作的要求、使组织内部的独立创新不断朝着组织间、行业间、区域间的合作创新发展。创新规模的扩大也对资源配置提出了相应的变革要求，需要各组织机构打破当前独立配置的格局，转向跨系统、跨行业、跨地区的一体化资源配置。当前，国家创新体系结构总体上趋于优化，但创新主体之间协调运行的网络体系远未形成。创新主体之间资源联动不仅要满足不同创新主体的信息需求，更重要的是通过有效的配置机制与资源合作模式加强创新主体间的资源流动与协调共建，使主体间通过资源交换与共享建立以灵活和相互信任为基础的创新协作关系，利用群体优势，以尽可能小的投入发挥创新资源的整体最大效益。在协同创新过程中，创新主体拥有的网络信息资源并不是平均的，对于资源的开发能力、知识转化能力各有差别，创新主体客观上存在信息服务需求。信息资源快速流动是提高信息资源利用效率、实现信息资源动态分布均衡的前提。创新主体之间合作程度的高低将不同程度地改变创新价值链上的资源流动与成果转化,因此应当采取有效的激励政策积极鼓励创新主体进行资源共建共享,从系统的角度实现全局创新:创新主体面对实际需求,找准切入点,开发、生产其他主体所需的网络信息资源,提高信息资源的质量和可利用程度,而负责将创新成果市场化的主体要加强学习和应用的能力。要求创新主体摆脱各自为政的陈旧观念,共同对网络信息资源进行集成和整合,实现创新系统一体化协调发展;积极采用多元化、高层次合作模式,发挥各自资源优势,引导知识流动,提高创新水平。

三、制度创新环境氛围形成

在协同创新平台建设过程中,政府在规划、组织、协调等多方面发挥着重要作用,其管理绩效水平直接影响着创新主体间的协同创新水平。从制度的角度来看,政府需要制定正式的相关法律法规制度,以解决契约、产权归属和非法行为约束等问题,规范并监督创新主体行为。政府的经济、政策等方面的举措有利于刺激创新的积极性,形成以创新为先的氛围。创新平台也应树立相关规范,可通过基于项目的委托合作、技术成果参与分配、技术作价入股等方式提高参与积极性,并保证其合法权益。平台也要建立并完善有效的进入和退出机制,既要保证中小企业的利益,也要确保企业的退出不会影响平台运转。从市场层面看来,提高合作质量、积极拓展高层次合作渠道,有利于提高企业参与平台建设的积极性,形成良好的合作关系和信任机制。产学研有机合作是实现创新资源整体协同配置效应的核心,整个创新价值链的运作也是围绕产学研合作而展开,因此,政府必须从物力和财力上加大对产学研合作创新的支持与保障力度。在资源投入方面,政府需要不断加大对产学研的创新资源投入才能确保其达到理想的合作程度,形成协同创新效应。政府应加大公共资源开发建设和基础设施建设经费投入,并有效整合分散的社会性资源和公益性服务机构资源,为产学研的合作创新提供更加丰富的资源要素。在财力投入上,政府应逐步建立持续稳定的专门性支持型资金项目,提高政府对产学研合作创新支持经费的整体比例,并通过加强技术转移所需经费的科技预算、科技决算以及科技审计工作,提高合作创新经费的使用效率。

四、协同创新人才梯队建设

实施创新驱动发展战略,建设协同创新系统,关键是要把人才作为第一资源,着力加强创新团队和创新人才队伍建设,真正发挥科技人才在创新中作为核心要素的作用。目前,人才资源已经成为最重要的战略资源,人才在综合国力竞争中越来越具有决定性意义。随着知识经济时代的到来,人才短缺已经成为一种世界性现象。各国政府和企业日益认识到知识经济就是人才经济,人才成为社会财富的创造主体和经济增长的主要动力。国际竞争转变为以经济和科技实力为核心的综合国力的竞争。人才竞争在综合国力竞争中越来越具有决定性的意义,其中,专业型、复合型、战略型人才是协同创新不可或缺的资源。协同创新系统客观上要求整个社会形成尊重知识和尊重人才的良好氛围,加强人才培养与人才梯队建设,为协同创新提供智力支持。政府应以完善利益分配机制的方式来协调产学研合作中所产生的利益分配矛盾,在利益分配方面,坚持重视人力、服务人类以及有益社会发展的原则,坚持受益与投资风险一致、决策与问责一致的原则;在分配方式方面,应用技术入股、技术持股的方式,把高等院校和科研院所未来的报酬与企业经济效益挂钩,风险共担,利益共享;采取多样化人才激励政策,提升人才在协同创新中的积极性与创造性,鼓励越来越多的人参与到创新人才培育过程中来。可以看出,协同创新人才梯队建设是对创新型人才的有意识培养,一方面可以加大办学力度的投入,保证创新人才梯队的持续输出;另一方面亦是有意识地对其进行引导,保证科技创新实力的持续进步。当推动企业发展的主要因素变成信息、技术和人才时,企业将会千方百计引入这些稀缺资源,市场经济的发展将带动协同创新有效实施。当以"智力期货"为基础的长期合作成为主流的合作方式时,以科技活动为主导的协同创新将逐步转变为以经济活动为主导。

第三节 完善协同创新政策体系

协同创新政策体现了政府应该发挥作用的基本原则,通过制定 R&D 活动投入拨款支持政策与创新激励政策,能够直接影响并改变创新主体的创新环境。通过制定诸如"反垄断法"等鼓励竞争的政策、对企业技术改造、设备引进实行低息或无息贷款政策、对新产品开发实行减免税收政策、关税保护政策等,可以改变协同创新参与者的价值取向,有效引导创新主体的创新选择,形成有利于协同创新的行为模式。

一、协同创新资金扶持政策

协同创新系统建设、创新成果推广需要大量资金作为支撑,对于企业或者科研机构而言,资金匮乏是制约其创新能力提高的主要因素。创新过程的不确定性亦增加了风险和投入,因此,众多以盈利为目的的企业或机构均有意识地对创新资金投入进行控制。在协同创新系统建设过程中政府制定并完善协同创新资金扶持政策,可以通过财政工具对科技创新给予激励,一方面增加科研经费的投入,以保证创新项目的持续推进;另一方面将创新知识转变成为企业资本,增加科技资源的产出,形成"科技投入——科技产出——追加科技投入"的良性循环。政府可以通过设立协同创新专项资金,制订协同创新计划,优先支持协同创新项目,建立协同创新资金走向跟踪制度,以充分发挥协同创新资金本身的激励功能。政府应根据当前高新科技产业的发展前景,结合国家的经济发展计划来确定国家预算中重点提供资金帮助的研发项目,如美国的"半导体研究协作计划""人类基因组图谱计划"以及"新一代汽车合作计划"等等;在风险性投资资金扶持领域,政府应对那些虽然具有较大风险但能够通过研发进行技术突破的企业给予阶段性的定量资金支持,并与此类企业共同承担风险,如澳大利亚的"成长投资"以及"产业化就位计划"等项目。国外经验充分证明,政府协同创新资金扶持政策有效实施能够推动地方经济的快速发展,增加财税收入,降低社会失业率,实现科技和经济的可持续发展,进而营造出政府、企业、高校、科研机构等创新主体多赢局面。

二、协同创新税收补偿政策

协同创新税收补偿政策是政府职能转变的重要举措,通过增加对协同创新项目的研发补贴、税收优惠等政策支持,能够提高财政政策和税收政策对协同创新支持的连续性、稳定性和针对性,有效激励企业对协同创新项目的投入。在政策实施过程中,为了充分激发企业参与协同创新的积极性,建议政府对参与企业给予研发补贴。针对新产品的财政补贴不但可以提升创新企业研发投入和产量,还可以提高研发机构的创新积极性。协同创新税收补偿政策的实施可以通过财税政策给予企业所得税和营业税的减免来实现,企业所得税方面可以依据企业投资协同创新项目的不同投资期限给予不同比例的投资抵免。"科研税收补偿"是法国政府鼓励企业科研创新的重要政策之一,凡根据实际收益应纳税的工业、商业或农业企业,只要从事研发项目并且为这些科研项目支出了相应的费用,都有权利在企业每年纳税之后,向法国教育科研部出具相关证明并提交申请。在经审核并具备享受资格后,经由政府以补偿的形式将这些为科研项目支付的费用"偿还"给企业。"科研税收补偿"政策中值得效仿之处在于,对于第一次申请该政策的企业,一旦申请成功便会给予更加优惠的受益额度,即受益额度达到了第一年首笔研发费用支出的,可享受高于一般情况下的受益比例。我国如借鉴这样的规定,无疑能在更大的范围内鼓励企业进行研发创新,鼓励企业在进行研发创新后积极地利用国家的税收优惠政策。同时,建立财政投入和社会资金搭配机制,引导社会资本积极参与基础性、前沿性、社会公益和重大公共性关键技术的领域研究。政府可以财政专项基金为基础,吸纳有实力的企业、金融机构和社会资本,以参股的形式组建科技创新投资公司,积极引导科技创新投资公司向初创期科技型中小企业投资,一方面可以帮助企业解决科技创新的资金需求,另一方面可以分散企业科技创新的投资风险。

三、协同创新成果转化政策

纵观我国现有的科技投资结构,前期投入为科研经费投入,后期投入为生产和技术改造的投入,而恰恰是科技成果转化为生产力的中间投入最为匮乏。在产学研合作过程中,科技成果转化的最基本、最有利的条件缺失。因此,政府有必要在保证科研及开发资金充足的同时,加大对科技成果转化为生产力的投资力度。只有这样,协同创新才能够取得实质性进展。政府应针对协同创新成果转化,制定优惠政策,进一步从实际行动上加大对企业新产品研制开发的支持力度。国外在成果转化方面经验值得借鉴,如日本制定《研究交流促进法》和《大学技术转让促进法》,美国颁布《国家科技政策、组织和优化法》《经济复苏法》与《史蒂文森－韦德技术创新法》,德国制定《德国经济稳定与增长促进法》以及《科学技术法》,等等。长期以来,我国的科技成果转化率比发达国家低,其中另一个重要原因在于缺乏完善的科技成果转化咨询服务市场,也就是为协同创新"牵线搭桥"的中介服务机构相对缺乏。中介机构可以承担收集和推广技术、市场信息、科技成果的任务,为产学研之间的沟通提供信息平台,可以是政府组建,也可以是民间学术团体自办,还可以是高校、企业、科研院所合作建立,正式作为经济实体在政府部门注册。政府对从事这项工作的机构应给予政策和资金上的支持,作为服务者的政府应该通过创造示范效应或开展促进活动等培养企业对咨询服务的了解和需求,并使协同创新的中介服务机构产业化。

四、协同创新法律保障政策

政府作为制度设计者,应当通过立法、政策导向推动引导技术中介关注科研机构和企业的技术创新,通过法律消除影响技术中介机构发展的障碍,使技术中介机构在技术成果与市场之间架起桥梁,加强政府与创新主体的联系,促进技术中介业务的顺利开展。立法是技术创新活动的基本法律保障。政府除了通过制订发展规划支持和推动技术创新外,还应该通过颁布完善健全而又切实可行的法律法规来规范和保护技术创新。发达国家政府非常重视技术创新方面的立法和司法工作,在国家法律的高度上对技术创新中的各种问题进行了明确而具体的条文规定,一旦出现分歧或纠纷均依照法律规定来判断和裁决,这为技术创新提供了强有力的支持与保护,为技术创新政策的制定和政府管理提供了基本的法律依据。目前我国关于协同创新的政策法规还不完善,进而引发一系列问题。与国外中小企业相比,我国中小企业缺乏技术创新的热情,一个重要原因就是中小企业受自身财力、人力限制,无法很好地保护企业创新成果。往往是新技术、新发明刚刚被推出,就会大量被仿制,使创新企业遭受重大损失。为此,国家和地方政府需要进一步完善知识产权保护制度,为协同创新中技术知识归属权、使用权的划分提供法律依据,营造良好的企业协同创新氛围,主动规范、引导、激励企业通过协同模式开展技术创新;制定和完善有关创新支持政策,包括科技计划、技术进步、技术创新、技术引进、科技成果转化与产业化政策等,对符合地方经济特色及有利于优势资源整合的产学研联盟项目给予重点支持;制定专门的法律或条例规定,在合作组织内部建立健全规章制度,保证合作各方均能利用这些法律规定、制度来行使正当权利和保护自己的利益,履行自己在合作中的职责,使协同创新得以健康、稳定、持续地发展。

主要参考文献

一、著作

[1] [美]纳雷安安.技术战略与创新:竞争优势的源泉[M].程源,等,译.北京:电子工业出版社,2002.

[2] 王子龙,许箫迪.装备产业生态位演化与测度研究[M].北京:科学出版社,2011.

[3] 李文良,等.中国政府职能转变问题报告[M].北京:中国发展出版社,2003.

[4] 郭斌,等.知识经济下产学合作的模式、机制与绩效评价[M].北京:科学出版社,2007.

[5] 谭清美.区域创新经济研究[M].北京:科学出版社,2009.

[6] 谭清美,王子龙.军民科技创新系统融合方式研究[M].北京:科学出版社,2008.

[7] 王子龙.风电产业政策分析的理论与方法[M].北京:科学出版社,2014.

[8] 王子龙.中国装备制造业系统演化与评价研究[M].北京:科学出版社,2007.

[9] 刘锡田.中国地方政府竞争的制度基础与创新[M].北京:经济科学出版社,2004.

[10] Christopher Freeman. Technology, policy, and economic performance: lessons from Japan[M]. London:Pinter Publishers, 1987.

[11] Lundvall, Bengt-Ake. National innovation system:toward a theory of innovation and interactive learning[M].Anthem Press,2010.

[12] Chesbrough, Vanhaverbeke, Wim West, Joel. Open Innovation: Researching a New Paradigm[M].Oxford University Press, 2006.

二、期刊论文

[1] 许箫迪,王子龙.区域广义虚拟创新动态模型构建研究[J].广义虚拟经济研究,2014(1).

[2] 杨学渊.我国政府职能转变滞后的动力机制考察[J].中共中央党校学报,2001(2).

[3] 施雪华.政府职能转变模式与政府能力比较分析[J].学习月刊,2005(3).

[4] 李梅娟,李洪霞.政府职能转变的动力和阻力分析[J].辽宁行政学院学报,2010(4).

[5] 江玮.我国政府职能转变的动因和路径:新制度主义视角[J].云南行政学院学报,2007(5).

[6] 罗峰.浦东综改中政府职能转变的动力、路径与启示:一种类"过程—事件"的分析[J].理论与改革,2011(4).

[7] 操世元.论地方政府职能转变的动力与障碍:以杭州市为例[J].理论导刊,2010(2).

[8] 何强.地方政府职能转变的动力机制与路径[J].黑龙江社会科学,2008(1).

[9] 汪旻艳,金太军.政府职能转变之内外动力源的系统论分析[J].唐都学刊,2006(2).

[10] 王子龙,许箫迪.政产学研协同创新的演化博弈分析[J].科技与经济,2013(4).

[11] 郑小强.政府职能转变动力机制研究:系统动力学观点[J].上海行政学院学报,2013(3).

[12] 陈劲,王方瑞.中国企业技术和市场协同创新机制初探[J].科学学研究,2006(4).

[13] 张米尔,武春友.产学研合作创新的交易费用[J].科学学研究,2001(1).

[14] 樊霞,等.企业产学研合作的创新效率及其影响因素研究[J].科研管理,2012(2).

[15] 穆荣平,赵兰香.产学研合作中若干问题思考[J].科技管理研究,1998(2).

[16] 钟和隽.基于动态竞争环境下产品创新路径选择[J].经济问题探索,2008(5).

[17] 陈心宇.产业成长的系统动力学分析[J].太原理工大学学报(社会科学版),2008(3).

[18] 何瑞卿,黄瑞华,徐志强.合作研发中的知识产权风险及其阶段表现[J].研究与发展管理,2006(6).

[19] 刘宏,杨克华.市场结构与合作技术创新行为关系研究[J].科学学与科学技术管理,2003(6).

[20] 吴悦,顾新.产学研协同创新的知识协同过程研究[J].中国科技论坛,

2012(10).

[21] 何勇,等.供应链协同创新管理模式研究[J].管理科学,2007(5).

[22] 常良峰,陈剑,张继红.供应链中创新协调的绩效控制问题研究[J].管理工程学报,2009(4).

[23] 吴冰,刘仲英.供应链协同的创新投资决策[J].同济大学学报(自然科学版),2009(1).

[24] 张巍,张旭梅,肖剑.供应链企业间的协同创新及收益分配研究[J].研究与发展管理,2008(4).

[25] 易余胤,肖条军,盛昭瀚.合作研发中机会主义行为的演化博弈分析[J].管理科学学报,2005(4).

[26] 王仙雅,慕静.企业合作创新的动态博弈分析与伙伴选择[J].科技管理研究,2010(2).

[27] 孟卫军,张子健.供应链企业间产品创新合作下的政府补贴策略[J].系统工程学报,2010(3).

[28] 袁立科,张宗益.寡头竞争模型下的非对称 R&D 分析[J].管理工程学报,2008(2).

[29] 孙彩虹,齐建国,于辉.不对称双寡头企业半合作创新模式研究[J].系统工程理论与实践,2009(3).

[30] 马如飞,王嘉.动态研发竞争与合作:基于微分博弈的分析[J].科研管理,2011(5).

[31] 郝生宾,于渤,吴伟伟.基于企业 R&D 技术选择的合作研发组织博弈研究[J].工业技术经济,2007(2).

[32] 吕海萍,龚建立等.产学研相结合的动力—障碍机制实证分析[J].研究与发展管理,2004(2).

[33] 丁堃.产学研合作的动力机制分析[J].科学管理研究,2000(6).

[34] 涂俊,吴贵生.三重螺旋模型及其在我国的应用初探[J].科研管理,2006(3).

[35] 曹亚威,吴先金.技术创新与市场创新的协同模式研究[J].企业家天地(理论版),2007(9).

[36] 武海峰.产学研的合作风险:基于博弈论的分析[J].山东社会科学,2012(7).

[37] 杨仕辉,熊艳,王红玲.吸收能力、研发合作创新激励与补贴政策[J].中国管理科学,2003(1).

[38] 许箫迪.政府扶持企业自主创新的动态博弈分析[J].工业技术经济,2010

(6).

[39] 王良,杨乃定. R&D 联盟条件下基于 FMGTS 评价的 R&D 项目合作成员选择[J]. 中国管理科学,2005(6).

[40] 吴华清,等. 基于关系契约的长期研发合作机制研究[J]. 科学学研究,2007(1).

[41] 苏世彬,黄瑞华. 基于风险矩阵的合作创新隐性知识转移风险分析与评估[J]. 科研管理,2007(2).

[42] 张克英,黄瑞华,汪忠. 基于合作创新的知识产权风险影响因素分析:理论分析框架[J]. 管理评论,2006(5).

[43] 詹美求,潘杰义. 校企合作创新利益分配问题的博弈分析[J]. 科研管理,2008(1).

[44] 陈劲,等. 协同创新的理论基础与内涵[J]. 科学学研究,2012(2).

[45] 陈伟,等. 区域创新系统的协调发展测度与评价研究:基于二象对偶理论的视角[J]. 科学学研究,2011(2).

[46] 邱国栋,马鹤丹. 创新孵化与风险投资互联的区域创新系统研究[J]. 中国软科学杂志,2010(2).

[47] 杨剑,杨锋,王树恩. 基于系统动力学的区域创新系统运行机制研究[J]. 科学管理研究,2010(4).

[48] 许箫迪,王子龙. 高技术产业生态位的构建与空间格局[J]. 改革,2008(2).

[49] 王灏晨,夏国平. 基于系统动力学的广西区域创新系统研究[J]. 科学学与科学技术管理,2008(6).

[50] 谷国锋,张秀英. 系统动力学在区域创新系统研究中的应用[J]. 科学学与科学技术管理,2003(1).

[51] 邱国栋,马鹤丹. 区域创新系统的结构与互动研究:一个基于系统动力视角的理论框架[J]. 管理现代化,2011(4).

[52] 尚倩. 区域创新系统中政策动态定位研究[J]. 科学学与科学技术管理,2011(7).

[53] 王子龙,许箫迪. 技术创新路径锁定与解锁[J]. 科学学与科学技术管理,2012(4).

[54] 陈瑾瑜,王朝全. 博弈论在构建产业生态圈中的应用分析[J]. 生态经济,2008(3).

[55] 许箫迪,徐浩然,王子龙. 产业生态圈构建中政府角色诊断研究[J]. 中国行政管理,2010(6).

[56] 王玉燕. 我国电子制造业应对 EPR 的政府监管机制研究[J]. 运筹与管理, 2009(1).

[57] 彭景阳. 地方政府制度创新的行为分析与路径选择[J]. 理论月刊, 2008(3).

[58] 蒋满元. 地方政府制度创新的衡量标准与突破口分析[J]. 内蒙古社会科学（汉文版），2008(1).

[59] 施建刚, 等. 组织合作机制的生态系统管理：一个简单分析框架[J]. 科学管理研究, 2007(4).

[60] 张钦朋. 产学研协同创新政府引导机制研究[J]. 科技进步与对策, 2014(3).

[61] 邵任薇, 彭未名. 产学研结合中政府的作用及策略选择[J]. 武汉工程大学学报, 2009(6).

[62] 许箫迪, 王子龙, 张晓磊. 战略性新兴产业培育机制与政策博弈研究[J]. 研究与发展管理, 2014(1).

[63] 高兴武. 政府职能的需求与供给研究[D]. 北京：中央民族大学, 2006.

[64] 张琼妮. 网络环境下区域协同创新平台模式与机制及政策研究[D]. 杭州：浙江工商大学, 2014.

[65] 黄南霞. 大数据环境下的网络协同创新体系研究[D]. 武汉：华中师范大学, 2014.

[66] 张在群. 政府引导下的产学研协同创新机制研究[D]. 大连：大连理工大学, 2013.

[67] 薛琴. 基于信息不对称的产学研合作创新联盟的风险研究[D]. 安徽：中国科学技术大学, 2010.

[68] 郭凤城. 产业群、城市群的耦合与区域经济发展[D]. 长春：吉林大学, 2008.

[69] 田禾. 区域互动与我国区域经济协调发展研究[D]. 武汉：武汉理工大学, 2007.

[70] 方国威. 政府在产学研结合模式中的角色与对策分析：以深圳市为例[D]. 武汉：武汉大学, 2010.

[71] 谢晓波. 地方政府竞争与区域经济协调发展[D]. 杭州：浙江大学, 2006.

[72] 茹秋娟. 我国地方政府间合作机制创新研究[D]. 郑州：郑州大学, 2007.

[73] 毛胜前. 中国城市群政府合作创新研究[D]. 武汉：华中师范大学, 2008.

[74] Utterback J, Abernathy N. Dynamical model of process and product innovation[J]. Omega, 1975(6).

[75] Henry Etzkowitza, Loet Leydesdorff. The dynamics of innovation: from

national systems and "mode 2" to a Triple Helix of university-industry-government relations[J]. Research Policy, 2000(2).

[76] Fritsch M. Cooperation in regional innovation system[J]. Journal of Urban Economics, 2009(5).

[77] Senker A. Rationale for partnerships: building national innovation systems [J]. STI Review, 1998(23).

[78] Yong S.L.. Technology transfer and the research university: a search for the boundaries of university-industry collaboration[J]. Research Policy, 1996(6).

[79] Geuna A., Nesta L. University patenting and its effects on academic research: the emerging european evidence[J]. Research Policy, 2006(6).

[80] Neeley S. Managing R&D-marking integration in the new product development process[J]. Industrial Marking Management, 2010(6).

[81] Bryan Borys, David B. Jemison. Hybrid arrangements as strategic alliances: theoretical issues and organizational combinations[J]. The Academy of Management Review, 1989(2).

[82] Smilor R.W., Gibson D.V.. Technology transfer in multi-organizational environments: the case of R&D consortia[J]. Transactions on Engineering Management, 1991(1).

[83] Bruneel Johan, Salter Ammon. Investigating the factors that diminish he barriers to university-industry collaboration[J]. Research Policy, 2010(7).

[84] Carolin Plewa, Pascale Quester. Key drivers of university-industry relationships: the role of organizational compatibility and personal experience[J]. Journal of Services Marketing, 2007(5).

[85] Koschatzky K. Networking and knowledge transfer between research and industry in transition countries: empirical evidence from the slovenian innovation system[J]. Journal of Technology Transfer, 2012(1).

[86] Mowery C. Economics theory and government technology policy[J]. Policy Sciences, 2003(5).

[87] erkmann M, Walsh K. University-industry relationships and open innovation: towards a research agenda[J]. International Journal of Management Reviews, 2007(9).

[88] Dietmar H. Joachim Henkela. Profiting from voluntary information spillovers: how users benefit by freely revealing their innovations [J]. Research Policy, 2003(10).

[89] Fritsch M., Grit Franke. Innovation, regional knowledge spillovers and R&D cooperation [J]. Research Policy, 2004(2).

[90] Damiano Bruno Silipoa, Avi Weissb. Cooperation and competition in an R&D market with spillovers[J]. Research in Economics, 2005(1).

[91] Cozzi Guido. How much horizontal innovation is consistent with vertical innovation[J]. Research in Economics, 2006(1).

[92] Shafiei Ehsan, Mohammad B.. Optimal policy of energy innovation in developing countries: development of solar pv in Iran[J]. Energy Policy, 2009(3).

[93] Faria Pedro, Santos Rui. Cooperation in innovation activities: the importance of partners[J]. Research Policy, 2010(8).

[94] Armando U., Shmuel Oren. Coordination of internal supply chains in vertically integrated high-tech manufacturing organizations (HTMOs)[J]. International Journal or Production Economics, 2010(3).

[95] Stephen M. Gilbert. Strategic commitment to price to stimulate downstream innovation in a supply chain [J]. European Journal of Operational Research, 2008(3).

[96] Subroto R. Innovation generation in supply chain relationships: a conceptual model and research propositions[J]. Journal of the Academy of Marketing Science, 2004(1).

[97] Ishii Akira. Cooperative R&D between vertically related firms with spillovers [J]. International Journal of Industrial Organization, 2008(8-9).

[98] Christopher W. Craighead. The effects of innovation-cost strategy, knowledge, and action in the supply chain on firm performance[J]. Journal of Operations Management, 2009(5).

[99] Sakakibara, Mariko. Evaluating government-sponsored R&D consortia in Japan: who benefits and how? [J]. Research Policy, 2007(4-5).

[100] Karl Morasch. Moral hazard and optimal contract form for R&D cooperation[J]. Journal of Economic Behavior and Organization, 2011(1).

[101] Boateng A., Glaister K. W.. Strategic motives for international joint venture formation in Ghana[J]. Management International Review, 2003(2).

[102] Jane Marceau. Divining directions for development: a cooperative industry-government-public sector research approach to establishing R&D priorities[J]. R&D Management, 2002(3).

[103] Das T K, Bing Teng. A resource based theory strategicalliance[J]. Journal of Management, 2000(1).

[104] Littler D., Leverick F., Bruce Margaret. Factors affecting the process of collaborative product development[J]. Journal of Product Innovation Management, 1995(1).

[105] Chung-Jen Chen.The effects of environment and partner characteristics on the choice of alliance forms[J]. International Journal of Project Management, 2003(2).

[106] Richard M., Cyert, Paul S. Goodman. Creating effective university-industry alliances: an organizational learning perspective [J]. Organizational Dynamics, 1997(4).

[107] Smilor R.W., Gibson D.V.. Technology transfer in multi-organizational environments: the case of R&D consortia[J]. Transactions on Engineering Management, 1991(1).

[108] Mansfield E.,ect. Social and private rates of return from industrial innovations[J]. Quart J Economics, 1977(2).

[109] Amir R., Troege Michael. On additive spillovers and returns to scale in R&D[J]. International Journal of Industrial Organization, 2008(3).